해석학

해석의 이론과 이해의 예술

해석학

해석의 이론과 이해의 예술

이기언 지음

그린비

샤를-앙리 오네이 신부님께

그리고

내 친구 병준에게

일러두기

1 단행본·정기간행물의 제목에는 겹낫표(『 』), 논문·단편·예술작품 등의 제목에는 홑낫표(「 」), 영화의 제목에는 홑화살괄호(〈 〉)를 사용했다.
2 본문의 주석은 모두 각주로 처리했다.
3 외래어 고유명사와 저서명은 저자의 표기를 따랐다.

머리말

> "철학자는 깨어서 말하는 인간이다. 인간은 말없이
> 철학의 역설을 품고 있다. 왜냐하면 오롯하게 인간
> 이 되기 위해선, 인간보다 조금 더한 그리고 조금
> 덜한 인간이 되어야 하기 때문이다."
>
> — 모리스 메를로-퐁티, 『철학 예찬』(MP, 63)[1]

사실은 없고, 해석만이 있을 뿐이다. 니체의 일갈이다. 그렇게 해석의
시대가 도래했다. 사실史實은 사실事實이 아니었다. 성경의 말씀도 해
석의 산물이었다. 그로부터 한 세기가 지난 후, 이탈리아 철학자 지안
니 바티모는 『해석의 윤리』(1989)라는 책에서 해석학을 "새로운 공용
어*koiné*"(GV, 45)라 했다. 1960년대의 맑시즘과 1970년대의 구조주의
에 이어 1980년대의 사상으로 간주한 것이었다. 1960년에 출간된 한
스-게오르크 가다머의 『진리와 방법』과 폴 리쾨르의 『악의 상징』이
후, 두 철학자는 각각 독일과 프랑스를 대표하는 해석학의 기수로서
정신분석학과 구조주의, 해체 이론과 이데올로기 비판 등 당대의 인접
학문과의 치열한 논쟁을 거치면서, 해석 이성의 이론적이고 실천적인

---

1) 본문에 나오는 모든 인용엔 괄호 안에 약호와 함께 쪽 번호만 숫자로 병기하고, 한 문장에 같
   은 문헌을 인용할 경우, 마지막 인용문에만 출처를 표기한다. 약호의 경우, 일반적으로 통용되
   는 약호로 표기하되, 그렇지 못한 경우가 대부분이므로, 한 저자의 문헌이 하나일 땐 저자명을,
   여럿일 땐 문헌명을 약호 선택의 기준으로 한다. 하지만 저자명의 약호가 중복될 시, 몇몇 예외
   경우도 있다. 번역서의 경우는 약호 대신에 번역자의 이름으로 표기한다. 약호는 이 책의 77트
   머리에 수록한다.

사고가 전통적인 비판 이성이나 형이상학적 사고의 한계를 넘어설 수 있다는 가능성을 제시함으로써, 20세기 말의 서구 사상계에 새로운 사고 지평의 시대를 개척했다. 장 그레쉬의 표현을 빌리면, 『이성의 해석학 시대』(1985)가 열린 것이라고 할까.

오늘날, 해석학은 철학의 한 분야에 머물지 않고, 문학, 역사학, 신학, 법학, 언어학, 번역학, 사회학, 인류학, 심리학 그리고 인공지능을 다루는 인지과학에서까지도 광범위하게 수용되는 지성 체계로 자리하고 있다. 장 그롱댕의 책 제목처럼 『해석학의 보편성』(1993)으로 인해 시대의 사상적 조류에 편승하는 구조주의나 포스트모더니즘과 같은 유행 사조와는 달리, 가다머와 리쾨르의 현상학적-존재론적 해석학은 해석의 이론과 이해의 예술로서 앞으로도 모든 해석 학문에 사고 지평의 기본 원리를 제공할 것이다. 왜냐하면 이 철학적 해석학은 언어를 이해해야 인간을 이해할 수 있고, 모든 자기 이해는 타자 이해를 통한 간접 이해라는 실천적 사고에 기초하고 있기 때문이다. 특히, 데카르트의 관념론적 코기토에 조종을 울리고 현존재의 실존론적 코기토로 거듭난 해석학적 코기토는 이해 존재인 우리 모두에게 자기 이해의 길을 열어주는 길라잡이이다.

질 들뢰즈와 펠릭스 과타리는 공저 『철학이란 무엇인가?』(1991)에서 "철학이란 개념들을 구상하고, 창안하고, 제조하는 예술이다"(DG, 8)라고 정의했다. 그렇다. 개념 없는 철학은 없다. 철학은 개념의 예술이다. 해석학 역시 이 개념 놀이에서 벗어날 수 없다. 해석학 자체에 고유한 개념들로 무장하고 있어서다. 이 책은 바로 이 해석학 개념들을 중심으로 구성되어 있는데, 그 목록을 간략하게 열거하면 다음과 같다. 언어(1장), 번역(2장), 텍스트(3장), 자기 이해(4장) 그리고 실천지(5장).

이 다섯 가지 개념들은 각 장의 제목에 담긴 표현으로 일종의 상위 개념인데, 이 상위 개념으로부터 수많은 하위 개념들이 파생된다. 이를테면, 언어 존재, 언어 이해, 언어(의) 놀이, 언어의 무한, 이해의 무한, 해석학적 순환, 문법적 해석/심리적 해석, 언어의 손님맞이, 자기화, 거리두기, 자기소외, 텍스트의 자립, 텍스트의 타자성, 텍스트의 현재성, 텍스트의 의도, 텍스트의 그것/텍스트의 세계, 의미/의향, 설명/이해/해석, 마르셀의 돋보기, 헛 코기토/가짜 코기토, 다친 코기토/부서진 코기토, 각성한 코기토/해석학적 코기토, 이야기 정체성, 동일성/자기성, 동일-정체성/자기-정체성, 더 원대한 자기/나와-다른-자기, 해석된-존재, 렘브란트의 삼각형, 이해 존재론, 자기 해석학/자기 이해의 해석학, 우회 철학, 등등. 들뢰즈와 과타리를 따르자면, 위 개념들을 숙지하는 게 곧 해석학을 섭렵하는 바른길이 될 것이다.

　인간은 언어 존재이자 이해 존재이다. 인간은 말을 하지 않고서 살아갈 수 없고, 말을 이해하지 않고서 살아갈 수 없다. 세계-내-존재로서의 현존재의 존재 양식이다. 현존재인 인간에게 언어와 이해는 실존의 주체이다. 언어와 이해가 인간의 삶을 주도한다는 말이다. 해석학은 언어와 이해의 문제를 대상으로 삼는다. 그만큼 해석학은 사람의 삶과 직결되어 있다. 해석학은 관념의 철학이 아니라 실존의 철학이자 실천의 철학이다. 서양 철학의 역사에서 존재 현상과 실존의 문제를 실천적 차원에서 이토록 천착한 철학은 없다. 실천 철학으로서의 해석학은 우리에게 실천지를 제시한다. 해석학의 실천지를 얻고서, 존재 이해의 깊이와 넓이를 확장하는 건 독자의 몫이리라.

차례

머리말   7

1장   **언어와 이해**   15

언어와 인간 | 언어 놀이와 언어의 놀이 | 말의 힘과 언어의 대화 구조 | 언어의
무한과 다르게 이해하기

2장   **번역, 언어의 손님맞이**   49

번역과 텍스트 | 번역과 해석학적 순환 | 벤야민의 순수 언어 | 재창조를 위한 자
기화 | 번역의 한계 | 언어의 손님맞이

3장   **텍스트란 무엇인가?**   91

의도주의 또는 동일성 이론 | 발레리의 새와 프루스트의 옷 | 모리스 블랑쇼의
문학 공간 | 글쓰기와 저자의 죽음 | 홀로서기와 따로서기 | 설명과 이해의 변증
법 | 텍스트의 그것, 텍스트의 의향 | 텍스트의 말과 해석자의 겹 - 말 | 독자의 주
체와 마르셀의 돋보기

4장 자기 이해의 문제 159

슐라이어마허와 딜타이의 낭만주의 해석학 | 데카르트의 코기토에 대한 신랄한 비판 | 존재론적 코기토와 현존재의 자기 심려 | 해석학적 주체의 나와 – 다른 – 자기 | 이야기와 자기 이해 | 텍스트의 제자인 자기 | 오르페우스 – 리쾨르의 에우리디케

5장 자기 해석학의 실천지 207

리쾨르의 연리목 | 반성철학과 렘브란트의 삼각형 | 리쾨르의 후설 비판과 해석학적 코기토 | 하이데거의 이해 존재론과 존재론적 해석학 | 우회 철학으로서의 자기 이해의 해석학 | 실천지와 앵그르의 바이올린

맺음말 277

참고문헌 283

약호 291

해석학

해석의 이론과 이해의 예술

1장 언어와 이해

하이데거는 『존재와 시간』의 첫머리에서 다음과 같이 선언했다. "존재 물음은 오늘날 망각에 빠졌다."(ET, 25) 존재에 관한 철학적 물음의 필요성을 역설한 선언이다. 존재 물음을 거부하는 도그마에 대한 도전이다. 하이데거는 이 도그마를 다음과 같이 요약한다. "흔히 '존재'는 가장 일반적이고 가장 의미 없는 개념이라고들 한다. 그러기에 존재 개념은 정의를 내리려는 어떤 시도에도 저항한다. 하기야 이 존재 개념은 가장 일반적이고, 따라서 정의 불가능해서 정의를 내릴 필요조차 없다."(ET, 25) 존재 개념은 너무나 자명하고 너무나 일반적인 개념이기에 굳이 정의할 필요조차 없다는 도그마이다. 이러한 독단론의 선입견에 대해 그리고 이 선입견의 인식론적 오류에 대해 하이데거는 조목조목 반박한다.

첫째로, "'존재'가 가장 일반적인 개념이라고 해서 곧 가장 명확한 개념이고 더 이상의 설명이 필요 없는 개념이란 뜻은 아니다. 오히려 '존재' 개념은 가장 막연한 개념이다."(ET, 27) 둘째로, "존재를 정의할 수 없다는 게, 곧 존재의 의미에 관한 물음을 면제해 주는 건 아니다.

그와 반대로, 반드시 존재의 의미에 관한 물음을 제기해야 한다.”(ET, 27) 셋째로, “우리는 이미 매번 존재를 어느 정도 이해하면서 살고 있긴 하지만, 그와 동시에 존재의 의미가 어둠에 에워싸여 있다는 건, 곧 ‘존재’의 의미 물음을 거듭해서 제기해야 한다는 원론적인 필연성을 입증한다.”(ET, 27) 간단히 말해서, 존재 개념이 너무나 불명확하고 너무나 불투명하기에, 존재의 의미를 밝히기 위해선 존재 물음을 제기하지 않을 수 없다는 게 하이데거의 논지다.

　　“**이해할 수 있는 존재는 언어이다.**”(VM, 330) 하이데거의 제자인 가다머의 명제이다. 이해 가능성의 존재를 전제하기에, 존재의 불투명성과 불명확성을 내세웠던 스승의 선언과는 역방향에서 출발하는 명제이다. 『진리와 방법』의 핵이자 가다머 철학의 화두이기도 하다. “세계–내–존재로서의 우리의 모든 것과 불가분의 관계를 맺고 있는 언어”(ACI, 21)를 사유 대상으로 삼은 가다머에게 언어는 “세계–내–존재인 우리의 삶을 수행하는 근본 양식이자, 세계를 구성하는 모든 것을 총괄하는 형식”(ACI, 27-8)이다. “**이해할 수 있는 존재는 언어이다.**” 가다머 자신의 표현을 빌리면, “하이데거식으로 언어에 억지와 폭력을 행사하는”(ACI, 22) 언어가 결코 아니다. 한마디로 깔끔하다. 낱말도 문장의 의미도 투명하고 명확해서 굳이 별다른 설명이 필요 없을 듯하다. 언뜻 인간의 이해력이 닿을 수 있는 건 언어라는 말로 들리긴 하지만, 겉으로 보기와는 달리, 가다머의 화두는 직관적인 이해만으론 오롯이 파악할 수 없는 깊은 속뜻을 담고 있다.

　　이 글은, 언어 존재에 대한 현상학적–존재론적 성찰을 토대로 가다머의 화두를 풀이함으로써, 언어의 해석학적 위상을 고찰하는 데에 목적을 두고 있다. 하지만 이를 위해선 언어에 대한 여러 다양한 성찰들도 거쳐야 함을 밝혀둔다. 그리고 '언어 존재'라는 표현은 때론 '언어라는 존재'를, 때론 '언어 존재로서의 인간 존재'를 의미한다는 것도 밝혀둔다. 벨기에 철학자 질베르 오투아는 "인간을 구성하는 이러한 존재와 언어의 교착어법"(GH, 66)의 무한 반복과 내적 필연성으로 인해 "존재와 언어의 상호 교착을 밝히는 소명으로서의 존재-론onto-logie"(GH, 65)이 탄생한 것이라 했다. 하이데거와 가다머의 언어 사상을 천착했던 질베르 오투아가 굳이 '존재-론'이라고 표기한 까닭은, 『존재와 시간』의 저자가 현상학을 현상-학phénoméno-logie으로 풀이하면서 현상과 로고스(언어)의 합성 개념이 현상학이라고 설명했던 데서 착상한 표현으로, 실존론적 차원에서 존재와 언어의 얽힘 현상을 강조하기 위해서이다.

하이데거의 존재 물음과는 달리, 언어에 관련된 물음이 망각에 빠졌다고 할 순 없다. 아리스토텔레스에서부터 루소, 파스칼, 헤르더, 훔볼트, 쉴러, 헤겔을 거쳐 소쉬르, 비트겐슈타인, 뱅베니스트, 그레마스의 현대 언어학에 이르기까지, 언어에 대한 성찰은 면면히 이어져 내려왔기 때문이다. 더욱이 『현대 철학에서의 언어 과잉』의 저자인 질베르 오투아의 지적대로, 20세기 후반은 그야말로 "언어에 대한 철학적 관심이, 물론 다양한 형태이긴 하지만, 전 세계적이다"(GH, 61)라고 할 만큼, 언어 문제가 인문과학뿐만 아니라 사회과학 이론에도 침투했던 건 사실이다. 비트겐슈타인은 철학의 모든 문제가 언어 남용에서 비롯된다고 지적한 바 있고, 분석철학은 언어 분석을 모델로 해서 철학적 문제들을 해결하려 하고, 데리다의 해체 이론이나 푸코의 담화 분석 그리고 하버마스의 소통 이론에 이르기까지, 언어는 현대 사상에서 결코 무시할 수 없는 위상을 누리고 있다. 그러나 언어에 관련된 물음에 무엇인가 결핍되어 있다고 판단되는 까닭은, 언어의 기능과 역할, 형식과 구조, 현상과 체계에 대한 성찰들은 풍부하지만, '언어 존재' 자체에 대한 철학적 사유는 흔치 않기 때문이다.

언어와 인간

아리스토텔레스는 『정치학』에서 인간을 '로고스를 가진 동물'이라고 정의했다. 아리스토텔레스의 정의에서 출발한 서구의 철학 전통은 오랫동안 인간을 '이성적 동물'로 규정해왔다. 로고스를 '이성'으로 해석한 결과이다. 한스-게오르크 가다머(1900-2002)는 「언어의 한계」라는 글에서 서구의 철학 전통이 저지른 이 "엄청난 오류"에 대한 하이데거의 가르침을 다음과 같이 소개하고 있다. "내가 스물세 살이었을 때, 하이데거가 처음으로 내 눈을 뜨게 해주었는데, 아리스토텔레스의 문맥에서 로고스를 **이성적**으로 번역한 나머지, 인간을 이성을 부여받은 존재로 정의한 데서 비롯된 엄청난 오류였다."(PH, 171) 하이데거에 의하면, 아리스토텔레스가 인간은 로고스를 가진 동물이라고 정의한 앞뒤 문맥을 자세히 분석해 보면, 로고스를 '이성'이 아니라 '언어'로 해석하는 게 더 적절하다는 것이다.

　왜냐하면 아리스토텔레스의 정의는 인간과 동물을 구분하는 차원에서 나온 것이기 때문이다. 자연은 새들에게 위험이나 먹이를 알릴 수 있는 신호들을 사용하는 능력을 부여한 데에 그쳤던 반면, 인간에겐 그 이상의 능력을 부여했는데, 그 이상의 능력이란 낱말들을 사용해서 뭔가를 지명하고 표현할 수 있는 능력이다. 하이데거의 의하면,

바로 이 언어 능력을 뜻하는 게 아리스토텔레스의 로고스 개념이다. 로고스 덕분에, 인간은 사고할 수 있고, 그 사고를 표현할 수 있고, 의사소통을 할 수 있고, 세계-내-존재로서 삶을 영위할 수 있다. 이런 의미에서 인간은 이성의 동물이기 이전에 언어 재능을 부여받은 존재이다. 한마디로, 인간은 언어 존재이다. 언어가 없으면, 존재할 수 없다는 말이다. 『존재와 시간』의 철학자 하이데거의 위대한 발견이다. 위대한 철학자의 제자 가다머는 이렇게 말했다. "인간은 언어를 가진 살아 있는 존재이다."(AC2, 58) 굳이 덧붙이자면, 가다머가 "언어의 보편성"(AC2, 65)에 기초한 "해석학의 보편성"(AC2, 193)을 주창할 수 있었던 건, 하이데거의 가르침을 받은 덕이었다. 스승이 '존재' 물음에서 출발했듯이, 제자는 '언어' 문제에서 철학의 눈을 떴으니, 그 스승에 그 제자라고 할까. 『한스-게오르크 가다머 전기』의 저자인 장 그롱댕의 표현을 빌리면, "혁혁한 스승"과 "그 스승의 후계자"(HGG, 9)는 '언어 존재'라는 개념에서 화이부동和而不同하고 있다. 이제 "이해할 수 있는 존재는 언어다"(VM, 17)라는 표현의 의미를 막연하나마 짐작할 수 있을 듯도 싶다. 그러고 보니, 언어-존재-이해라는 가다머 해석학의 핵심 개념 세 개가 어우러진 문장이다.

사실, 하이데거의 발견은 모든 사고가 언어에 근거한다는 사실을 일깨운 사상의 혁명을 불러왔다고 해도 과언이 아니다. 왜냐하면 이성이 사고를 수행하는 게 아니라, 언어가 이성의 사고를 주도하고, 사고의 이성을 재단하기 때문이다. 말하자면, 칸트의 '이성'을 대체하는 게 하이데거의 '언어'이다. 하이데거의 언어 사상에 정통한 모리스 블랑쇼는 다음과 같이 지적한 바 있다. "하이데거가 우리에게 환기하는 건 너무나 간단한 두 문장으로 요약된다. 즉, 언어는 정당화될 필요가 없다. 왜냐하면 정당화하는 건 바로 언어이기 때문이다."(MF, 23) 로고스가 로고스를 정당화한다. 로고스 자체가 정당성의 근거이다. 로고스가 이성을 이끄는 사고의 주체일 뿐만 아니라, 로고스가 존재의 토대이자 근거이기 때문이다. 하이데거의 제자인 가다머가 「인간과 언어」와 「언어의 한계」를 비롯한 여러 글에서 하이데거 해석의 정당성을 역설한 건 너무나도 당연한 처사였다. 더 나아가, 그는 로고스를 가진 인간에게 과연 언어는 무엇을 의미하는가에 대해 끊임없이 묻고 또 물었다.

이렇듯, 가다머의 해석학은 언어에 대한 사유를 기반으로 삼는다. 그의 모든 철학적 사유는 언어를 중심으로 이루어지고, 언어에서 출발해서 언어로 귀환한다. 그의 대표작인 『진리와 방법』의 핵심인 제3부를 「언어의 지침에 따른 해석학의 존재론적 전환」이라고 이름 붙인 것도 이런 이유에서다. 철학적 해석학의 전범이라 불리는 『진리와 방법』의 이 3부엔 언어와 로고스에 관한 다르고 새로운 성찰들이 기술되어 있다. 「현상학과 대화술 사이에서 : 자평 시론」이라는 글에서 가다머는 다음과 같이 설명했다. "인간의 형성사는 언어를 습득하고 세계에 대한 지식을 습득하는 과정과 밀접하게 얽혀 있다. 바로 이것이 해석학이 내세우는 언어의 보편적 가치가 인정받도록 하려는 나만의 시도가 지닌 핵심 쟁점이다."(AC2, 14) 그리고 「인간과 언어」의 필자에게 언어의 보편성은 "언어 존재의 특성"(AC2, 65)이다. 언어의 보편성은 가다머 해석학의 토대 원리이고, 이 언어의 보편성에 근거해서 해석학의 보편성을 역설했다. 질베르 오투아는 "현대 철학의 해석학적 정체성은 가다머의 사상에서 완성된다"(GH, 66)라고 했다.

하버마스로부터 언어의 보편성을 지나치게 강조한다고 신랄한 공격을 당하기도 했지만, 가다머는 언어가 인간의 삶 자체와 직결되

어 있기에 언어의 보편성을 역설하지 않을 수 없다고 주창했다. 「인간
과 언어」의 필자는 이렇게 말한다. "언어는 인간 존재의 진정한 삶터
다. 우리가 들이마시는 공기만큼이나 인간의 삶에 꼭 필요한 재산이다.
아리스토텔레스가 말했듯이, 인간은 진정 언어를 가진 존재이다. 그러
기에 우리는 인간의 모든 것을 말해야만 한다."(AC2, 67) 인간에 관련
된 모든 것은 언어와 관련되어 있기에, 인간사는 곧 언어사라는 말이
다. "우리를 둘러싸고 있는 진정한 존재"(AC2, 61)는 다름 아닌 언어이
기 때문이다. "언어는 인간과 사회를 구성하는 모든 것의 근저에 자리
한다."(LV, 111) 우리는 언어를 통해 세계와 접촉하고, 언어를 통해 세
계를 경험한다. "세계를 향한 모든 접근은 언어, 오로지 언어를 통해
서다."(AC2, 204) 달리 말해서, "세계와의 모든 접속은 언어가 중개한
다."(AC2, 205) 언어는 인간과 세계가 만나는 장이다. "이 언어라는 가
교"(GH, 64)가 없다면, 인간과 세계의 만남이 불가능하다. "언어는 정
녕 세계를 향한 우리의 모든 처신을 쥐고 있는 열쇠이다."(VM, 302) 세
계-내-존재인 인간에게 언어는 세계의 문을 여는 열쇠이다. 언어 덕
분에 인간은 세계-내-존재로서의 실존을 구현한다. 질베르 오투아의
표현을 빌리면, 인간은 "언어에-의한-세계-내-존재"(GH, 62)로서 **세
계-내-언어적-존재**"(GH, 67)이다.

　『진리와 방법』의 저자에 따르면, 언어철학자 훔볼트가 해석학에
이바지한 공로는 지대하다. **"언어관이 곧 세계관**임을 입증했다"(VM,
294)는 점에서다. 훔볼트의 사유는 해석학적 사고의 밑거름이다. 인간
이 세계와 만나고, 세계와의 관계를 맺고, 세계를 경험하는 건 모두 언
어를 통해서이므로, 언어를 어떻게 바라보느냐는 세계를 어떻게 바라
보느냐와 직결되기 때문이다. 훔볼트의 지적대로, "언어는 애초부터

인간적이다."(VM, 295) 그래서 가다머는 이렇게 말한다. "언어는 단지 세계 안에 놓인 인간이 겸비한 여러 가지 기능들 가운데 하나가 아니다. 인간이 **하나의 세계**를 가지고 있다는 사실이 밝혀지는 건, 바로 언어 안에서이고 언어에 근거해서다."(VM, 295) 인간이 세계-내-존재임을 밝혀주는 게 언어이기에 "**언어와 세계의 관계**"(VM, 295)에 대한 고찰은 해석학의 우선 과제가 된다. 비트겐슈타인 전문가로 이름난 질베르 오투아의 우아한 표현을 빌리면, "인간은 언어의 넝쿨에 의해 세계에 존재한다."(GH, 64)

　"언어는 나와 세계가 만나 하나가 되는 곳이다. 아니, 조금 더 나은 표현으론, 나와 세계가 본래의 상호 귀속 상태로 현전하는 곳이다."(VM, 330) 『진리와 방법』의 주도 이념에 대한 저자 자신의 설명이다. 「인간과 언어」라는 글에서도 가다머는 다음과 같이 설파했다. "우리 자신에 대한 모든 앎에서나 세계에 대한 모든 앎에서나, 우리는 언제나 이미 우리의 언어에 에워싸여 있다. 우리는 말을 배우면서 자라나고, 말을 배우면서 세계를 알게 되고, 말을 배우면서 인간들을 그리고 궁극적으로 우리 자신을 알게 된다. 말을 배운다는 건, 단지 우리에게 친숙한 세계, 우리가 알고 있는 세계를 명명하기 위해 우리 손아귀에 들어 있는 연장을 사용하는 걸 의미하는 게 아니라, 세계 자체를 알고 세계와의 내밀한 관계를 맺는다는 걸 의미한다."(AC2, 61) 언어가 인간과 세계를 잇는다. 나와 세계에 대한 모든 이해는 언어적 이해이다. 언어적 이해란 언어에 의해, 언어를 통한, 언어 안에서의 이해이다. "언어가 언어에 답한다. 담화가 담화를 풀이하고, 설명하고, 해석한다. 글쓰기가 텍스트의 주변에서 텍스트를 양산한다."(GH, 64) 말이 말을 한다. 말이 의미를 생산하고, 의미를 풀이한다. 의미 생산과 의미 이해의 동반 수행이 인간 언어의 고유한 특성이자 본질이다. 로고스를 가진 동물로서 "인간은 의미 존재"이고, "물고기가 물속에 있듯이, 인간은 의미 안에 그리고 존재 안에 있다."(GH, 65)

언어학의 시각과는 달리, 존재론적 해석학의 입장에선 "언어는 결코 하나의 도구이거나 연장이 아니다."(AC2, 60) 인간에게 언어는 존재의 구심이자 실존의 주체이다. 인간에겐 언어 능력이 곧 존재 능력이다. 어른과 아이의 차이는 결국 언어 능력의 차이다. 언어는 단지 인간과 세계를 잇는 중개자가 아니라, 인간과 세계에 대한 이해를 관장하는 '숨은 신'이기도 하다. 바람이 구름을 움직이지만, 바람은 보이지 않듯이. "이 세계라는 존재 자체가 언어 조직"(VM, 295)인 이상, 즉 세계 자체가 언어의 구성물인 이상, 세계-내-존재인 인간에게 언어는 세계 이해를 주도하는 길라잡이이다. 세계 안에서 산다는 건, 곧 언어의 세계에서 사는 것이다. 하이데거가 언어를 '존재의 집'이라고 지칭했듯이, 인간은 언어 안에 기거한다. 하이데거의 제자 가다머는 이렇게 말한다. "우리를 에워싸고 있는 진정한 존재, 즉 우리가 그 안에서 살아가는 언어의 세계. 사실, 우리는 늘 이미 우리 집인 언어 안에 있다. 세계 안에 있듯이 말이다."(AC2, 61) 인간이 '존재의 집'인 언어 안에 사는 것이지, 그 역은 아니다. 굳이 말하자면, 언어가 집주인이고, 인간은 세입자일 뿐이다. 『해석 철학』의 저자 가다머에 의하면, "우리는 원소 안에 살 듯이, 언어 안에서 산다. 물고기가 물속에서 살듯이."(PH, 38)

세계-내-존재인 인간은 세계 안에, 즉 언어 안에 산다. "세계가 세계인 건, 바로 세계가 언어로 표현되는 한에서다. 언어로 말하자면, 언어가 진정한 실존을 확보하는 건, 바로 세계가 언어로 표상된다는 사실에서다. 그러므로 언어에 본래부터 인간적 속성이 있다는 말의 의미는 세계-내-존재로서의 인간에겐 본래부터 언어적 속성이 있다는 뜻이다."(VM, 295) 인간-언어-세계의 관계에 대한 통찰이다. 인간은 언어 존재이고, 세계 역시 언어 존재이다. 나와 세계는 언어에서 만난다. 세계는 언어를 통해서 나에게 다가오고, 세계-내-존재인 나는 언어를 통해서 세계로 나아간다. 나의 세계에 대한 경험은 근본적으로 언어적인 경험이다. 세계에 대한 우리의 경험이 근본적으로 언어적 속성을 지니고 있다는 사실은 일상의 현실에서 늘 겪는 것이기도 하다. 우리가 보고 들은 것이나, 우리가 직접 체험한 것도 언어로 표현되지 않는다면, 그건 없었던 일이나 다름없다. 아무리 극단적인 경험을 한 사람이라 하더라도, 그 경험을 언어로 표현해내지 못한다면, 그의 세계 경험은 존재 의미 차원에선 무용지물에 불과하다.

이를테면, 아우슈비츠의 생존자가 아우슈비츠의 실상을 언어로 전달하지 않았다면, 아우슈비츠라는 세계 자체가 없던 일이 되어버린다. 가다머가 지적하듯이 "언어 안에서 자신을 드러내는 건 세계 그 자체이다. 세계에 대한 언어적 경험은 '절대적'이다."(VM, 303) 우리의 세계 경험을 소화해서 풀어내는 우리의 사고도 마찬가지다. 우리가 세계를 바꿀 수 있는 아무리 훌륭한 사고를 품고 있다 하더라도, 그 사고를 언어로 표현하지 않는다면, 그 사고는 애당초 없었던 것이나 다름없다. 구슬이 서 말이라도 꿰어야 보배라고. 게다가 언어 표현 이전에, 사고를 수행하는 것 역시 언어라는 사실을 잊지 말아야 한다. 자명한 사실이지만, 언어가 없다면 우리의 사고 자체가 이루어질 수 없다. "우리는 언어의 도움을 빌려 사고할 수밖에 없는데, 언어 안에 우리의 사고가 기거한다는 것, 바로 이것이 언어가 사고에 제기하는 심오한 수수께끼이다."(AC2, 60) 이 심오한 수수께끼의 답은 이렇다. 언어를 빌려 사고

하는 인간에게 사고의 주체는 인간이 아니라 언어이다. 이것은 사고 능력의 한계가 언어 능력의 한계라는 사실에서도 확인된다. 더 많은 언어를 알면, 더 나은 그리고 더 깊은 사고를 할 수 있다. 이런 관점에서 볼 때도 "소통의 수단"(AC2, 61)으로서의 언어는 우리가 필요할 때마다 꺼내 쓰는 단순한 도구나 연장이 아니다. 오히려 언어가 우리 삶과 사고의 지배자임을 인정해야 한다.

위와 같은 언어에 대한 사유가 해석학의 전유물은 아니다. 가령, 모리스 블랑쇼는 「말라르메와 소설 예술」이라는 글에서 다음과 같이 지적한 바 있다. "인간 현실과 세계를 기초하는 건 언어이다. 인간은 대화에서 자신을 드러내고, 대화에서 근원적 사건과 마주친다. 세계는 언어화됨으로써 심오한 기원을 밝힌다. 이처럼, 인간과 세계는 언어의 본성과 위엄성을 현시한다. 인간이 언어를 도구로, 즉 세계 속에서 행동하고 자신을 시위하기 위한 도구로 간주하는 건 잘못된 생각이다. 실제로는, 언어가 인간에게 세계의 실재를 확인해주고, 세계 안에서의 삶을 보장해준다는 점에서, 언어가 인간을 지배한다."(FP, 191) 말하자면, 언어는 산소와도 같은 존재이다. 독방에 갇힌 죄수가 겪는 가장 큰 고통은 세계와의 가교가 단절됐다는 데서 온다. 언어 존재인 인간이 언어를 몰수당한 데서 오는 좌절감이다. 현존재인 인간이 세계-내-존재의 지위를 박탈당한 데서 오는 상실감이다. 한마디로, 인간과 세계를 이어주는 통로가 막혀버린 데서 비롯된 참을 수 없는 고통이다. 블랑쇼의 표현대로, "언어가 인간을 지배한다." 그렇다면, 시종인 인간이 주인인 언어를 모시는 건 당연한 이치가 아닌가. 롤랑 바르트는 1977년 1월 콜레지 드 프랑스 취임 강연에서 "언어는 단지 파시스트일 뿐이다. 왜냐하면 파시즘이란 건 말을 막는 게 아니라, 말을 하도록 강요하기 때문이다"(LEC, 14)라고 했다. 말을 하지 않고 살아갈 수 없는 인간에겐 울며 겨자 먹듯이 언어의 '파시즘'에 굴종하는 도리밖에 없다.

『언어의 본성과 기능에 관한 고찰』(1942)의 저자인 프랑스의 언어철학자 브리스 파랭에 의하면, 인간이 언어를 부리는 게 아니라, 언어가 인간을 주무른다. 인간은 언어의 주인이 아니라 종이라는 말이다. 설화舌禍나 필화筆禍라는 말이 있듯이, 세 치 혀를 잘못 놀리거나 무심코 붓을 굴렸다간, 치도곤을 당하기 일쑤다. 말 한마디로 천 냥 빚을 갚기도 하지만, 말 한마디에 나락으로 떨어지기도 한다. 소위 말로 먹고 산다는 정치판에서 심심찮게 터지는 언어 사건이다. 언어가 인간의 주인임을 모르는 무지에서 비롯된 변고이다. 그래서 브리스 파랭은 언어가 우리를 "징벌한다châtier"(BP, 175)고 일갈했다. '나를 함부로 부리지 마라. 오히려 나를 깍듯이 섬기라.' 언어가 인간에게 내리는 절대명령이다.

언어 놀이와 언어의 놀이

놀이 개념을 인류학적, 언어학적 관점에서 분석한 요한 하위징아는 그의 저서 『호모 루덴스』에서 인간을 '놀이 동물'이라 정의했다. 인간을 놀이 동물이라 할 때, 인간에게 가장 실존적인 놀이는 바로 언어 놀이이다. 인간은 단 하루도 언어 놀이를 하지 않고선 살 수 없기 때문이다. 더욱이 로고스를 가진 동물인 인간에게 언어 놀이는 그 어떤 놀이보다도 가장 인간적인 놀이, 즉 오로지 인간만이 할 수 있는 놀이이다. "언어는 우리들 모두가 일원으로 참여하는 놀이인데, 우리들 가운데 누구도 타인보다 우월권을 가지고 있지 못하다."(AC1, 135) 언어는 모든 인간이 동등한 자격으로 참여하는 놀이라는 점에서도, 야생 동물의 언어와는 달리, 말하는 동물로서의 고등 동물만이 할 수 있는 놀이이다. 따라서 인간에게 가장 고유한 놀이인 언어 놀이의 존재 양식에 대한 고찰은 인간과 언어의 관계를 또 다른 시각에서 재조명할 수 있는 계기를 제공한다. 가다머는 『진리와 방법』에서 놀이 개념을 현상학적-존재론적 관점에서 분석하면서, 놀이의 존재 양식이 곧 "예술 작품의 존재 양식 그 자체"(VM, 27)라고 했다. 우선, 가다머 해석학의 핵심 개념들 가운데 하나인 놀이 개념을 간략하게 요약해보기로 하자.

흔히 "놀이는 놀이에 불과하다"(VM, 28)라고 한다. 놀이자가 놀이를 대하는 가장 기본적인 태도이다. 놀이의 본질을 알고 있는 놀이자에게 "순수한 놀이라는 건 심각한 게 아니다."(VM, 27) 하위징아에 따르면, 심각함은 놀이의 반대 명제에 해당한다. 아리스토텔레스가 무료함을 달래기 위해 놀이를 한다고 했듯이, "놀이자에게 놀이는 심각한 게 아니고, 바로 그러기에 놀이자는 놀이를 한다."(VM, 27) 놀이의 가벼움이, 즉 놀이의 놀기가 놀이자를 끌어들인다. 아이들의 놀이에서도 보듯이, 놀이자는 어떤 뚜렷한 목적이나 의도를 가지고 놀기에 뛰어드는 게 아니라, 오로지 놀기 자체를 위해서 놀이에 참여한다. 놀이가 아이를 부르고, 아이는 놀이의 부름에 응하지 않을 수 없다. 아이가 다른 활동(일테면, 공부나 숙제)보다도 놀기의 유혹에 쉽게 넘어가는 현상은 놀이자가 놀이에 종속됐음을 보여준다. 이러한 놀이의 현상학에 근거해서 가다머는 "놀이가 놀이자의 의식보다 우위"(VM, 30)에 있음이 곧 놀이의 존재 양식이라고 규정했다.

놀이가 놀이자의 의식보다 우위에 있다는 사실은 말의 쓰임새에서도 확인할 수 있다. '장난에 빠지다', '노름에 빠지다', '테니스에 빠지다', '바둑에 빠지다', '피아노에 빠지다', '연극에 빠지다', 등등. 인간과 인간 사이에 벌어지는 사랑놀이라는 것도 마찬가지다. 흔히 사랑을 한다고 말하지만, 실은 사랑에 빠지는 것이다. 이렇듯, 언어 표현에서도 놀이자가 놀이의 부름과 유혹에 걸려든 현상이 잘 드러난다. 놀이자가 아무리 의식적으로 혹은 이성적으로 놀이에 저항하거나 놀기를 외면하려 해도, 급기야는 시나브로 기원에 앉아서 바둑알을 만지고 있는 자신을 발견하곤 한다. **"'논다'는 것은 언제나 '놀아난다'는 것이다**»*Jouer», c'est toujours «être joué»."* (VM, 32) 놀이의 진리이다. 놀이가 놀이자를 부리고 주무르는 데서 비롯된 필연적인 사태이다. 자아의식보다 대상의식이 우선한다는 현상학의 새로운 시각이 발견해낸 놀이의 진리이다. 절대 주체인 전통적 코기토에겐 받아들일 수 없는 불편한 진리일 테긴 하지만.

도박에 빠져서 가산을 탕진하고 신세를 망친 후에야, 비로소 '도박에 놀아났다'라는 사실을 깨닫는 이들을 심심찮게 볼 수 있다. 그들은 놀이자가 결코 놀이를 지배할 수 없다는 놀이의 진리, 즉 놀이의 주체가 놀이자가 아니라 놀이 자체라는 진리를 깨우치는 데에 엄청난 대가를 치른 셈이다. "놀이의 실체적 본질은 놀이자의 의식이나 행동에 있는 게 아니라, 반대로 놀이가 놀이자를 자신의 영역으로 이끌어들이고, 놀이자에게 놀이 정신을 심어준다." (VM, 35) 가다머의 놀이 정신을 깨달았더라면, 패가망신은 면했을지도 모를 일이다. 비록 빈털터리 신세에 빠지고 나서야, 놀이의 주체가 놀이자가 아니라 놀이 자체라는 놀이의 진리를 깨닫긴 했지만, 두 번의 패가망신은 없을 터이니, 그것만으로도 소중한 삶의 지혜를 깨우친 것이리라. 이처럼 놀이가 놀이로서 그치지 않을 때, 놀이는 놀이로서의 본성을 상실한다. 장난이 싸움으로 비화하는 것처럼. 이른바 '타짜'들은 안다. 놀이의 주인은 놀이자가 아니라 놀이 자체라는 걸. 놀이자가 놀이에 놀아나는 것임을.

한편, 놀이에 빠진다는 건 자기 망각 혹은 자기 지배의 상실을 의미한다. 이 경우의 자기 망각이나 자기 상실은 놀이에 온전히 몰입되었을 때 나타나는 유희적 도취 상태의 결과이다. 놀이에 빠져버린 아이는 사후에 당할 꾸지람뿐만 아니라 배고픔조차 망각한 채 놀이에 탐닉하고, 심지어 때론 생리 현상이 벌어진 사실조차 인식하지 못하기도 한다. 놀이에 함몰되어 놀이자가 주체 의식을 상실하는 사례이다. 거꾸로 말하면, 진정한 놀이가 구현되기 위해선 놀이자의 주체성이 상실되어야 한다. "사실, 놀이자가 놀이 속에서 자신을 망각할 때, 비로소 놀이는 자기 목적을 달성한다."(VM, 28) 무아지경에 빠진 배우가 무대 위에서 신들린 연기를 펼친다. 말 그대로 무아無我의 지경에서 입신入神의 경지에 이른 것이다. '나'의 자리에 '신'이 들어온 것이다. '나'(배우)를 상실하고서, '다른 나'(배역)가 되어버린 것이다. 관객의 탄성을 자아내고 기립박수가 터진다. 성공한 연극이다. 놀이가 자기 목적을 달성한 것이다.

이처럼, 놀이자가 자신의 주체성을 망각하고서 순수하게 유희적인 사명에 전념할 때, 놀이자는 놀이에 동화되어 놀이 자체가 되어버린다. 더 나아가 놀이자가 노리개가 되어버릴 때, 비로소 진정한 놀이가 구현된다. 일테면, 탈춤이나 사물놀이의 놀이자들이 펼치는 놀이가 그러하다. "놀이자는 놀이의 주체가 아니고, 놀이자를 통해서 실현되는 건, 바로 놀이 자체이다."(VM, 28) 달리 표현하면, "놀이는 사실상 자신이 구현되는 것으로 족하다. 놀이의 존재 양식은 바로 자기 구현이다."(VM, 34) 놀이의 입장에선, 어느 누가 놀이하든 상관없다. 놀이가 구현되기만 하면 된다. 따라서 놀이는 놀이자의 주체 의식과는 전혀 무관하게 존재한다. 바로 이런 놀이의 존재 양식이 곧 예술 작품의 존재 양식임을 반드시 기억해두기로 하자.

자고로, 공놀이의 보편성은 전 세계적이다. 가령, 열성 팬들이 관중석을 가득 메운 레알 마드리드 구장이나 맨체스터 유나이티드 구장에서 벌어지고 있는 축구 경기를 상상해보라. 선수와 심판들은 물론이고, 모든 관중의 시선은 단 하나에 쏠려 있다. 그 주인공은 바로 공이다. 기껏해야 지름 이십 센티와 무게 사백 그램 정도의 둥근 공이 온 구장을 들었다 놓았다 한다. 아니, 수십억 수백억 연봉의 선수들이, 고작 십여만 원 남짓한 합성수지 공을 두고, 죽을 둥 살 둥 실랑이를 벌이는 꼴이라니! 칠팔만 관중의 환희와 좌절의 원천이 기껏해야 발로 걷어차이기나 당하는 공이라니! 공의 놀기에 일희일비하다니! 생물도 아닌 무생물인 주제에, 손도 대지 못하게 하면서 감히 인간들을 가지고 놀다니! 어처구니가 없는 일 아닌가? 그러나 선수들은 알고 있다. 공놀이의 주인은 선수가 아니라 공이라는 걸. 그리고 메시나 호날두와 같은 세계적인 선수일수록 공을 주인으로 깍듯이 섬길 줄 안다. 그들은 자기 멋대로 공을 차는 게 아니라, 자기에게 오는 구질에 다소곳이 순응해서 그에 맞는 발놀림을 해야만, 비로소 골망을 흔들 수 있다는 걸 잘 알기 때문이다. 그들은 공을 함부로 부리는 게 아니라 깍듯이 섬기기에 천문학적인 연봉을 받을 만한 자격이 있는 것이다. 그들이야말로 그 누구보다도 놀이의 진리를 터득하고 있기 때문이다. 축구는 공놀이다. 공이 논다. 공은 자신이 놀기 위해 선수들을 놀게 하고 놀리기까지 한다. 럭비공은 어디로 튈지 모른다. 놀이의 매력이다. 한마디로, 공이 인간을 부려먹는다. 공놀이의 진리이다.

한편, 관중들의 입장에선, 경기를 관람한다는 건 눈앞에서 펼쳐지는 공놀이의 매력에 빠지는 것이다. 그러기 위해 축구장을 찾는다. 아이가 놀이에 빠져서 자신을 망각하듯이, 관중들은 일상의 시름을 잊은 채 눈앞의 경기에 몰입하고, 끝내 놀이의 일부가 되어버린다. 그래서 가다머는 관중을 "자기-밖으로-나온-존재"라 지칭하면서, "사실, 경기를 관람하기 위해선, 자기-밖으로-나온-존재가 되는 게 실질적인 조건이다"(VM, 52)라고 지적한다. 하기야 자기 안에 머물려면, 방구석에 틀어박힌 채 상상의 나래에 빠지면 되지, 굳이 축구장을 찾지도 않을 터이다. "이런 의미에서 보면, 관람한다는 건 곧 자기를 망각하는 것이다. 그리고 관중의 본질을 이루는 건, 자기를 망각함으로써 경기에 몰입하는 것이다."(VM, 52) 불행히도, 아니 다행히도, 쇼는 계속되지 않는다. 자기 망각에 빠진 채, 길래 살 순 없는 노릇이니. 하지만 망각 속엔 뭔가 남는다. 선수와 관중 모두 자기를 망각하고서 오로지 놀이에만 빠진 채, 스물두 명 선수들이 온 땀을 쏟아부어 모든 기량을 아낌없이 발휘한 경기 끝엔, 승자도 패자도 없고, 단지 그날의 그 놀이만이 관중들의 뇌리에 고스란히 새겨지고, 먼 훗날에도 그 전설적인 경기를 떠올리며, 진정한 놀이에 빠졌던 경험을 뿌듯한 마음으로 반추하게 될 것이다. **"관중에게 미친 효과"**(VM, 56)이다. 『진리와 방법』의 저자는 이렇게 말한다. "놀이자들(또는 작가)은 사라졌고, 단지 그들이 놀았던 것만이 남는다."(VM, 38) 놀이의 현상학이다.

언어 놀이의 경우도 마찬가지이다. "언어로 말하자면, 명백하게도 놀이의 진정한 주체는 다른 활동들을 제쳐두고 이 놀이에 빠져드는 개인의 주체가 아니라 놀이 자체이다."(VM, 30) 문학은 언어의 놀이이다.

소유격 조사 '-의'를 존중한다면, 이 놀이의 주인은 언어이다. 언어의 놀이로서의 문학의 주체는 작가가 아니라 언어라는 말이다. 일컬어 언어 놀이의 대가라는 이들은 언어가 놀이의 주체임을 안다. 시인이 시를 쓰지 않을 수 없는 건 언어의 놀이를 외면할 수 없기 때문이다. 시야말로 언어 놀이의 경연장으로서 언어의 놀이가 펼쳐지는 특설 무대가 아닌가? 가다머는 "시 짓기에서야말로 언어의 자율성이 오롯이 드러난다"(PH, 61)라고 했다.

　　시인은 알고 있다. "놀이의 매력, 놀이가 행사하는 유혹은 바로 놀이가 놀이자의 주인이 된다는 사실에 있다"(VM, 32)는 걸. 시인은 언어 놀이의 유혹을 뿌리칠 수 없다. 언어의 놀이가 시인을 부르기 때문이다. 시인 말라르메는 이념이 아니라 낱말들을 가지고서 시를 짓는다고 했다.[1] 문득 떠오른 낱말이 시를 부른다. 낱말이 낱말을 부른다. 낱말끼리 어우러진다. 그 낱말들이 언어의 그물을 친다. 그 그물에 시가 걸린다. 그 시가 또 하나의 그물을 친다. 그 그물에 또 하나의 시가 걸린다...... 시가 시를 쓴다. 언어가 시를 짓는다. 시인은 시가 언어의 놀이임을 안다. 언어의 놀이에 빠진 시인은 낱말들의 놀이터를 제공하는 게 자신의 직무임을 안다. 시는 '나'의 놀이터가 아니라, '언어'의 놀이터임을 안다는 말이다. 그렇게 시가 탄생한다. 언어의 포로가 되어

---

1) 시인 폴 발레리는 「시와 추상적 사고」라는 글에서, 시 습작을 즐겨 했던 인상파 화가 에드가 드가와 상징주의 시인 스테판 말라르메가 나눈 대화를 다음과 같이 전하고 있다. "어느 날, 드가가 말라르메에게 말했다. '당신 직업은 지옥 같죠. 저는 제가 하고 싶은 걸 도무지 해낼 수가 없네요. 제게 이념들은 가득한데도 말이죠.' 그러자 말라르메가 대답했다. '친애하는 드가 씨, 이념들을 가지고서 시를 짓는 게 아니오. 낱말들을 가지고 하는 거요.'"(VO1, 1324) 발레리는 자신의 영원한 스승인 말라르메의 이 한마디를 "너무나 단순하면서도, 너무나 온당한 말"(VO1, 1324)이라 부연했다.

버린 시인은 시의 주인이 자신이 아니라 언어라는 걸, 언어가 시를 짓는다는 걸, 시가 시를 부른다는 걸, 시의 탄생이 나의 직무의 완수임을, 그리고 시가 다시 나를 부른다는 걸, 끝내 언어의 유혹을 뿌리칠 수 없다는 걸······ 시인은 그걸 알고 있다. 문학이라는 게 **언어의 놀이**라는 걸, "낱말들이 글을 쓰는 자를 주시한다"(SMB, 16)는 걸. 언어철학자 질베르 오투아에 의하면, "언어의 살의 두터움 자체에 대한 무한 채굴"(GH, 62)이 가능한 건, 바로 "언어로부터의 언어의 증식"(GH, 63)에 "인간 언어의 본질"(GH, 65)이 있기 때문이다. 시는 언어의 굴착기다.

가다머의 놀이 개념은 다음과 같은 결론에 이른다. "놀이의 진정한 주체는 놀이자가 아니라 놀이 자체이다. 놀이자를 매혹하고, 놀이자를 그물 속에 가두고, 놀이자를 놀이에 붙들어 매는 건 바로 놀이이다."(VM, 32) 인간은 언어 놀이의 동물이다. 언어가 인간을 유혹해서 언어의 그물에 가둔다. 언어의 그물에 갇힌 인간, 바로 이것이 언어 존재인 인간 존재의 존재 양식이다. 『진리와 방법』의 저자는 이렇게 말했다. "당연하게도, 우리가 언어를 말한다기보다는 언어가 우리를 말한다고 하는 게 훨씬 더 적확하다."(VM, 317-8) 언어가 인간을 말한다. 인간이 언어 놀이를 한다기보다는 언어 놀이가 인간을 놀게 한다. 언어가 인간을 놀린다(이 낱말의 두 가지 의미에서). 인간에겐 언어 놀이가 곧 삶의 터이다. 인간의 존재 양식이 곧 언어 놀이라는 말이다. 그리고 이 놀이의 주체는 인간이 아니라 언어이다. 이러한 해석학적 사고는 데카르트의 코기토에 머물러 있는 이들에겐 좀처럼 수용하기 힘들지도 모른다. "내가 놀이 개념을 활용하고자 했던 이유는 자아의식의 환상과 의식에 대한 관념론의 편견들을 넘어서기 위해서였다."(PH, 44) 가다머의 지적대로, 자아의식보다 대상의식이 우선한다는 현상학적 의식의 지향성을 수용한 해석학적 사고는 탈–주체적 지평을 열어준다는 점에서, 절대 주체인 코기토의 직접 의식과는 '다른' 사고이다. 그리고 이 '다른' 사고로 인간과 세계를 바라보면, '다른' 모습을 발견할 수 있다. 다른 눈으로*Allo eidos gnoseos*.

말의 힘과 언어의 대화 구조

"언어는 이해 자체가 이루어지는 보편적인 중개지_milieu universel_**이다."**(VM, 235) 가다머의 이 말에는 '언어에 의한, 언어를 통한 그리고 언어 안에서의 이해가 곧 해석학적 이해'라는 함의가 들어 있다. 「언어와 이해」의 필자는 이해의 문제를 언어의 문제라고 논파했다. "모든 이해가 언어의 문제이고, 언어 요소의 매개에서 성공하거나 실패한다는 주장은 굳이 입증될 필요가 없다. 이해와 오해를 포함해서, 소위 해석학의 대상이 되는 이해 현상들은 모두 언어 시위의 전형에 해당한다. […] 사람들 간의 이해 과정뿐만 아니라, 이해하기 자체의 과정이 언어 사건의 전형이다. 심지어 탈–언어적인 것에 대한 이해, 또는 어떤 글의 문자 속에서 침묵의 소리를 듣는 것, 또는 플라톤이 사고의 본질로 규정한 영혼의 자신과의 내적 대화도 언어 사건의 범주에 속한다."(LV, 146-7) 언어에 대한 현상학적–존재론적 통찰이다. 두 화자 간의 생생한 대화는 물론이고, 자기 자신과의 영적 대화, 무언의 대화나 텍스트와의 대화도 모두 언어적 성격을 띤다.

　일테면, 침묵의 언어도 하나의 언어이다. 하이데거는 "침묵할 수 있기 위해선, 현존재에게 뭔가 말할 게 있어야 한다"(ET, 211)라고 했고, 키르케고르는 "가장 확실한 무언은 침묵하는 게 아니라 말하는 것이다"(MS, 42)라고 했다. 침묵이 곧 말이다. 침묵이 말을 한다. 침묵의 소리이다. 침묵의 소리에서도 언어는 작동한다. 언어가 작동하기에 침묵이 소리를 낸다. 침묵의 소리는 무언의 언어이다. 레비나스의 표현으로론 "말을 타고난 침묵"(SMB, 10)이다. 말로써 표출되지 않았을 뿐, 머릿속이나 마음속에선 언어가 제 할 일을 한다. 면벽참선에 몰입되어 묵언수행에 정진하는 선승의 화두 풀이도 언어에 의해, 언어를 통해, 언어 안에서 이루어진다. 언어가 화두를 풀어낸다. 말의 힘이다. 그리고 말의 힘은 말에서 나온다. 그래서 미셀 푸코는 "언어는 '자기 밖으로' 나왔을 때, 자신의 고유한 본질을 드러낸다"(PD, 524)라고 했다.

『언어와 진리』의 저자인 가다머는 "놀기와 이해하기의 공통적인 구조"(LV, 142)를 강조한다. "아이가 세계를 알게 되는 건 언어 놀이를 통해서다. 우리가 배우는 모든 것은 언어 놀이에서 이루어진다."(LV, 142) 언어 놀이가 지식의 매개자이자 전수자라는 말이다. 다른 놀이와 마찬가지로 언어 놀이도 "왕복운동" 또는 "주고받기 놀이"(LV, 143)를 통해서 이루어진다. 가다머는 이를 문답 놀이 또는 문답의 논리라 부른다. 마주 앉은 두 화자 간의 대화는 이러한 언어 놀이가 구현되는 대표적인 상황이다. 문답 놀이를 통해 두 화자는 공통의 주제에 관해 의견을 교환하면서 상대방의 생각이나 처지를 이해한다. 여기에서 상대방의 처지를 이해한다는 건, 그의 사고나 인격 속으로의 전입을 뜻하는 게 아니다. 하기야, 그럴 수도 없긴 하지만 말이다.

그러니까 상대방의 처지를 이해한다는 건, 다름이 아니라 상대방이 한 말 자체의 뜻을 이해하는 것이다. 그러지 않고서, 상대방의 속내나 들여다보려고 하다간, 자칫 잘못하면 큰코다친다. 저의를 품은 상대와의 대화만큼 난감하고 난처한 문답 놀이도 없다. 진땀이나 흘리다 돌아서는 경우가 일쑤일 터이다. 아니면, 자칫 지레짐작으로 저의나 좇다가, 자기 생각은 미처 밝히지도 못한 채, 문을 나서야 하니 말이다. 따라서 두 화자 간의 대화에서 상대방의 생각이나 처지를 이해한다는 건, 그의 말을 이해하는 것이지, 그의 속내를 들여다보는 게 아니다. 다시 말해서, 상대방이 한 말의 함의를 이해하려고, 그 함의를 나에게 대입해서 찾아내는 것이지, 상대방의 내면에서 직접 캐내는 게 아니다. 가다머는 「진리란 무엇인가?」라는 글에서 "모든 이해의 언어적 특성"(AC2, 34)에 대해 다음과 같이 강조했다. "서로를 이해한다는 말의 의미는 말해진 무엇에서 서로를 이해하는 것이다."(AC2, 54)

이런 진리 현상은 놀이 개념을 통해서도 확인할 수 있다. 놀이 개념에 따르면, 대화의 주체는 두 화자가 아니라 대화를 이어주고 대화를 주도하는 말, 즉 문답 놀이의 주체인 언어이다. 대화의 본질은 상대의 언어를 이해하는 데 있지, 그의 내면을 감지하는 데에 있지 않다. "성공한 대화에선, 그보다는 양자 모두 말해진 그것의 진정성에서 합류하고, 이 진정성이 그들을 새로운 공동체로 묶는다. 대화 안에서 이루어지는 합의는, 단순히 모든 것을 걸고서 오로지 자신의 관점이 승자가 되도록 하는 게 아니라, 공통의 것에서 자기를 변화시키는 것이다. 바로 이 변화 덕분에, 양자 모두 그 이전의 자기로 남지 않게 된다."(VM, 226) 대화는 진정성이 담긴 말을 통해 "공통의 언어"(VM, 226)에서 합의에 이르는 프로세스인데, 합의에 도달하기 위해선, 일방적인 자기 주장을 펼칠 게 아니라, 오히려 상대의 말을 인정하는 동시에 자기 생각에 변화가 일어나야 한다. 일방적인 강요는 대화가 아니라 명령일 뿐이고, 대화의 성패는 서로가 일정 부분 양보하거나 포기하면서 말해진 '무엇'에 대한 합의에 이르느냐 아니냐에 달려 있다.

가다머는 「이해의 순환에 대해서」라는 글에서 이렇게 설명한다. "이해한다는 건, 일차적으로, 말해진 그것을 알아듣는 걸 의미한다. 단지 이차적 차원에 가서야, 상대방의 견해를 존중해서, 그 견해는 견해대로 이해한다는 걸 의미한다. 이처럼 모든 해석학적 조건들 가운데서도 첫 번째 조건은 말해진 그것에 대한 이해이다."(PH, 80) 대화에서의 합의가 이루어지기 위해선, 무엇보다도 먼저 상대방의 말부터 이해해야 한다. 그의 말을 이해해야, 나의 말이 나온다. 대화는 인격과 인격의 만남이 아니라, 말과 말의 만남이다. 헛된 만남이 되지 않으려면, 말과 말 사이의 소통이 이뤄져야 한다. 말과 말의 충돌로 막을 내리는 게, 곧 헛된 만남이고 부질없는 대화이다. 성공한 대화란 말과 말의 공감이다. "이와 같은 진정한 대화엔 우연, 은총, 돌발, 그리고 또한 우발이 있다는 걸, 게다가 놀이의 본질에 속하는 이 모든 것들이 어우러져 최고조에 달해서 빚어지는 뭔가가 있다는 걸 아무도 부정할 수 없다. 그리고 고양된 대화는 정말이지 자기 상실로 느껴지는 게 아니라, 우리 자신도 모르는 사이에 우리 자신이 풍부해졌음을 느끼게 해준다."(LV, 143-4) 진정한 대화의 미덕이다.

우리는 대화를 통해서 미처 생각지도 못했거나 이전엔 몰랐던 것을 알게 됨으로써, 우리 자신이 풍부해지고 달라졌음을 느낄 때가 종종 있다. 이렇듯, 대화 이전의 나와는 다른 나, 새로운 나를 발견하게 된 건 가는 말과 오는 말의 언어 놀이 덕분이다. 가다머가 지적하듯이, 이 언어 놀이에선 예기치 못한 일이나 뜻밖의 사태, 일테면 생각의 우연한 일치나 이심전심과 같은 현상이 벌어질 수도 있지만, 그런 경우는 예외적인 현상으로 치부해야 할 것이다. 다시 말해서, 그런 경우는 상수가 아니라 종속변수일 뿐이라는 말이다. 예컨대, 선의와 저의는 문자 하나의 차이일 뿐이긴 하지만, 저의는 언제든지 위선으로 돌변할 수도 있다. 결국, 화자의 말 자체가 우선이지, 화자의 속내는 부차적인 문제이다. 말 자체가 인간의 언어 행위를 주도한다. 말의 힘이다.

대화의 양식을 구성하는 문답 놀이는 두 화자 간의 대화 상황에서만 나타나는 건 아니다. 문답 놀이는 텍스트와 독자와의 관계에도 적용된다. 해석학적 시각에서 보면, 해석은 "텍스트와의 대화에 들어가는 것"(VM, 215)으로 "해석학적 현상 역시 대화의 본래 특성과 문답 구조를 지니고 있다."(VM, 216) 해석자와 텍스트의 대화에서도 대화의 본래 특성과 문답 구조가 구현되는 건 사실이긴 하지만, 그렇다고 해서 일상 대화와 같은 양식으로 이루어지는 건 아니다. 왜냐하면 해석학적 대화란 텍스트와 해석자의 대화라기보다는 텍스트의 텍스트 자체와의 대화이기 때문이다. 리쾨르에 따르면, "한 편의 작품은 그 작품에 내재한 고유의 문제를 가지고 있으며, 자신의 고유한 질문들에 대한 자신의 고유한 대답들을 품고 있다."(EPR, 235) 말이 말을 하듯이, 작품이 작품을 말한다. 해석학적 대화는 작품이 자신의 질문에 자신의 대답을 제시하도록 하는 프로세스이다. "언어의 대화 구조"(AC2, 23)를 강조하는 가다머의 시각도 다를 바 없다. "예술 작품에서 있어서도, 그 작품을 이해하려면, 즉 대답으로서의 작품을 이해하려면, 그 작품이 대답하는 질문을 포착하는 것부터 시작해야 한다."(VM, 217)「진리란 무엇인가?」의 필자는 "대답이 아닌 진술은 없다"(AC2, 50)라면서, "사실, 질문 하나하나 그 자체가 하나의 대답이다"(AC2, 51)라고 했다.『문학 공간』의 저자인 블랑쇼도 "적확한 대답은 그 질문에 근거한다"면서, "진정한 대답은 언제나 질문의 몫이다"(EL, 279)라고 역설했다. 그래서『진리와 방법』의 저자 가다머는 "물음들을 품는 자만이 앎을 품는다"(VM, 211)라고, 『무한 대담』의 저자 블랑쇼는 "물음은 사고의 욕망이다"(EI, 14)라고 했다.

따라서, 해석학적 대화가 성립하기 위해선, 해석자가 작품에 내재한 문제가 무엇인지부터 파악해야 한다. 해석학적 문답 놀이의 출발점이다. 문제를 찾아내면, 답은 저절로 따라온다. 해석학적 문답 놀이의 실상이다. 이런 점에서 보면, 작품 이해는 작품이 제시하는 대답을 통한 이해이다. 다시 말해서, 해석자의 대답이 아니라 작품 자체의 대답이 작품 이해의 산실이다. 가다머가 말했듯이, "예술 작품은 스스로 자기를 말한다."(AC2, 140) 예술 작품의 존재 양식이다. 시인의 직무가 낱말들의 놀이터를 제공하는 데에 있는 것과 마찬가지로, 해석자의 과제는 텍스트 자체의 문답 놀이가 펼쳐지도록 하는 데 있다. 다른 놀이에서와 마찬가지로 해석학적 문답 놀이에서도 놀이의 주체는 텍스트 자체이다. 해석자의 직무는 텍스트가 스스로 "텍스트의 그것"(TA, 100), 즉 텍스트가 말하고자 하는 것을 말하도록 하는 중개자 역할을 담당하는 데에 있다. 결국, 텍스트를 이해한다는 건 그 텍스트의 언어를 이해하는 것이기에, 언어는 텍스트의 주체이자 이해의 주체이다.

가다머는 "텍스트의 타자성"(VM, 107)을 인정해야 '텍스트의 그것'을 이해할 수 있다고 역설한다. 텍스트의 타자성이란, 텍스트의 주인으로서의 텍스트의 주체성을 말한다. 텍스트 언어의 주인은 텍스트 자체이므로, 텍스트의 언어를 이해한다는 건, 저자의 의도가 아니라 텍스트 자체의 의도를 이해하는 것이다. 이런 점에서 보면, 텍스트와의 대화라는 건, 결국 텍스트의 언어와 텍스트의 언어 간의 놀이인데, 해석자의 직무는 이 놀이를 추동해서 그 놀이가 구현되도록 하는 데에 있다. 그때, 놀이의 주체가 텍스트임을 인정받고, 텍스트의 주체가 해석자의 주체보다 우위에 있음이 확인되고, 문답 놀이 자체가 구현됨으로써 놀이의 목적이 달성된다. 이처럼 해석학적 이해에선 처음부터 끝까지 텍스트의 주체가 해석자의 주체보다 우위를 점한 상태에서 문답 놀이가 구현된다. 해석학적 대화의 진상이다. 가다머가 "해석학의 가르침에 단련된 의식은 애초부터 텍스트의 타자성에 마음의 문을 열어야만 한다"(VM, 107)라고 요구하는 것도 바로 이런 이유에서다. 굳이 덧붙이자면, 애초부터 텍스트의 타자성에 마음의 문을 여는 것은『진리와 방법』의 저자가 주장하는 '방법론적 진리'이기도 하다.

언어의 무한과 다르게 이해하기

그렇다면, 해석학은 언어를 이해하면 작품과 인간을 온전히 이해할 수 있다고 주장하는 것일까? 바로 여기에 해석학의 난제가 도사리고 있다. 이 물음에 대한 대답부터 먼저 하자면, 그렇지 않다는 것이다. 왜냐하면 언어 자체가 불가지한 본성을 지니고 있기 때문이다. 근대 해석학의 아버지라 불리는 슐라이어마허는 "언어 요소들을 깊이 파고들어 고찰하면 고찰할수록, 언어는 도무지 규명되지 않는 부분이 있다"(SCH, 16)라고 단언했다.『언어와 진리』의 저자 가다머는 더욱 구체적으로 언어의 본성을 설명한다. "말은 무엇인가를 감추는 힘뿐만이 아니라, 자기 스스로 감추는 힘을 가지고 있기에, 말 속에 들어 있는 건 어쩌면 개인의 사유에 의한 통찰을 가로막는 무의식 속에 숨겨져 있다."(LV, 164) 프로이트가 데카르트의 코기토를 "가짜 의식"(CI, 22)으로 규정한 건, 바로 무의식의 언어 때문에 에고의 투명성이 보장될 수 없다는 이유에서다. "우리가 사용하는 언어의 무의식적인 특성"(VM, 105)을 인정하는 가다머는 "언어의 드러내고-감추는 본질"로 인해 "유혹하는 동시에 거부하는 언어 현상은 너무나도 수수께끼 같다"(LV, 164)라고 단정한다. 가다머는 이러한 언어의 본성을 "위험천만한 모호함"(VM, 256)이라면서 언어의 한계를 다음과 같이 적시하기도 했다. "언어는 결코 개인의 궁극적인 신비에 도달하지 못한다."(AC2, 194) 언어의 한계가 이해의 한계를 낳는다.

가다머가 언급한 언어의 드러내기와 감추기 본성은 해석학자가 아닌 몇몇 작가들도 통찰한 바 있다. 『허구의 바른길과 에움길』의 저자로, 그 누구보다도 언어의 미학을 추구했던 프랑스 작가 루이-르네 데 포레는 언어의 본성을 다음과 같이 설명한다. "낱말들의 직무는 그 낱말들이 언급하는 사태들과의 자연 관계를 단절하는 것이다. 작가는 낱말들을 통해서 사태의 현실을 포착하려 애쓰지만, 바로 낱말들이 이 현실을 파괴해버린다. 대상을 말로 표현한다는 건 그 대상을 배반하는 것이고, 대상을 말로 옮긴다는 건 그 대상을 감추는 것이다. 진정한 표현은 자기가 드러내는 것을 숨겨버린다."(VD, 26) 언어엔 본래 드러내기와 감추기 본성이 있다는 통찰이다. 자연 언어의 시니피앙과 시니피에 간의 자의성은 차치하고, 언어가 인간이나 세계의 현실을 있는 그대로 표현하지 못한다는 언어의 한계에 대한 지적이다. 언어가 전지전능하다면야, 세상사가 너무나 명확하고 단순해서, 심지어 단조롭고 지겨울는지도 모른다. 오해의 빌미를 제공하지도, 오해로 인한 불화의 씨앗이 움트지도 않을 테니까. 오해는 언어의 산물이고, 오해 없는 세상은 싱거운 세상일지도 모른다. 하기야, 진정한 이해는 종종 오해 풀이에서 나오기도 한다.

소쉬르가 언어 기호의 자의성을 지적한 이후, 사고와 언어의 불합치 현상은 이론의 여지 없는 전제이다. 세계-내-존재로서의 현존재에겐 언어가 실존 가능성의 토대이긴 하지만, 그렇다고 해서 데우스 엑스 마키나는 아니다. 말에 참말과 거짓말이 있듯이, 드러내기와 감추기는 언어의 본성에 속한다. 『말꾼』의 작가 데 포레는 이러한 언어의 이중성을 다음과 같이 분석한다. "언어엔 드러내는 힘 못지않게 위장하는 힘이 있는데, 때로는 드러내는 힘과 위장하는 힘이 중첩되어 구분할 수 없는 하나가 되어버린 나머지, 각자의 몫을 가려내는 데에 여간 애를 먹지 않는다."(FI, 28) 도무지 '아'의 뜻인지, '어'의 뜻인지 분간이 가지 않을 때만큼 곤혹스러울 때도 없다. 조화造化의 언어가 빚어낸 언어의 조화라고나 할까. 슐라이어마허가 지적했듯이, "언어 요소들은 완벽하게 명확할 수도, 완벽하게 불명확할 수도 없다."(SCH, 79)

『정신 현상학』의 저자도 언어의 이중성에 대해 지적한 바 있다. 헤겔에 의하면, 언어는 인간의 내면을 "너무 많이" 표현하거나, 아니면 "너무 적게"(HEG, 224) 표현한다. 너무 많이 표현됨으로써 과잉 노출로 인해 가짜 초상화가 탄생하거나, 아니면 너무 적게 표현됨으로써 감추기로 인해 거짓 초상화로 둔갑해버린다. 넘침 아니면 모자람, 어느 경우에나 정체성의 문제가 발생한다. 언어는 인간과 세계를 있는 그대로 표현할 수 없다. 언어의 한계다. 언어의 중의성을 천착했던 블랑쇼도 헤겔의 언어관에 동조한다. "말하는 게 별로 없기에 언어가 투명한 것인지, 아니면 정확하게 말하기에 명확한 것인지, 너무 많은 걸 말하기에 언어가 막연한 것인지, 아니면 아무것도 말하지 않기에 불투명한 것인지를 알 수 없다. 중의성이 곳곳에 널려 있다."(KK, 57-8) 투명하면서도 불투명하고, 명확한 듯하면서도 애매한 속성으로 인해, "언어는 매 순간 중의적일 수 있고, 말하고자 하는 것과는 다른 걸 말할 수 있을 뿐만 아니라, 언어가 가지고 있는 일반적 의미가 불확실하다."(KK, 57) 블랑쇼의 언어 사상에 정통했던 작가 데 포레가 언어를 "기만적인 거울"(VD, 44)이라 한 것도 이런 이유에서다. 언어의 기만은 언어의 본성에서 비롯된 언어 현상의 한 단면이다. 물론, 언어 존재인 인간이 기만의 피해를 고스란히 감당해야 하긴 하지만.

　이런 언어 현상이 가져오는 결과는 자명하다. 이해의 한계이다. 슐라이어마허에 따르면, 해석학은 "언어로부터 출발해서, 언어의 도움으로, 기정된 담화의 결정된 의미를 찾아내는 예술"인데, 문제는 "그 누구도 이 언어를 완벽하게 소유하지 못한다"(SCH, 34)는 것이다. 인간은 언어의 주인이 아니다. 앞에서도 언급했듯이, 인간은 '존재의 집'에 세들어 사는 세입자에 불과하다. 세입자 신세를 면하려고, 그 집을 사려고 해봐야 헛수고다. 매물이 아니기 때문이다. 불행하게도 인간은 '존재의 집'의 주인이 될 수 없다. 한번 세입자는 영원한 세입자라는 게, 인간이 떠안아야 할 숙명이다. 인간이 언어를 완벽하게 소유할 수 없는 건 언어의 무한성 때문이다. 이를테면 우리는 우리말 사전에 실린 모든 낱말을 숙지하지 못한다. 인공지능을 탑재한 두뇌의 소유자가 아닌 한 말이다. 게다가 우리는 같은 낱말을 가지고서 같은 말을 하는 것도 아니다. "음과 뜻의 놀이"(TA, 24)인 말장난이 한 예인데, 뜻을 제대로 파악하지 못한 나머지 졸지에 조롱거리로 전락할 때가 심심찮다.

　하나의 예를 들어보기로 하자. 가령, 내가 대화 도중 적절한 어느 시점에 불쑥 "사고는 사고다"라고 말했다고 치자. 나의 말을 들은 청자들은 선뜻 이 말을 이해하지 못한다. 당연하다. 왜냐하면 나는 '사고思

考는 사고事故이다'라는 의미에서 한 말이기 때문이다. 그런데 청자들 가운데 누군가는 어렴풋이나마 내 말의 뜻을 알아채고서 고개를 끄덕이기도 한다. 하지만 그러면서도 확신하진 못한다. 긴가민가하기에 고개를 갸우뚱거린다. 그래서 나는 모든 청자의 이해를 돕기 위해서 설명을 덧붙인다. 나의 경험에 의하면, 어떤 생각(아이디어)은 문득 떠오를 때가 종종 있다. 일테면, 길을 가다가, 담배를 피우다가, 홀로 술잔을 기울이다가, 바닷가를 산책하거나 산비탈을 내려오다가, 등등. 나의 설명을 듣고 난 뒤엔, 모든 청자가 마침내 고개를 끄덕이면서, 내 말의 뜻을 이해했다는 신호를 보낸다. 나의 말은 나의 사적 경험에서 나온 것이긴 하지만, 내 앞의 청자 누구든지 이해할 수 있는 보편적인 경험치에 속하기 때문이다. 그러나, 설령 나의 경험을 공유한 청자라 할지라도, 선뜻 이해하지 못해서 난감한 표정을 짓는 이도 있기에, 나의 부연 설명이 필요할 수밖에 없다. 바로 여기에서 우리는 언어 현상의 진상과 마주한다. 나의 설명이 없으면, 나의 말이 이해받지 못하고, 청자의 이해를 끌어내지도 못한다. 즉, 말(나의 말)은 말(나의 설명)에 의해 파악된다. 말이 말을 하면서 말뜻을 전한다. 바로 이것이 언어의 현상학적 진리이다.

위의 경우는 화자가 자기 말에서 언어의 중의성을 의도적으로 활용한 사례이다. 이와 달리, 화자의 의도와는 무관하게 말이 말을 하면서 빚어내는 폐해도 있다. 비근한 예가 오해 현상이다. 같은 말인데 다른 의미로 이해했을 때 빚어지는 현상이 오해이다. 일테면 화자는 '아'라고 했는데, 청자가 '어'로 이해하는 경우이다. 화자는 분명히 '아'라고 했는데, 청자가 곡해해서 '어'로 알아들은 데서 비롯된 현상이다. 그렇다면, 왜 오해가 빚어지는가? 두 가지 이유에서다. 첫째로, 청자가 화자의 **말**이 아니라 화자의 **의도**를 지레짐작으로 잘못 추정했기 때문이다. 즉, '아'의 **의미**를 '어'라는 **의도**로 곡해했기 때문이다. 둘째로, 청자의 곡해가 빚어진 원인은 화자의 '아'라는 말에 '어'로도 이해될 수 있는 뜻이 들어 있기 때문이다. 즉, 비록 청자가 '어'의 뜻으로 곡해하긴 했지만, 화자의 '아'가 '어'의 뜻으로도 해석될 수 있는 빌미를 제공했기 때문이다. 그러므로 오해의 원흉은 화자도 청자도 아니다. 오해의 원흉은 바로 말, 즉 언어이다. '아'의 의미로도 '어'의 의미로도 들릴 수 있는 언어 탓이다. 오해는 말이 말을 하는 데서 비롯된 언어 현상들 가운데 하나일 뿐이다. 흔히 '아 다르고, 어 다르다'곤 하지만, 말이 스스로 말을 하는 데에야 어쩔 도리가 없는 법이다.

위에 언급한 두 가지 사례는 언어의 본성에서 비롯된 현상인데, 언어의 본성은 바로 말이 말을 하는 데에 있다. 우리는 언어가 스스로 말하는 걸 막을 수 없다. 어찌 보면, 언어라는 존재 자체가 이해 불가능한 존재일지도 모른다. 씨줄의 언어와 날줄의 언어로 짜인 텍스트도 마찬가지이다. 그래서 가다머는 "예술 작품의 특징은 결코 완벽하게 이해하지 못한다는 데에 있다"(AC2, 16)라고 역설했다. 예술 작품의 이러한 본성으로 인해, 이해는 "무한의 작업"(SCH, 34)일 수밖에 없다. 언어가 스스로 말하기에, 언어의 얼개인 문학 작품의 의미를 다 파헤칠 수 없기 때문이다. "한 편의 예술 작품의 의미는 결코 다 비워낼 수 없다"(AC2, 16)라고 했던 가다머는 다음과 같이 고백하기도 했다. "예술 작품이 우리의 이해에 도전장을 내밀고 있다는 사실이 바로 나의 해석학 이론의 출발점이 되었다."(AC2, 17) 예술 작품을 "해석학의 필수 도구"(PH, 8)로 여겼던 가다머의 고백을 존중한다면, 해석학의 존재 이유는 언어의 무한에 대한 도전, 더 나아가 언어의 신비에 대한 도전에 있다고 하겠다.

이제, 모두에서 언급했던 가다머의 화두를 풀이할 때가 됐다. "**이해할 수 있는 존재는 언어이다.**" 다행하게도, 1983년에 발표한 글「텍스트와 해석」에서 가다머 자신이 화두를 상세하게 풀이했다. "존재는 자기 자신의 드러냄 속에 남김없이 자기를 보여주는 게 아니라, 자기를 드러내는 힘 못지않은 근원적인 힘으로 자기를 감추고 자기를 숨긴다. 그러기에 나로서는, 의미에 관한 모든 해석학적 경험에 부여된 한계를 염두에 두려고 늘 노력해왔다. 내가 '이해할 수 있는 존재는 언어다'라고 했을 때, 이 말의 의미는 존재하는 건 결코 완벽하게 이해할 수 없다는 것이다. 반드시 이런 의미로 받아들여야 한다. 언어에 실린 모든 건 언제나 말해진 것 그 이상을 지향한다는 점에서 말이다. 바로 이것이 해석학적 차원에서 존재가 '자기를 보여주는' 방식이다."(AC2, 199) 이 화두 풀이엔 하나의 해석학적 진리가 담겨 있다. 즉, 인간 존재는 언어 존재인데, 전자(인간)와 후자(언어) 모두 자기를 현시하면서도 자기를 은폐하는 본성을 가진 존재이기에, 이런 두 겹의, 아니 네 겹의 존재 층으로 인해, 우리는 언어를 다 이해하지 못하고, 그 결과 인간을 다 이해하지도 못한다. 요컨대, 언어의 무한이 이해의 무한을 낳는다는 게, 가다머의 화두에 담긴 해석학적 진리이다. 그래서 가다머는 이런 말을 했다. "이해한다는 건 단지 다르게 이해하는 것이다. 바로 이것이 나만의 좌우명이다."(AC2, 17)

이 글의 결론은 다음과 같다. 인간을 이해하기 위해선 언어를 이해해야 하는데, 언어는 늘 말로 표현된 것 이상을 말하기에, 즉 '말해진 것'에는 늘 '말해지지 않은 것'도 있기에, 인간이든 언어이든, 온전하고 오롯한 이해는 불가능하다. 이해의 한계다. 이해의 한계는 언어의 무한에서 비롯된 필연적인 사태이다. 그리고 이 언어의 무한성으로 인해 이해 역시 무한할 수밖에 없다. 가다머는 이렇게 말했다.

"이해한다는 건 늘-다르게-이해하는 것이다."(AC2, 17)

2장 번역, 언어의 손님맞이

번역은 언어와 언어의 만남이다. 이 만남의 특성은 둘이 만나서 하나가 되는 데에 있다. 그리고 이 특성은 1+1=2가 아니라, 1×1=1이라는 등식으로 표현할 수 있는데, 두 개의 물방울이 만나서 하나의 물방울이 되는 것이라고나 할까. 그런데 문제는, 하나의 물방울이 된다고 할지라도, 완벽한 구형의 물방울이 될 확률은 제로에 가깝고, 그보다는 장구 형상의 물방울일 가능성이 크다는 데에 있다. 이것은 만남의 성격 자체에서, 즉 남의 언어와 나의 언어의 만남이라는 이질성의 결합에서 기인하는 바, '남×나≤남'의 장력과 '나×남≤나'의 장력이 팽팽하게 대립해서 필연적으로 인력 경쟁이 펼쳐지기 때문이다. 그래서 흔히 번역의 불가능성을 거론하는데, 번역을 남과 나의 충돌과 대결의 장이 아니라, 남과 나의 공존과 공생의 터로 삼는다면, 불가능성을 가능성으로 전환할 수 있는 여지는 얼마든지 있다.

폴 리쾨르는 생전의 마지막 저서인 『번역론』(2004)에서 번역을 **"언어의 손님맞이"**(ST, 43)라고 정의했다. 언뜻 개념어치고는 싱겁고 밋밋한 표현으로 보이지만, 번역의 기능이나 형식 차원이 아니라 번역의 본성과 실천 차원에서, 이보다 더 그럴듯한 정의도 없을 것이다. 왜 냐하면 나의 언어가 남의 언어를 손님으로 기꺼이 맞이해서, 둘이 하 나로 어우러져 어울림의 언어로 탄생하는 게 번역이기 때문이다. 어울 림의 정도야 각각 다르긴 할 테지만, 우리가 우리 집에서 손님을 어떻 게 맞이하는지를 떠올리면, 번역의 실상을 어렵지 않게 짐작할 수 있 을 것이다. 손님을 맞이할 때, 프랑스어 표현에서 흔히 '당신 집처럼 생 각하라'라고 하듯이, 손님과 주인 구분 없이 한마음 하나로 어우러질 때, 값지고 즐거운 만남이 될 테니 말이다. 리쾨르의 정의를 굳이 풀이 하면 이렇다. 언어의 손님맞이란, 언어가 언어를 손님으로 맞이해서 언 어로 환대하는 언어의 놀이이다. 이런 점에서 보면, 장구 형상의 물방 울이야말로 번역의 실제를 대변하는 생생한 메타포라 해도 손색이 없 을 것이다. 북편의 저음과 채편의 고음이 어우러져 신나는 소리가 나 는 번역 작품을 상상해보시라.

해석학자인 가다머와 리쾨르가 번역에 깊은 관심을 가졌듯이, 번 역이 해석학과 결부될 수밖에 없는 건 해석학의 뿌리말에서도 드러난 다. 주지하다시피, 해석학herméneutique이란 용어는 희랍어 동사 '헤 르메네우에인*bermeneuein*'에서 온 말인데, 이 희랍어 동사엔 '말하다', '표명하다', '자기를 표현하다' 등의 어의뿐만 아니라, '설명하다', '해 석하다', '번역하다' 등의 어의가 포함되어 있다. 그래서 흔히 인간에게 신탁을 전달하는 올림피아의 신 헤르메스Hermès와 연관시키는데, 메 신저로서의 헤르메스는 최초의 번역가였던 셈이다. 사실, 언어를 대상 으로 삼아 언어적 매개를 실천하는 해석학은 번역의 문제와 무관할 수 없다. 슐라이어마허가 플라톤의 번역가로서 해석학의 원리를 창안했 던 사실을 상기하면, 해석학은 번역의 문제를 해결하려는 시도에서 출발했다고도 볼 수 있다. 리쾨르 역시 후설의 『이념들 I』을 번역하면서 현상학을 접했고, 이어서 현상학을 거쳐 해석학에 입문했고, 훗날 이 "엄청난 번역 작업"(VA, 18)의 경험을 토대로 『번역론』을 펴낸 사실만 상기해봐도, 번역과 해석학은 불가분의 관계에 있다고 할 수 있다. 참고로, 리쾨르는 이 책에서 인용하는 『진리와 방법』의 프랑스어 번역본을 감수했는데,[1] 가다머에게 진 적지 않은 빚을 갚은 셈이었다.

이처럼, 번역과 해석학의 만남은 언어에서 이루어진다. 인간의 언어 행위에는 두 가지 형식이 있는데, 곧 말과 글이다. 화자의 말(파롤)을 다른 언어로 옮기는 작업이 통역이고, 저자의 글(텍스트)을 다른 언어로 옮기는 작업이 번역이다. 시공간적 차원에서 보면, 통역이 직접적인 중계 행위인 반면, 번역은 지연된 중계 행위이다. 동시통역이란 용어는 있어도, 동시번역이란 용어는 없다. 동시통역사에겐 자격증이 필요하지만, 번역자에게 자격증을 요구하진 않는다. 번역은 누구든지 할 수 있지만, 동시통역은 아무나 할 수 있는 일이 아니다. 일반적으로 통역의 경우, 중계자인 통역자가 화자의 말을 최대한 중시해서 전달해야 한다. 화자의 입을 방금 떠난 말은 살아 있는 말인데, 이 살아 있는 말을 가능한 한 곧이곧대로 상대 화자에게 전달하는 게 통역자의 일이다. 따라서, 통역자가 화자의 말을 제대로 파악하지 못했을 경우, 화자

---

1) 1976년에 쇠이 출판사에서 출간된 『진리와 방법』(에티엔 사크르 옮김)의 프랑스어 번역본은 책 머리에서 리쾨르의 감수 사실을 명시하고 있을 뿐만 아니라, 또한 리쾨르가 이 번역본을 감수 하는 데에 이탈리아 철학자 지안니 바티모의 이탈리아어 번역본(1972년)에 도움을 받은 사실 도 적시하고 있다. 아울러, 저자 가다머의 동의 아래, 원저의 1부 1장과 2부 1장이 미번역되어 있음도 밝히고 있다. 1996년에야 『진리와 방법』의 완역본(피에르 포숑, 장 그롱댕, 질베르 메를리 오 옮김)이 쇠이 출판사에서 출간되었는데, 새 번역본의 책머리에서도 리쾨르의 요청으로 완역 본이 나오게 되었음을 밝히면서, 이에 대해 리쾨르에게 감사의 말을 전하고 있다.

와의 문답을 통해 화자의 메시지를 충분히 이해한 후에 상대 화자에게 전달해야 한다. 만일 통역자가 화자의 말을 중시하지 않고서 자의적인 해석을 가미해서 전달한다면, 두 화자 간의 소통은 어긋날 수밖에 없다. 이렇듯 살아 있는 말을 옮기는 통역은 시공간적인 제약과 화자의 메시지를 중시해야 한다는 특성과 한계를 지니고 있다. 한마디로, 통역은 말의 직접성을 중시하는 중개 행위이다.

그렇다면, 타자의 글을 다른 언어로 옮기는 번역의 경우는 어떠한 가? 통역의 대상이 화자의 말이라면, 번역의 대상은 저자의 글이다. 글은 소리 없는 말이다. 두 가지 의미에서 그렇다. 소리son가 없다는 점에서도 그렇고, 소리voix가 없다는 점에서도 그렇다. 즉, 소리 없는 말엔 음音도 없고 성聲도 없다. 특히, 두 번째의 소리voix가 없다는 건, 곧 저자의 목소리voix가 들리지 않는다는 뜻이다. 말의 경우, 화자가 언제든지 개입해서 자신의 의사를 최대한 정확하게 전할 수 있기에, 화자의 목소리가 생생히 살아 있다고 할 수 있다. 반면에, 글의 경우엔 시공간적 거리로 인해 저자의 목소리가 아예 미칠 수 없다. 말하자면, 말에선 화자의 음성과 청자의 청각이 제 기능을 다하는 데에 반해서, 글에는 저자의 목소리도 독자의 귀도 없다. 리쾨르의 말놀이를 인용한다. "말하기는 말하는 사람을 향하지만, 이야기하기는 이야기된 그것을 향한다."[2] (TA, 94) 이 말놀이는 말(화자)과 글(저자)의 차이를 극명하게 설파

---

2) 리쾨르의 말놀이를 설명하면 이렇다. 우리말에서 '담화'라는 낱말은 한자어 '담談'과 '화話'의 합성어인데, '화'는 '말(言)'과 '혀(舌)'의 합성어로 순수하게 입으로 하는 말parole을 뜻하고, '담'은 '말(言)'과 '불(火)'의 합성어로 화롯가에 모여 앉아 나누는 이야기récit를 뜻하듯이, '말하기parler'는 '화자話者'의 '화'로, 그리고 '이야기하기dire'는 '담론談論'의 '담'으로 이해하면 된다. 마찬가지로, 프랑스어의 담화discours라는 낱말은 때론 '말'을, 때론 '이야기'를 뜻한다. 따라서 리쾨르의 말놀이를 풀이하면, '말은 말하는 사람의 소관이지만, 이야기는 이야기된 그

하고 있다는 점에서, 오롯이 새겨둘 만한 글귀이다. 번역의 대상은 말이 아니라 글, 즉 텍스트인데, 텍스트는 해석학적 관점에서 번역의 문제를 고찰할 수 있는 출발점이 된다.

번역과 텍스트

19세기 초에 해석학이라는 학문을 철학 차원에서 정립한 슐라이어마허 이후, 해석학은 흔히 해석의 이론 또는 이해의 예술이라 불린다. 무엇을 해석하고, 무엇을 이해한다는 것인가? 텍스트이다. 그렇다면, 텍스트란 무엇인가? 「텍스트란 무엇인가?」의 필자인 리쾨르는 텍스트를 "글쓰기로 고정된 모든 담화"(TA, 137)라 정의했다. 이 정의에 따르면, 담화(말)가 텍스트가 되기 위해선 글쓰기에 의한 고정이 필수적이다. 다시 말해서, 글쓰기가 말하기를 대체할 때, 텍스트가 탄생한다. 따라서 글쓰기에 의한 고정은 텍스트의 기본 구성 요건으로서 텍스트의 텍스트성을 규정하는 준거이다. 그렇다면, 글쓰기에 의한 고정이 가져오는 변화는 무엇인가? 다시 말해서, 글쓰기로 탄생한 텍스트는 말과 다른 어떤 인식론적, 존재론적 특성을 가지게 되는가? 위에서도 언급했듯이, 번역의 대상인 '글로 된 말'은 통역의 대상인 '살아 있는 말'과는 다르다. 즉, 말이 글이 될 때 일어나는 변화는 단순히 소리son/signe

---

것의 소관이다'라는 뜻이다. 그래서 리쾨르는 "언어학, 기호론, 언어 철학은 필연적으로 말하기의 차원에 머물고, 이야기하기 차원엔 이르지 못한다"라고 부연하면서, 말하기를 "언어학"의 영역에, 이야기하기를 "텍스트 해석exégèse"(TA, 94)의 영역에 속한다고 했다.

accoustique를 문자graphisme/signe graphique로 대체한 현상적 변화에 그치는 게 아니라, 근본적 차원의 변화를 겪게 된다. 말이 화자와의 끈을 끊지 못하는 데 반해서, 일단 말이 글로 고정되면, 그 글은 글쓴이로부터 분리되어 시공을 초월한 자립 존재의 위상을 누리기 때문이다.

『진리와 방법』의 저자 가다머는 글쓰기에 의한 고정에서 비롯된 사태를 다음과 같이 아주 간략하게 정리한다. "글은 자기소외Selbstentfremdung 형식의 하나이다."(VM, 237) 자기소외auto-aliénation란 홀로서기autonimie와 따로서기indépendance를 아우르는 텍스트 해석학의 핵심 개념이다. 글이 자기소외의 처지에 내몰린다는 건, 말이 화자의 보호막 아래 머무는 반면, 글은 저자로부터 해방되어 자립한다는 것이다. "사실, 글쓰기에 의한 고정은 해석학적 현상의 핵심을 이룬다. 글이라는 특성으로 인해, 작가나 저자는 물론이고, 수신자나 명목적으로 지정된 독자를 넘어선 존재가 구현된다는 점에서 말이다. 글로 고정된 것은, 글을 읽을 줄 아는 사람이라면, 누구든지 같은 자격으로 참여하는 의미 영역에 도달해 있다."(VM, 239) 글쓰기에 의한 고정이 가져오는 가장 큰 변화는 텍스트의 자립이다. 저자로부터 독립해서 홀로서기 하고, 저자와 분리되어 따로서기 한다. 말과 글의 차이에서 오는 존재 현상이다. 그러므로 "모든 글은 특히나 해석학의 대상이다."(VM, 242) 그런데 자립한 텍스트의 문자는 기호론 차원의 형식 존재일 뿐, 의미론 차원의 의미 존재가 아니다. 기호를 의미로 변환하는 작업이 곧 해석학의 과제이다. 하지만 기호론 차원의 해석이라기보다는 의미론 차원의 해석 작업이 이루어진다는 점에서, 해석학은 근본적으로 구조주의와는 다른 차원에 있음을 기억해두기로 하자.

글쓰기에 의한 고정이 가져오는 존재론적 결과에 대해선 「거리두기의 해석학적 기능」의 필자인 리쾨르도 다음과 같이 지적한다. "무엇보다도 글쓰기는 텍스트를 저자의 의도로부터 자립시킨다. 텍스트가 의미하는 건 저자가 말하고 싶었던 것과 일치하지 않는다."(TA, 111) 텍스트의 의미와 저자의 의도 간의 불합치는 글쓰기가 빚어낸 필연적인 사태이다. 자기소외된 텍스트는 저자의 말을 듣지 않기 때문이다. "글쓰기 덕분에, 텍스트의 세계는 저자의 세계를 분열시켜 버릴 수 있다."(TA, 111) 글쓰기의 힘이다. 문학 작품의 존재 양식이다. 심지어 리쾨르는 이렇게 말한다. "사실, 저자가 죽었을 때야, 비로소 책과의 관계가 온전하게 되는데, 말하자면 때 묻지 않은 관계가 된다. 저자는 이젠 대답할 수 없고, 남은 일은 오로지 그의 작품을 읽는 것이다."(TA, 139) 자기소외의 결과는 이렇다. "저자는 작품에 의해 지워져버린 것이나 다름없다."(EPR, 229)

저자가 '죽어야', 작품이 '산다'. 작품은 저자의 '죽음'을 대가로 치르라고 요구한다. 글쓰기로 인해 자립한 텍스트의 명령이다. 저자가 손을 뗐을 때, 비로소 작품과 독자 간에 온전한 관계가 성립된다. 저자의 손때가 묻지 않기 때문이다. 이처럼, 글쓰기는 단순히 말을 글로 변화시키는 데 그치지 않고, 말이 꿈꿀 수 없었던 자립 존재로서의 위상을 글에 부여한다. "글로 된 담화와 더불어, 저자의 의도와 텍스트의 의도 간의 일치가 그친다. 텍스트의 언어적 의미와 저자의 정신적 의도가 분리되는 것이야말로, 담화가 글쓰기로 고정된 데서 비롯된 진정한 사건이다."(TA, 187) 글쓰기 사건이다. 시쳇말로 대형 사고다. 글쓰기로 인해, 글쓴이의 '죽음'을 초래했으니 말이다.

말과 글의 위상의 차이에 대해서 가다머도 다음과 같이 지적한다. "글을 특징짓고 말과 구분시켜 주는 건, 글은 몸소 자신을 구원하러

나설 수 없다는 사실이다. 저자는 글에 자신을 맡겨버린 나머지, 아무런 대응도 할 수 없는 데에 반해서, 살아 있는 대화에선 화자가 자신의 말에 직접 개입해 저항함으로써 온갖 곡해와 오용을 방비한다."(AC2, 175) 화자는 말에 개입할 수 있지만, 저자는 글에 개입할 수 없다. 말은 주워 담을 수 있어도, 글은 지울 수 없다고 하지 않는가? 심지어, 저자는 인쇄물의 오탈자로 인한 폐해까지도 온통 감수해야 한다. "글로 된 모든 것의 약점"(VM, 240)이다. 「철학과 문학」의 필자 가다머의 표현을 빌리면, "버림받은 채 매춘에 처해exposé à la prostitution"(AC2, 175) 있을 만큼, 글은 저자의 어떤 보호도 받지 못한다. 어릴 적 납치당해 어머니를 잃은 에스메랄다 신세나 다름없다. 파리의 거리에서 데면데면히 춤추는 집시 소녀는 절세의 미모임에도, 아니 바로 그 비길 데 없는 미모로 인해 온갖 풍파를 홀로 감당한 끝에, 마침내 나이 열여섯에 어머니를 다시 만나 사랑스러운 딸 아녜스로 되돌아오지만, 재회의 기쁨도 잠시, 형장의 이슬로 사라지고, 어머니의 죽음마저 부르고 만다. 야속한 운명이다. 기구한 운명이다. 글의 운명이다. 가다머 식으로 표현하면, 글은 스스로 봄을 팔아야 새봄을 맞이할 수 있다. '봄은 시장에서 팔린다'라는 프랑스어 표현처럼, 독자의 관심을 끌지 못하면, 기껏해야 출판사의 창고에서 천덕꾸러기 신세로 전락한다. 그러므로 작품의 자기과시는 스스로 자기소외를 극복할 수 있는 최선의 방책이다.

베스트셀러라는 말이 있다. 이 용어 자체가 예시하듯이, 셀러의 주체는 작품이지 작가가 아니다. 즉, 작품 자체가 자신의 판매자로 나선다는 말이다. 베스트셀러라고 해서, '봄의 자판기'라고 해서, 뭐가 그리 대수일까? 일부 고지식한 식자층의 눈총을 받아야 하겠지만, 허물 없는 작품이 있을까? 아무튼, 작품의 주체는 작품 자체이지, 결코 작가가 아니다. 글쓰기의 본성을 아는 작가는 작품과의 연을 끊는다. 연을 끊어야만, 작품이 스스로 말하고, 그 의미가 풍부해지기 때문이다. "텍스트의 의미는 가끔이 아니라 늘 저자를 넘어선다."(VM, 136) 텍스트의 언어가 스스로 말을 하기 때문이다. 그렇게 의미가 불어난다. 의미가 불었다는 건, 그만큼 많은 해석이 나왔다는 말이다. 작품이 그만큼 '부자'가 되었다는 말이다. 그리고 작품의 '부'를 부러워할 작가는 없을 터이다.

　"글을 쓴다는 건 말과 나 자신을 잇는 끈을 끊는 것이다."(EL, 20) 『문학 공간』의 저자인 모리스 블랑쇼에 의하면, "작가는 작품 곁에 머물 수 없다."(EL, 17) 달리 말하면, "작품은 작가를 해고해버리는 선고 그 자체이다."(EL, 17) 이처럼 "글을 쓰는 자가 초대받은 사라짐"(EL, 22)으로 인해, 작품은 홀로 그리고 따로 존립한다. 작품은 "해고당한"(EL, 14) 작가를 위해 존재하는 게 아니다. "작품은 **존재한다**. 다시 말해서, 작품은 다른 개인들을 위해 존재한다."(HEG, 279) 『정신 현상학』의 저자인 헤겔의 말이다. 미셸 푸코가 "문학의 헤겔"(FLS, 124)이라고 불렀던 블랑쇼도 이렇게 말했다. "작품—예술 작품, 문학 작품—은 완성도 미완성도 아니다. 작품은 존재한다. 작품이 말하는 건 오로지 이뿐이다. 즉, 작품이 존재한다는 것, 오로지 그뿐이다. […] 작품은, 느닷없이 별안간(이건 작품의 고유한 속성이다), 작품에 의해 '존재하다'라는 낱말이 발음될 때만 작품이다."(EL, 14-5). 그렇다. 문학의 가장 근본적인 본질은 작품이 존재한다는 데에 있다. 작품이 존재하기에, 문학이 존재한다. 아마도 오래도록 존재하는 작품만큼 문학에 이바지하는 작품도 없을 것이다. **문학은 존재한다**(VO1, 1440)라고 강조했던 시인 발레리는 이런 말을 했다. "최고의 작품은 아주 오랫동안 그 비밀을 간직하는 작품이다. 오랫동안 사람들은 이 작품에 비밀이 있다곤 짐작조차 하지 못한다."(VO2, 562) 가다머의 표현으로 풀이하면, "한 편의 예술 작품의 가치는 고갈되지 않는다. 그러기에 그 작품이 시위하는 깊은 의미에 순순히 따르는 건 헛된 일이 아니다."(AC1, 44) 시공을 초월해서 존재하는 문학 작품은 시대마다 다른, 시대마다 새로운 의미를 발산할 수 있다는 말이다. 비밀을 간직한 작품의 특권이다. 그래서 에마뉘엘 레비나스는 "걸작의 불멸성은 시간에서 떼어내지 못한다는 것이다"(AP, 149)라고 했다.

텍스트 개념의 기원인 글쓰기에 의한 고정이 낳은 결과는 이렇다. "글쓰기에 의한 고정이 독자를 진리 주장의 변호사로 선임하는 이유는 바로 말해진 것과 말한 자를 완전히 분리해버리기 때문이다."(VM, 242) 텍스트 해석학의 기본 원리이다. 작품의 변호인은 작가가 아니다. 작가에겐 변호할 권리가 없다. 설령 변호한들, 평지풍파나 일으키기가 십상이다. 표절 시비에 걸린 모 유명 작가가 변호인을 자임했다가, 오히려되로 주고 말로 받는 곤욕을 치렀던 사례가 반면교사다. 일단 작품이 출간되면, 작가의 역할은 기껏해야 이따금 책방에서 독자들에게 자필 서명이나 선사하는 수고가 전부다. 하기야 작품 덕을 보는 건 작품이 아니라 작가가 아닌가? 그러니, 작가는 서명받은 독자들을 작품의 변호인으로 선임해야 마땅할 터이다. 텍스트 안에서 잠자고 있는 기호가 텍스트 밖으로 나와서 살아 있는 의미가 되느냐 아니냐는 전적으로 독자에게 달려 있다. 번역의 경우, 이러한 독자의 몫을 일차적으로 실천해야 하는 이가 번역자이다. 번역자가 번역 작품의 가치를 살린다. 그리고 번역 대상은 텍스트의 언어이지, 저자의 말이 아니다. 다시 말해서, 번역 대상은 텍스트의 의도이지, 저자의 의도가 아니라는 말이다.

해석학은 번역자에게 요구한다. 저자의 의도가 아니라 텍스트 자체의 의도를 파악해서 수용어langue d'accueil로 옮겨야 한다고. 따라서 번역자는 번역 작업에 앞서 번역해야 할 텍스트의 의도부터 먼저 파악해야 한다. 이를테면 고문서의 경우, 해독이 끝난 문서만이 해석학의 대상이 되는 것과 마찬가지로, 번역해야 할 텍스트도 텍스트가 말하고자 하는 것이 무엇인지를 파악한 후에야 고유한 의미의 번역 작업이 시작된다. 물론 이것은 이론의 이상일 뿐, 실제론 번역도 이해하면서 해석하고, 해석하면서 이해하는 순환이 이루어지기 마련이다. "이해와 해석은 불가분으로 서로 얽혀 있다."(VM, 247) 이해와 해석의 순환 자체가 해석학적 작업의 과정에 속한다. 가다머는 이렇게 말했다. "우리는 이해하기 시작하면서 번역의 가능성을 찾아낸다. 왜냐하면 우리는 텍스트가 언송言送하는 그것을 이해하기 전엔 번역을 시작할 수 없기 때문이다."(AC1, 45) 번역자는 번역에 착수하기 전에 "텍스트가 언송하는 그것"부터 먼저 파악해야 한다. 그 텍스트의 의도에 대한 눈부터 떠야 하기 때문이다. 여기에서 '텍스트가 언송하는 그것'이란, 가다머가 창안한 고유 개념으로 텍스트 해석학의 핵심 개념인 '텍스트의 그것', 구체적으론 텍스트의 의향référence을 지칭하는데, 이 개념에 대해선 이 책의 3장인 「텍스트란 무엇인가?」에서 상세히 다루기로 하겠다.

번역과 해석학적 순환

해석학적 순환은 근대 해석학의 아버지 프리드리히 슐라이어마허 (1768-1834)에 의해 해석학의 일반 원리로 정립되었다. 슐라이어마허는 브레슬라우의 독실한 개신교 가정에서 태어나, 베를린 대학의 저명한 신학 교수로 생을 마감했다. 그는 신약 성서와 플라톤 작품의 번역자로 활동하면서 해석학의 제 문제에 관심을 품게 되었다. 이런 점에서 보면, 번역의 문제가 해석학 이론의 탄생에 지대한 공을 세운 셈이다. 신학 교수에게 해석학은 이론적 성찰과 실천적 작업이 짝을 이루어 상호 보완하는 활동 영역이었다. 그는 성경이나 고전 작품들을 해석하는 특수 해석학에 국한된 이론이 아니라, 모든 텍스트에 적용할 수 있는 일반 해석학의 이론을 정립하고자 심혈을 기울였다.

  몰이해가 있는 곳에 해석학이 있다. 슐라이어마허의 해석학이 내건 기치이다. 성경이든 고대 문헌이든, 언어로 전승된 모든 텍스트엔 이해하기 어렵거나, 심지어 이해 불가능한 것처럼 보이는 부분이 있게 마련이다. 해석학의 출발점은 바로 이러한 몰이해 현상을 극복하는 데에 있다. 슐라이어마허는 "해석학은 담화를 몰이해한 사실에 기초한다"라고 명시하면서, "몰이해는 내용의 모호함 때문이기도 하고, 내용의 불명확 때문이기도 하다"(SCH, 73)라고 했다. 이처럼 해석학은 몰이해를 몰아내는 기본 원리를 정립하려는 목적에서 출발했다. "따라서 해석의 예술은 이해에 필요한 모든 요건을 확보하는 예술이다."(SCH, 73) 그렇다면, 어떻게 몰이해를 몰아낼 것인가? 이 물음에 슐라이어마허 해석학의 원리가 기초한다.

  해석학의 가장 기본적인 원리가 해석학적 순환이다. 부분을 이해하기 위해선 전체를 이해해야 하고, 전체를 이해하기 위해선 부분들을 이해해야 한다는 원리이다. 쉽게 말하면, 나무는 보고 숲을 보지 못하거나, 아니면 숲은 보고 나무를 보지 못하거나가 아니라, 숲도 보고 나무도 보아야 한다는 원리이다. 슐라이어마허에 따르면, "모든 말과 글은 확장된 문맥에서만 이해될 수 있다."(SCH, 76) 달리 말해서, "부분에 대한 모든 이해는 전체에 대한 이해를 전제로 한다."(SCH, 67) 반대의 경우도 마찬가지다. "전체에 대한 이해는 부분에 대한 이해를 조건으로 할 뿐만 아니라, 역으로 부분에 대한 이해는 전체에 대한 이해가 결정한다."(SCH, 77) 흔히 부분과 전체의 순환이라 부르는 해석학적 순환이다. "전체에 대한 이미지가 부분에 대한 이해로 보완되고, 부분은 전체를 바라보는 관점을 가질 때 더욱 완벽하게 이해된다는 점에서, 이두 작업이 상호 보완될 때 이해가 이루어진다."(SCH, 78) 하지만 "이 두가지 작업 중에서도 전체의 구성에 대한 잠정적인 개관이 우선적인 토대이므로, 전체의 이해와 부분의 이해는 동시에 시작된다."(SCH, 100)

이를테면, "한 편의 글 안에서도 부분은 전체로부터 출발해서만 이해될 수 있다. 그러므로 훨씬 더 정확한 해석에 착수하기에 앞서, 전체에 대한 개괄적인 안목을 가지기 위한 개략적인 읽기가 필요하다."(SCH, 126) 지극히 실천적인 발상이다. 낱말은 정해진 문맥 안에서만 의미 기능을 발휘한다는 데서 나온 발상이다. 문맥에서 분리된 낱말은 사전 속의 낱말이나 다름없다. 프랑스어의 낱말 '에콜école'을 예로 들어보자. 이 낱말은 '학교'를 뜻하기도, '학파'를 뜻하기도 한다. '학파'를 뜻하는 문맥에서 '학교'의 의미를 택하거나, 아니면 그 반대의 경우나, 문맥을 무시한 채 낱말만을 중시한 데서 오는 몰이해이다. 가령, 아도르노와 호르크하이머가 주도했던 '프랑크푸르트 학파'를 '프랑크푸르트 학교'로 옮기는 번역자는 없을 것이다. 한 가지 예만 더 들자면, 라틴어 *veritas*가 뿌리말인 프랑스어의 vérité는 진실을 뜻하기도, 진리를 뜻하기도 한다. 문제는 우리말의 진실과 진리는 가까운 듯하면서도 너무나 먼 관계에 있다는 것이다. 진실로 번역하느냐, 아니면 진리로 번역하느냐에 따라, 텍스트의 의미가 달라질 수밖에 없다. "진리가 너희를 자유케 하리라*Veritas vos liberabit*"(요한복음 8장 32절)와 '진실이 너희를 자유케 하리라'는 다른 말이다. 이 두 가지 예에서도 보듯이, 번역은 사전 속의 어의를 텍스트의 낱말에다 임의로 대입하는 게 아니라, 사전에 제시된 여러 어의들 중에서 문맥의 의미에 가장 적합한 어의를 택하는 작업이다. 더 나아가, 하나의 낱말이나 표현이 사전의 뜻풀이엔 없는 용례로 쓰인 경우도 허다하므로, 번역자는 눈앞의 사전이 아니라, 언어의 집이라는 가상의 대사전에서 낱말의 실제 쓰임새를 찾아내야 한다. 다시 말해서, 번역은 랑그 차원이 아니라 파롤 차원의 작업이기에, 그만큼 번역자에겐 두 언어 간의 다름을 극복할 수 있는 언어 능력이 요구된다는 말이다. 심지어 소리와 리듬, 어조와 운율의 조화까지도 고려해야 하기에, 번역은 고역이다.

 게다가 낱말들은 문자적 의미뿐만 아니라 상징적 의미를 담고 있는 경우가 허다하다. 이 경우 역시, 번역자가 문자적 의미를 취하느냐, 아니면 상징적 의미를 취하느냐에 따라, 원 텍스트의 의도와는 다른 번역 텍스트가 될 수 있다. 가령, 네덜란드 화가 반 아이크가 1432년에 완성한 저 유명한 그림 「Agneau mystique」를 문자적 의미대로 「신비스러운 어린 양」으로 옮길 경우 문제가 발생한다. 독자들이 '신비스러운 어린 양'은 어디에 있는지 궁금증에 시달릴 수 있기 때문이다. 주 예수를 지칭하는 '하느님의 어린 양'인데 말이다. 어느 번역자가 프랑스어 표현인 'trois mages'를 '세 명의 동방박사'가 아니라 '세 명의 마법사'로 번역했던 일화도 있다. 나무는 보고, 숲은 보지 못한 결과이다. 해석학적 순환의 원리에 충실했더라면, 범하지 않았을지도 모르는 오류이다. 물론 누구에게나 '오역'은 불가항력이고, 소위 '나쁜' 번역도 번역의 일부임을 인정해야 한다. 독자나 번역자나 '완벽한' 번역을 꿈꾸지 않는 이상 말이다. 낱말이 정해진 문맥 안에서만 의미 기능을 다하듯이, 텍스트의 부분과 전체의 관계도 마찬가지다. 그러므로 우선 "개략적인 읽기"(SCH, 33)를 통해 얻은 "전체적인 안목"(SCH, 100)에서 이해해야 몰이해를 극복할 수 있다. 일독이 본격적인 해석에 앞서 필요한 이유이다.

해석학적 순환의 원리에 따르면, 개략적인 읽기를 통해 전반적인 안목, 즉 길라잡이의 안목을 기르는 게 번역 작업의 출발점이다. 이것은 우리가 미지의 곳을 탐험할 때, 길을 잃어 헤매지 않기 위해 지도와 나침판을 휴대하고 떠나는 것과 같다. 번역의 경우, 초벌 번역이 필요한 까닭은 온전한 안목으로 대상을 바라보기 위한 것이다. 부분과 전체의 해석학적 순환은 텍스트를 이해하고 해석하는 가장 초보적인 원리이고, 이해 과정이란 전체에서 부분으로 그리고 부분에서 전체로의 끊임없는 왕복운동이다. 이 왕복운동 과정에서 해야 할 일은 "이해된 의미의 통일성"(PH, 73)을 확장하는 데에 있다. 적절한 이해인가 아닌가를 판가름하는 기준은 부분과 전체의 상호일치이다. 이러한 상호일치가 없다면, 그것은 이해가 실패했기 때문이다.

"해석학의 유일한 전제는 바로 언어이다."(SCH, 21) 이런 전제 아래, 슐라이어마허는 해석학의 사명을 "언어로부터 출발해서 담화의 의미를 이해하는 데에 있다"(SCH, 78)라고 규정했다. 그런데 담화는 개인의 언어이므로, 다음과 같은 분석이 나온다. "담화를 이해하기 위해선, 이미 인간을 알고 있어야만 한다. 그런데 인간을 아는 건, 오로지 담화로부터 출발할 때에만 가능하다."(SCH, 28) 한편으론 담화의 언어를 이해해야 하고, 다른 한편으론 담화에 담긴 사고를 이해해야 하는 게 해석학의 과제이다. "모든 담화가 언어 전체와 관련되어 있을 뿐만 아니라, 그 저자의 사고 전체와도 관련된 이중의 관계를 맺고 있는 것과 마찬가지로, 모든 이해 행위엔 두 계기가 있다. 하나는 언어의 추출물로서 담화를 이해하는 것이고, 다른 하나는 생각하는 주체에게 벌어진 현실로서 담화를 이해하는 것이다."(SCH, 115) 해석학적 이해의 대상은 담화의 언어와 담화의 사고 주체라는 말이다. 슐라이어마허의 설명을 들어보자.

> 이해는 언어를 향한 그리고 사고를 향한 이중의 방향으로 나아간다.
> 1. 언어에서 모든 부분은 전체로부터 출발해서 이해되어야 한다.
> 2. 모든 담화는 이야기하는 자가 품고 있는 일련의 사고에 해당하므로, 그의 본성과 성미 그리고 그의 목적으로부터 출발할 때 완벽하게 이해될 수 있다.
>
> 우리는 언어 이해를 문법적 해석이라 부르고, 사고 이해를 기술적 해석이라 부른다.
>
> 이것은 두 가지 별개의 해석이 아니라, 그와 반대로 모든 해석은 완벽하게 위의 두 해석을 구현해내야 한다.(SCH, 74-5)

슐라이어마허는 담화의 언어를 이해하는 작업을 문법적 해석, 담화의 사고를 이해하는 작업을 기술적 해석이라 부르고 있다. 문법적 해석이란 "언어로부터 출발해서, 언어의 도움으로, 기정된 담화의 결정된 의미"(SCH, 34)를 파악하는 작업이고, 기술적 해석이란 "자신의 내적 통일성을 진술하는 자의 개별성"(SCH, 98)을 파악하는 작업이다. 전자는 언어의 객관성을 중시하고, 후자는 사고의 주관성을 중시하는 해석이다. 전자는 객관적 해석이고, 후자는 주관적 해석이다. 이 두 가지 해석은 동시에 이루어져야 한다. 객관적 측면만을 강조할 때, 담화는 개성 없는 뭇소리에 불과할 터이고, 이와 반대로 주관적 측면에만 치우칠 경우, 보편성이 없는 흰소리에 지나지 않을 것이다. 그래서 슐라이어마허는 "문법적 해석엔 작가가 빠져있고, 기술적 해석엔 언어가 빠져있다"(SCH, 33)라고 지적한다.

슐라이어마허가 작가의 사고를 이해하는 작업에 '기술적technique'이라는 용어를 붙인 이유는 다음과 같다. 우리는 같은 낱말을 가지고서 같은 생각을 하고 같은 표현을 하는 게 아니다. 그렇다면야, 모든 게 문법에 귀속될 거라고 슐라이어마허는 지적한다. 작가의 천재성은 문법 규칙을 파괴하고, 언어를 비틀면서 낯설고 새로운 표현을 추구한다. 작가의 언어는 익명의 언어가 아니다. 작가는 일반 언어에 자기만의 색깔을 입혀 자기만의 언어를 창조해낸다. 자기만의 언어엔 개인의 특이성이 각인되어 있고, 그의 영혼과 심리가 투영되어 있다. 이 특이한 언어로 표현된 개인의 영혼과 심리에 다가가기 위해선 고도의 기술technolologie이 필요하다. 바로 이 이해의 특수한 기술을 강조하기 위해 슐라이어마허는 '기술적 해석'이라는 용어를 사용했는데, 이 용어 대신에 '심리적 해석'이란 용어를 번갈아 사용하기도 한다.

담화의 이중적 특성에서 출발하는 슐라이어마허의 해석학적 순환은 문법적 해석과 심리적 해석의 순환이다. "심리적 해석이 없이는 문법적 해석이 불가능하고, 문법적 해석이 없이는 심리적 해석이 불가능하다."(SCH, 49) 문법적 접근은 공동체의 일반적인 언어 현상에 근거해서 개인의 언어를 이해하는 반면에, 심리적 접근은 겉으로 표현된 언어를 통해서 한 개인의 내면을 탐구한다. 소쉬르의 용어로 설명하면,

문법적 해석은 랑그 차원의 이해인 반면, 심리적 해석은 파롤 차원의 이해라고 할 수 있다. 문법적 해석과 심리적 해석은 모든 텍스트 이해 행위에 동시에 그리고 순환적으로 개입한다. 하지만 두 해석 사이에는 미묘한 위상의 차이가 있다. "문법적 해석은 객관적 해석이고, 기술적 해석은 주관적 해석이다. 따라서 구성상의 관점에서 보면, 문법적 해석은 단지 그 한계를 제시한다는 점에서 소극적인 해석이고, 기술적 해석은 적극적 해석이다."(SCH, 12)

슐라이어마허는 소극적 해석과 적극적 해석으로 구분하는 데에 그치지 않고, 두 가지 해석의 위상을 다음과 같이 명시하고 있다. "상대적으로 문법적 이해는 하위의 해석학이고, 기술적 이해는 상위의 해석학이다."(SCH, 33) 이처럼 문법적 해석보다 심리적 해석에 더 큰 비중을 둔 나머지, 슐라이어마허는 "기술적 해석에선 인간의 통일성을 찾아내야 하고, 이 통일성의 표현은 확연히 인지되어야 한다"(SCH, 50)면서, 해석학의 궁극적인 목표를 다음과 같이 설정했다. "최고조에 달한 완벽한 이해는 말하는 자가 자기 자신을 이해했던 것보다 더 잘 이해하는 데 있다."(SCH, 108) 해석자의 예지력이 저자의 천재성을 파악할 수 있다는 주장인데, 이런 심리주의적 경향 때문에 슐라이어마허의 해석학은 훗날 가다머와 리쾨르의 비판을 받게 된다. 번역자는 슐라이어마허를 반면교사로 삼아야 하지, 따라야 할 모델로는 삼지 말라는 비판이다. 거듭 강조하지만, 번역자는 작가의 의도가 아니라 텍스트의 의도를 번역 대상으로 삼아야 한다는 말이다.

가다머는 「인간과 언어」라는 글에서 번역자의 과제를 다음과 같이 구체적으로 명시한 바 있다. "번역자의 과제는 늘 한결같이 말해진 것을 복제하는copier 게 아니라, 말해진 것의 방향direction, 즉 말해진 것의 의미sens에 자리하는 데에 있는데, 그 까닭은 말해야 할 것을 전하기 위해선 자기만의 고유한 말하기의 방향으로 나아가야 하기 때문이다."(AC2, 67) 가벼운 말놀이이긴 하지만, 바로 여기에 번역자의 실제 사명이 있다. 번역자는 텍스트의 언어를 낱말 대 낱말로 옮기는 게 아니라, 텍스트의 언어가 지향하는 의미, 즉 텍스트의 의향意向을 해석해야 한다는 것이다. 그래서 가다머는 "의미는 언제나 방향적 의미sens directionnel이다"(AC2, 67)라고 단정했다. 번역자의 궁극적인 사명은 기호론 차원에서 형식 존재로서의 언어를 옮기는 게 아니라, 의미론 차원에서 의미 존재로서의 언어를 풀어내어 전하는 데에 있다. 달리 말하면, '무기질'의 언어를 복제하는 데에 그치는 게 아니라, '유기질'의 언어를 재생하는 게 번역자의 과제인데, 바로 여기에 번역자의 어려움이 있다.

벤야민의 순수 언어

번역자의 작업과 관련해서, 발터 벤야민의 저 유명한 글 「번역자의 과제」를 거론하지 않을 수 없다. 『번역론』의 저자 리쾨르가 "이 장엄한 텍스트ce texte magnifique"(ST, 18)라 칭송했을 만큼, 모든 번역자에게 훌륭한 귀감이 될 만한 글이다. 사실, 벤야민의 「번역자의 과제」와 리쾨르의 『번역론』을 충실히 따르기만 한다면, 이른바 '나쁜' 번역에서 조금이라도 더 벗어날 수 있을 것이다. 벤야민은 위의 글에서 "번역의 본질이 원작을 닮으려고 하는 데에 있다면, 그 어떤 번역도 불가능할 것이다"(TT, 249)면서, "아무리 훌륭한 번역이라 할지라도, 그 어떤 번역도, 결코 그리고 원작의 무엇 하나라도, 원작을 대신해서 의미할 수 없다는 건 자명하다"(TT, 246)라고 단언했다. 번역은 원작을 대신할 수 없기에, 숫제 완벽한 번역을 꿈도 꾸지 말라는 조언이다.

번역의 출발점은 다음과 같다. "번역자의 과제는 번역어에 바라는 의도부터 파악해야 하는데, 바로 번역어 안에서 원문의 메아리를 깨우라는 것이다."(TT, 254) 벤야민은 "원문의 메아리"에 대해 다음과 같은 우아한 비유를 들어 구체적으로 설명하고 있다. "번역은 문학 작품처럼, 군이 말하자면, 언어의 알프스 숲 한복판 깊숙이 들어가 있는 게 아니다. 번역은 이 숲 바깥에서 숲과 마주하고 있다. 번역은 이 숲속에 침투하지 않고서, 숲 바깥에서 원작을 공명케 한다. 번역은 오로지 이 숲 바깥의 한 지점에서만, 할 수 있는 한 매번, 외국어로 쓰인 작품의 메아리가 울리도록 한다."(TT, 254) 번역은 창작품이 아니다. 번역은 작품의 집인 '언어의 알프스 숲' 속에서가 아니라, 이 숲의 바깥에서, 즉 자신의 언어에서 작품의 언어가 공명토록 하는 것이다. 요컨대, 원작의 언어를 흉내 내려 하지 말고, 자신의 언어로 작품의 언어를 풀어내라는 게, 벤야민이 번역자에게 안기는 우선 과제이다.

벤야민은 원작에 충실한 번역의 폐해를 지적하면서 다음과 같이 강조한다. "진정한 번역은 투명하고, 원작을 감추지도 가리지도 않지만, 그만큼 더 온새미로 자신의 고유한 매개로 원작을 더 보강하는 듯, 원작 위로 순수 언어가 내려앉도록 한다."(TT, 257) 원작과 번역의 관계에 대한 지적인데, 저 유명한 '순수 언어'라는 개념이 언급되어 있다. 이 개념과 관련하여 벤야민은 이렇게 설명한다. "외국어라는 다른 언어에 추방당한 이 순수 언어를 고유한 언어로 재생하는 것, 언어의 자리 바꾸기로 작품 속에 갇혀 있는 순수 언어를 해방하는 것, 바로 이게 번역자의 과제이다."(TT, 259) 언뜻 보기에, 외국어에 "추방당한" 작품의 언어를 '순수 언어'라 지칭하는 듯한데, 문제는 그렇게 간단하고 단순한 개념이 아니라는 데에 있다. 그렇다면, 벤야민이 말하는 순수 언어란 구체적으로 무엇인가? 아래에서 상세한 설명을 하기 전에 간략하게 답하면, 순수 언어의 속성은 이렇다. 모든 언어엔 그 언어에 내재한 언어의 지향 의도, 즉 그 언어만이 지향하는 의미가 있는데, 이 지향 의미는 언어마다 다를 순 있지만, 순수 언어라는 더 큰 언어에선 하나이면서 같은 것, 즉 "같은 하나une seule et même chose"(TT, 250)로 만나게 된다.

벤야민의 예시에 의하면, 독일에도 빵Brot이 있고 프랑스에도 빵pain이 있기에, 양식으로서의 빵은 "같은 하나"(TT, 251)이긴 하지만, 나라마다 빵에 대한 역사 문화적 인식의 차이가 있으므로, 독일인에게 빵의 의미와 프랑스인에게 빵의 의미는 다를 수밖에 없다. 이를테면, 프랑스어에서 '검은 빵pain noir'은 '가난한 이들의 양식'을, '검은 빵을 먹다manger son pain noir'는 '힘든 시기를 보내다'를 뜻하는데, 16세기에 밀가루의 기근으로 인해 평민들이 겨를 섞은 '검은 빵'을 먹어야 했던 불행한 역사에서 비롯된 표현이다. 이런 역사적 배경 때문에, 오늘날에도 프랑스인들은 '흰 빵'인 바게트를 선호하는 반면에, 독일인들은 건강식 빵인 '검은 빵'을 주로 먹는다. 그래서 프랑스인들에게 빵은 곧 흰 빵인 바게트를, 독일인들에겐 검은 빵인 호밀빵을 의미한다. 프랑스어 표현에서 검은 빵을 지칭할 때, 흔히 '독일의 검은 빵pain noir allemand'이라 하는 이유도 바로 여기에 있다. 하지만, 프랑스에서나 독일에서나 빵은 빵이기에 '같은 하나'이다.

벤야민은 바로 여기에서 '순수 언어'라는 개념을 끌어냈는데, 빵의 의미는 프랑스어와 독일어 각각에서 완성되는 게 아니라, 두 언어에 담긴 의미의 합에 의해 완성된다는 것이다. 벤야민의 설명을 들어보자. "언어들 사이의 초–역사적 유사성은 도리어 정녕 다음과 같은 사실에 기초한다. 즉, 저마다 자신을 하나의 완전체로 간주하는 각각의 언어들에서 같은 하나의 의미는 지향되어 있긴 한데, 그 의미는 그 언어들 가운데 어느 하나에 의해서 따로따로 완성되는 게 결코 아니라, 오로지 그 언어들의 상호보완적 의도들의 합에 의해, 즉 순수 언어의 합에 의해 완성된다는 사실 말이다."(TT, 250-1) 한마디로, 벤야민이 말하는 순수 언어는 한 나라의 언어인 동시에 '국경 없는 언어'이다. 벤야민에 따르면, "순수 언어는 번역자 자신의 언어의 해묵은 국경을 허문다. 루터, 보스, 횔덜린 그리고 게오르게는 독일어의 국경을 확장했다."(TT, 259) 번역자가 한 나라의 언어 지평 자체를 확장할 수 있다는 것으로, 그만큼 번역자의 역할이 중요하고, 번역자가 모국어에 새로운 활력을 불어넣을 수 있다는 말이다.

벤야민의 순수 언어를 조금 더 구체적으로 설명하면 이렇다. 가령, 프랑스어엔 위에서 언급한 '검은 빵을 먹다'라는 표현 말고도, '흰 빵을 먹다manger son pain blanc'라는 표현도 있는데, 프랑스어 사전의 뜻풀이를 문자대로 옮기면, '힘든 일은 하지 않고, 쉬운 일만 히다'를 뜻한다. 그렇다면, 한국어 번역자는 프랑스어 표현 '검은 빵을 먹다'와 '흰 빵을 먹다'를 우리말로 어떻게 옮길 것인가? 프랑스어 사전에 나온 뜻풀이를 그대로 옮겨서, '힘든 시기를 보내다'와 '힘든 일은 하지 않고, 쉬운 일만 하다'로, 아니면 조금 더 낮게 '궂은 일은 안 하고, 편한 일만 찾다'로 옮길 수 있다. 특별한 문제 없기에 한국어 번역자는 대개 그렇게 할 것이다. 그런데 문제가 있다. 그런 번역은 가다머의 번역론이 말하는 "과잉 설명sur-éclairage"(VM, 232)의 전형이긴 하지만, 벤야민이 말하는 순수 언어도 번역자의 과제도 아니기 때문이다. 벤야민이 한국어 번역자에게 요구하는 건, 바로 '검은 빵을 먹다'를 '보릿고개를 넘다'로, '흰 빵을 먹다'를 '날로 먹다'로 옮기라는 것이다. 그때 비로소, 프랑스어와 한국어가 만나 두 언어의 합에서 빵의 지향 의미가 순수 언어로 완성된다. 말이 나온 김에 한마디 덧붙이면, 그만큼 번역은 '날로 먹을' 수 있는 게 아니다.

벤야민의 용어에 대입하면, '검은 빵을 먹다'는 "상징소symboli-sant"에, '보릿고개를 넘다'는 "상징상symbolisé"에 해당되는데, "작품 속에선 순수 언어가 상징소로만 깃들인다."(TT, 258) 따라서 번역자는 원작 속에서 '생볼리장'(상징소)의 기능에 그치는 순수 언어의 '생볼리제'(상징상)를 자신의 고유한 언어(번역어)로 풀이해야 하는데, 바로 순수 언어의 이러한 본성으로 인해 "번역의 자유가 새로이 더 강력한 정당성을 얻는다."(TT, 258-9) 그리고 순수 언어가 다른 언어에 통합될 수 있다는 사실, 즉 번역자가 생볼리장을 생볼리제[3]로 풀어낼 수 있다는 것, 바로 이것이야말로 "번역의 유일하고 경이로운 권능"(TT, 258)이고, "다른 언어에서도 재현되거나, 심지어 구현되고자 하는 것, 바로 이게 순수 언어의 핵 자체이다."(TT, 258) 이처럼 순수 언어는 언어 장벽을 넘나들 수 있는 언어이기에, "번역에서 순수 언어의 씨를 틔워서 여물게 하는 게 번역자의 과제이다."(TT, 255) 번역자를 농군에 비유한 생생한 메타포이다. 요컨대, 순수 언어 덕분에 번역이 가능할 뿐만 아니라, 번역자는 작품의 순수 언어(생볼리장)를 자신의 순수 언어(생볼리제)로

---

3) 여기에서 생볼리장과 생볼리제의 관계는 시니피앙과 시니피에의 관계와 같다.

풀어내야 한다는 게, 벤야민이 제시한 번역론의 핵심이다. 그래서 번역학의 지침서로 꼽히는 『낯섦의 시련』의 저자 앙투안 베르만은 벤야민의 순수 언어를 "모든 언어가 그 안에 메시아의 메아리로 담고 있는 '순수 언어'"(EE, 21)라 풀이했고, 『번역론』의 저자 리쾨르는 "번역 행위의 메시아적 지평"(ST, 30)을 상징한다고 했다.

벤야민의 「번역자의 과제」가 관심을 끄는 또 하나의 이유는 번역을 깨진 사기그릇 복원 작업에 비유하기 때문이다. 하지만 이 비유 표현이 아주 긴 한 문장으로 되어 있어서, 번역자에겐 고역이고 독자에겐 집중력이 요구된다. "사실, 한 항아리의 조각들을 모두 합쳐 온전한 하나로 복원할 수 있기 위해선, 가장 작은 부분들까지도 들어맞아야 하지만, 그렇다고 아귀가 다 서로서로 꼭 맞는 건 아니므로, 이렇듯 번역은 원작의 의미에 동화되려 할 게 아니라, 오히려 그보다는 정성을 기울여, 미세한 부분까지도 이 조각 저 조각이 같은 하나의 항아리의 파편들로서, 마치 훨씬 더 큰 같은 하나의 언어의 부분들인 것처럼 인지될 수 있도록, 자신의 고유한 언어에 원작의 지향 상像을 입양해야 한다."(TT, 256-7) 깨진 그릇을 다시 맞추는 일은 원상태로 복원하는 게 아니라, 최대한의 정성을 기울여 아주 작은 조각까지도 끼워 맞춤으로써, 다시 그릇으로서의 존재를 회복시키는 작업이다. 이 복원된 그릇엔 원래 그릇의 몫도 있지만, 다시 끼워 맞춘 자의 정성과 노력은 물론이고, 접착제와 같은 새로운 이물질이 첨가되어 있기도 하다. 중요한 건, 복원자의 노력과 재능이 그릇으로 다시 태어나는 데에 결정적인 역할을 했다는 사실이다. 비록 흠이 있고 금이 보이긴 하지만, 재생된 도자기는 복원된 문화재와 같은 가치를 회복할 수도 있다. 벤야민의 번역론을 요약하면 이렇다. 번역이란 번역자가 원작의 순수 언어를 깨워

"번역자의 고유한 언어"(TT, 259)로 번역본에서 원작의 메아리를 울리는 해석 행위이다. 달리 표현하면, 원작의 생볼리장을 번역어의 생볼리제로 재생하는 작업이다. 이것이 순수 언어의 힘이다.

재창조를 위한 자기화

번역 해석학이 번역의 문제들을 근본적으로 해결할 순 없지만, 적어도 하나의 해결책을 제시할 순 있다. 주지하다시피, 가다머는 『진리와 방법』의 핵심에 해당하는 제3부를 언어에 관한 해석학적 성찰에 바침으로써, 언어가 해석학에서 차지하는 위상을 여실히 보여준 바 있다. 가다머는 이 3부의 첫머리에서 "해석학적 경험의 매개자로서의 언어"(VM, 229)를 다루면서, 번역의 문제와 연계해서 논의하고 있는데, 그만큼 번역의 문제가 곧 언어의 문제임을 반증한다. 가다머에 의하면, "언어는 대화 참여자들 간에 말해진 것 그 자체에 대한 이해와 합의가 이루어지는 장이다."(VM, 230) 하지만 이해나 합의에 도달하기 어려운 상황이 있게 마련인데, 대표적인 예가 통역이나 번역의 도움을 받아 이루어지는 두 언어 간의 대화이다. 이 대화 중에서도 번역의 경우가 고유한 의미에서의 해석학적 문제를 제기하는데, 텍스트를 이해하고 해석하는 문제와 직결되기 때문이다.

　가다머는 「해석학의 문제」라는 글에서도 번역의 문제를 해석학의 문제와 연계해서 상세히 언급하고 있는데, 해석학자가 제안하는 번역의 기본 원리는 다음과 같다. "해석하고 이해한다는 건, 곧 나의 고유한 말로 말하는 것을 뜻한다. 그러기에 번역은 해석의 모델이다. 왜냐하면 번역은 단지 우리에게 하나의 낱말을 찾아내라고 요구할 뿐만 아니라, 전혀 새로운 언어 지평에서 텍스트의 진정한 의미를 재구성하라고 요구하기 때문이다. 진정한 번역은 언제나 이해를 내포한다."(AC1, 45) 이해와 해석의 순환에 기초한 번역론에 근거해서 가다머는 번역을 다음과 같이 정의한다. "텍스트 번역은 집필 당시의 심리 추이의 단순한 재생이 아니다. 번역은 텍스트 재창조*Nachbildung*인데, 이 재창조는 그 텍스트 안에 말해진 것에 대한 이해가 주도한다. 설령 번역자가 저자의 삶과 감정들을 자기 것으로 만드는 데에 이르렀다고 하더라도 말이다."(VM, 231-2) 이 정의에는 두 가지 함의가 들어 있다. 첫째로, 번역자의 직무는 "텍스트의 기원을 재구성하는 '역사적 이해'"가 아니라, **텍스트 그 자체를 이해하는**(VM, 234) 데에 있다. 둘째로, 번역은 텍스트 자체에 대한 이해에 기초해서 텍스트를 재창조하는 작업이다. 간단히 말해서, 번역의 대상은 저자의 의도가 아니라 텍스트의 의도이고, 번역의 지향점은 텍스트 재창조이다.

여기에서 재창조의 의미는 다음과 같다. "텍스트가 보여주는 '그것'을 언어로 옮겨내는 번역자만이, 즉 자신의 언어일 뿐만 아니라 원문에 알맞은 언어를 찾아내는 번역자만이 진정으로 재창조할 줄 알 것이다. 그러기에 번역자는 근본적으로 해석자와 같은 처지에 있다."(VM, 233) 재창조는 기호(낱말) 차원과 의미(내용) 차원에서 동시에 이루어져야 하는 작업이다. 기호 차원에선 출발어(외국어)와 도착어(모국어)의 어울림을 찾아내야 하고, 의미 차원에선 '텍스트의 그것'을 정확하게 파악해서 수용어(번역어)로 풀어내야 한다. 번역자가 해석자일 수밖에 없는 까닭이다. "번역자의 과제인 재창조 과제는 여타 텍스트가 떠맡기는 일반 해석학의 과제와 질적으로 다르지 않고 단지 정도의 차이만이 있을 뿐이다."(VM, 233-4) 그래서 가다머는 "모든 번역은 이미 해석이다"라고 지적하면서, "심지어 번역은 해석의 완성이라 할 수 있다"(VM, 230)고 덧붙인다. 『진리와 방법』의 저자가 말하는 해석의 의미는 다음과 같다. "해석한다는 건, 어떤 의미에선, 정녕 재-창조하는 re-créer 것이다. 하지만 이 재-창조는 앞서 창조된 작품 없인 불가능하다. 즉, 해석자는 그 작품에서 찾아내는 의미에 따라 그 작품의 형상 figure을 재현해야 할 것이다. 바로 이것이 재-창조의 의미이다."(VM, 46) 번역은 해석이고, 해석은 곧 재창조임을 강조하는 주장인데, 여기에서 '작품의 형상'이라는 표현은 벤야민의 '작품의 메아리'를 뜻하는 '같은 하나'로 이해해도 무방하다.

번역이 해석일 수밖에 없는 이유는 원전에 대한 정확한 이해가 무엇보다도 중요하기 때문이다. 가다머는 원전에 대한 이해를 다음과 같이 강조한다. "내가 생각하기엔, 우리가 모국어로 어느 이야기를 따라갈 때의 이해보다 훨씬 더 정확하고 명확한 이해 없인 번역은 불가능하다."(AC1, 45) 모국어 텍스트의 경우, 대충 이해해도 나의 문제에 그치기에 별 탈이 없지만, 번역의 경우엔 외국어 텍스트를 모국어 텍스트로 변환하는 데에 그치는 게 아니라, 그 텍스트의 의미를 독자에게 전달해야 하므로, 원전에 대한 정확한 이해가 선행되지 않으면, 두 텍스트 간에 언어상의 충돌이 발생할 수밖에 없다. "텍스트의 언어와 해석자의 언어의 차이나, 번역자와 원전을 갈라놓는 깊은 골은 결코 부차적인 문제가 아니다. 그와 반대로 언어 표현의 문제는 사실상 이미 이해 자체의 문제라고 말해야 한다. 모든 이해는 하나의 해석이고, 모든 해석은 언어의 매개에서 꽃이 핀다."(VM, 235) 한마디로 "이해와 해석은 결국 같은 하나une seule et même chose이다."(VM, 235) 대상 텍스트에 대한 철저한 이해와 해석이 선행되어야, 번역자는 번역 대상이 하고자 하는 말을 자신의 언어로 풀어낼 수 있는데, 이 언어는 "해석자의 고유한 언어"(VM, 235)이다. 이 말은 곧 "해석자의 고유한 생각이 텍스트 의미의 재생에 애초부터 포함되어 있음을 의미한다."(VM, 234) 그러므로 "모든 번역자는 해석자이다."(VM, 233) 결국, 텍스트의 의미(의도)는 "해석자의 작업"에서 발현되는데, 이 작업엔 당연하게도 "해석자의 몫"(VM, 234)이 들어 있다. 이처럼, 번역을 해석이라 규정할 때, 더욱이 번역에는 필연적으로 해석자의 고유한 언어가 들어 있다고 할 때, 원전에 대한 충실이라는 번역의 고질적 문제를 거론하지 않을 수 없다. 충실의 문제에 관한 가다머의 해석학적 입장은 명확하다.

> 번역에 충실을 강요한다고 해서, 두 언어의 근본적인 차이를 지울 순 없다. 아무리 충실하려 해도, 미묘한 결정에 봉착하기 마련이다. 번역본에서 원전의 특질, 그것도 매우 중요하게 보이는 특질을 강조하고자 할 경우, 다른 특질들을 전적으로 무시하거나 묻어버릴 때만 가능하다. 바로 이것을 우리는 해석이라 부른다. 모든 해석과 마찬가지로 번역은 과잉 설명sur-éclairage이다. 번역자는 그러한 과잉 설명을 감당해야 한다.(VM, 232)

원전에 충실하기 위해, 원전을 희생시킬 수밖에 없는 역설. 모든 번역자가 감내해야 하는 가시방석이다. 때론 거두절미해야 하고, 때론 장광설로 풀어내야 한다. 게다가 거두절미든 장광설이든, 모든 책임을 떠안고서 원전의 의도를 자신의 고유한 언어로 풀어내야 한다. 바로 이것이 번역자가 수행하는 해석 작업이다. 다시 말해서, 번역은 충실이냐 배반이냐의 문제가 아니고, 더 나아가 충실과 배반의 굴레에 얽매일 수도 얽매어서도 안 된다는 말이다. 그보다는 오히려 배반을 기꺼이 감수하고라도, 해석에 의한 재창조가 번역의 본질이자 사명이고, 번역자의 고유한 언어로 원문의 메아리를 울리는 해석이 재창조이다.

재창조로서의 번역은 벤야민의 재생된 도자기에 비유될 수 있는데, 리쾨르식으로 표현하면 "알맞진 않지만 걸맞은 것correspondance sans adéquation"(ST, 19) 또는 "똑같진 않지만 비슷한 것équivalence sans identité"(ST, 40)이다. 번역학자 앙투안 베르만의 표현으론 "동일한identique" 게 아니라 "대등한homologue"(EE, 21) 것이다. 번역자는 으뜸(동일)이 아니라 버금(대등)을 감수할 수밖에 없다는 말이다. 굳이 표현하자면, 외국어와 번역어의 만남은 화이부동和而不同이라 할 수 있다. 거꾸로 말하면, 번역자가 같은 것을 같게 말하려다간 동이불화同而不和에 빠질 수 있다는 말이다. 군자의 길을 가느냐, 소인의 길을 가느냐는 번역자 개인의 선택이겠지만, 적어도 벤야민의 충고는 새겨들을 만하다. "낱말 하나하나를 충실하게 옮기는 번역은, 결코 거의 대개, 원문에서 그 낱말이 지닌 의미 그대로를 재생할 수 없다."(TT, 256) 가령, 우리말의 '잔정이 많다'라는 표현의 '잔정'은 프랑스어에선 아무리 눈을 씻고 찾아봐도 똑같은 뜻의 낱말이 없기에, 울며 겨자 먹기 식으로 '공감sympathie'이나 '호의bienveillance'라는 낱말을 택할 수밖에 없다. 거꾸로, 프랑스인들이 잰걸음으로 걸어가는 사람에게 흔히 하는 말이 '천천히 서둘러Hâte-toi lentement'인데, 그나마 우리말에선 똑같진 않지만 비슷한 표현으로 '급할수록 돌아가라'로 번역하는 게 최선책일 것이다. 이처럼, 번역은 언어와 언어 간의 "불합적 부합concordance discordante"(IN, 301)의 문제이지, 근본적으론 번역자와는 전혀 무관한 언어 자체의 문제이다. 번역도 언어의 놀이일 수밖에 없다. 게다가, 번역자의 능력이 아무리 뛰어나다 하더라도, 원문의 의미 자체를 명확하게 파악할 수 없는 극단적인 사례도 종종 있다.

　이와 관련해서 가다머는 번역자의 역할을 다음과 같이 명시했다. "심지어 원어 독자에게도 원문이 모호한 뭔가를 담은 극단적인 경우들이 있는 건 사실이다. 하지만 바로 그런 극단적인 경우에도 번역자가 감내해야 하는 일이 분명하게 드러난다. 이 경우, 번역자는 결단을 내려야 한다. 자신이 어떻게 이해하고 있는지를 명확하게 밝혀야만 한다."(VM, 232) 번역자는 원문에 들어 있는 모호한 표현마저도 자신이 이해한 대로 자신의 고유한 언어로 풀어내야 한다. 이런 점에서 "해석자 개인의 지평이 결정적인 역할"을 하는데, 이 해석자의 지평은 "우리가 고수하거나 남에게 강요하는 하나의 관점"으로서가 아니라, "텍스트에 말해진 것을 자기화할 때 나타나는 하나의 의견이나 하나의 가능성"(VM, 234)으로서 그렇다는 것이다. 가다머의 이 지적도 새겨들을 만하다. 원문의 모호함을 그대로 둘 것인가? 아니면, 원문의 의미를 다소 희생시키더라도, 독자를 위해서 가독성이 제고된 표현을 선택할 것인가? 가다머는 후자의 입장을 택하라고 권고한다. "번역자는 자신이 보기에 모호한 것이라 할지라도, 어느 하나도 미결 상태로 두어선 안 된다. 자신의 색깔을 밝혀야 한다."(VM, 232) 즉, 자신이 이해한 대로의 의미를 밝혀야 한다는 말이다. 번역자에겐 가다머의 권고를 기꺼이 받아들이는 게 현명한 선택일 것이다. 원문의 의미를 온새미로 전달한다는 건 애당초 불가능한 일이니까.

　이런 시각에서 보면, 움베르토 에코의 표현으로 "거의 같은 것을 말하기dire presque la même chose"(UE, 5)나, 리쾨르의 표현으론 "**같은**

것을 다르게 말하기_dire la même chose autrement_"(ST, 45)를 실천의 덕목으로 삼는 것이 번역자에겐 상책일 것이다. 다시 말해서, 외국어와 모국어의 표현 방식이 서로 다르기에, 그 다름을 인정하는 것에서부터 출발해야 하는 게 번역자의 우선 과제이다. 가령, 『거의 같은 것을 말하기, 번역 경험』의 책머리에서 번역가인 움베르토 에코가 예시한 영어 표현, 즉 _"It's raining cats and dogs"_(UE, 7)를 '고양이와 개들의 비가 내린다'라고 옮기는 한국어 번역자는 물론 없을 것이다. 누구든지 마땅히 '비가 억수로 온다'로 옮긴다. 우리말엔 '여우비'라는 말은 있지만, '고양이비'나 '개비'라는 말이 없듯이, 같은 것을 다르게 말하는 영어 표현일 뿐임을 알기 때문이다.

거꾸로, 우리말의 '고양이 세수'는 프랑스어에도 '고양이 세수 toilette de chat'라는 표현이 있어서 아무런 문제가 없지만, '여우비'를 프랑스어로 옮길 땐, 마땅히 '악마가 아내를 패고 딸과 결혼한다Le diable bat sa femme et marie sa fille'로 옮겨야지, 프랑스어 표현에 없는 '여우비pluie de renard'로 옮긴다면, 프랑스 독자들은 이해는커녕 기껏해야 여우에게 홀린 꼴을 당하게 될 것이다. 마찬가지로, 우리말의 '개헤엄을 치다'는 프랑스어 표현에서 같은 뜻인 '개 식으로 헤엄치다nager à la chien'로 옮기면 되지만, '개죽음'을 프랑스어로 옮길 땐, 문자 그대로 '개의 죽음mort du chien'이 아니라 '헛된 죽음mort pour rien'이란 표현을 택해야 한다. 이렇듯, '고양이 세수'나 '개헤엄'은 국경을 초월한 언어의 보편성을 상징하지만, '여우비'나 '개죽음'은 언어의 개별성을 나타내기에, 벤야민은 이 보편성과 개별성의 합을 순수 언어라 했고, 번역자에게 자신의 언어에서 순수 언어에 해당하는 표현을 찾아내라고 역설한 것이다. 요컨대, 나라마다 표현 방식과 언어 문화가 다르기에, 같은 것을 다르게 말할 수밖에 없는 게 언어 현상이고, 번역자는 그 누구보다도 같은 것을 다르게 말하는 데에 길들여 있어야 할 것이다.

　해석학이 제시하는 번역론의 요지는 다음과 같다. 번역이란 '텍스트의 그것', 즉 텍스트 자체가 말하고자 하는 것을 해석해내는 작업으로, 번역자 개인의 텍스트에 대한 이해 지평이 무엇보다도 중요하고, 번역자가 궁극적으로 추구해야 할 일은 '텍스트의 그것'을 자신의 고유한 언어로 풀어내는 데에 있다. 이러한 작업을 해석학 용어로 자기화appropriation라 한다. 자기화란, 가다머의 표현을 빌리면, "말해진 것을 자기 것으로 만들어서 자기의 고유한 재산으로 삼는 것"(VM, 246)을 뜻한다. 리쾨르 역시 "해석한다는 건, 앞에서도 말했듯이, 텍스트의 의도를 지금 당장 우리의 것으로 만드는 것이다"(TA, 155)라고 역설한다. 그래서 리쾨르는 "자기화의 대상은 무엇보다도 가다머가 **텍스트의 그것**'이라 부르고, 내가 '**작품의 세계**'라고 부르는 것이다"(TA, 116)라고 명시했다.

　해석자에게 자기화의 대상이 저자의 의도(텍스트 뒤에 숨은, 또는 숨어 있을지도 모르는)가 아니라 '텍스트의 그것'이듯이, 번역자의 직무는 이 '텍스트의 그것'을 이해하고 해석해서 자기화하는 데에 있다. 원문 텍스트의 주인은 저자이지만, 번역 텍스트의 주인은 번역자 자신이다. 번역 텍스트에 대해 원저자는 아무런 책임도 지지 않는다. 번역자가 모든 책임을 떠맡는다. 번역된 텍스트는 원저자가 쓴 게 아니라, 번역자가 재창조하고 자기화한 작품이다. 벤야민이 그토록 역설하는 번역의 자유가 바로 자기화이고, 자기화는 번역자의 고유한 언어로 풀이한 것이다. 요컨대, 번역이란 "원전이 말하고자 하는 것을 번역자 자신의 말로 옮기는 것이다."(AC2, 67) 해석학이 번역자에게 요구하는 건, 텍스트 자체가 말하는 것, 더 나아가 텍스트가 말하고자 하는 것을 자신의 고유한 언어로 옮겨내는 작업이다. 해석학의 관점에서 번역에 대한 정의를 내리면 다음과 같다. 번역이란, 번역자가 텍스트의 의도를 명확하게 파악하고 이해한 후, 그것을 자기화하여 자신의 고유한 언어로 풀어내는 해석 작업이다. 번역은 재창조다.

번역의 한계

번역은 한 언어를 다른 언어로 옮기는 작업인데, 가장 흔한 예가 외국어를 모국어로 옮기는 작업이다(물론 반대의 경우도 있다). 외국어를 모국어로 옮긴다는 건, 곧 '남의 것'을 '나의 것'으로 만드는 일이다. 일상의 현실에서 '남의 것'을 '나의 것'으로 만드는 건 사기나 절도에 해당한다. 그렇다면 번역자는 사기범이나 절도범이란 말인가? 물론 그렇진 않다. 그만큼 번역자가 위험을 무릅써야 하고 불확실성과 맞서야 한다는 것이다. 또한, 번역은 원본을 복제한 모조품에 불과하다는 '그릇된' 인식에서 헤어나지 못하는 경우도 허다하다. 번역자의 처지가 곤혹스럽다는 말이다. 이러한 번역자의 처지는 앙투안 베르만의 다음과 같은 표현에 고스란히 묻어난다. "번역자는 작가écrivain이고자 하지만, 재-작가ré-écrivain일 뿐이다. 번역자는 저자auteur이긴 하지만, 결코 **저자**Auteur는 아니다."(EE, 18-9) 딱한 신세이다. 번역자가 감내해야 할 업보이다.

반면에 역설적이게도, 사기죄나 절도죄로 걸려들 가능성이 전무하면서도, 남의 것을 나의 것으로 만들 수 있는 게 번역자의 특권이기도 하다. 벤야민이 말하는 번역의 자유다. 훌륭한 번역은 바로 남의 것을 나의 것으로 만들 때 탄생한다. 가령, 슈테판 게오르게가 독일어로 번역한 보들레르의 『악의 꽃』[4]이나, 필립 자코테가 프랑스어로 번역한 로베르트 무질의 『특성 없는 인간』[5]은 원작에 비길 만한 '작품'으로 정평이 나 있다. 그리고 헤겔의 『정신 현상학』의 경우, 장 이폴리트의 '고전적인' 번역[6], 장-피에르 르페브르의 '시적인' 번역[7], 그리고 궨돌린 자르크직과 피에르-장 라바리에르의 '충실한' 번역[8] 등 세 개의 프랑스어 번역본이 있는데, 이 세 가지 번역본 모두 각각의 장단점이 있기에, 독자의 취향에 따라 선택할 수 있다. 위의 세 가지 번역본을 서로 비교하면서 읽다보면, 시나브로 절감하게 되는데, 바로 번역이야말로 진정으로 어려운 작업이라는 것이다. 다시 말해서, 번역자의 고충을 더욱 절실하게 느낄 수 있다는 말이다. 서로 다른 두 언어가 빚어내는 이

---

4) 슈테판 게오르게의 『악의 꽃』은 가다머가 『진리와 방법』에서 "보들레르의 『악의 꽃』은 슈테판 게오르게의 시적인 번역에서 새로우면서도 특이한 활력을 내뿜는 듯하다"(VM, 232)라고 칭찬할 정도로 유명한 번역본으로 꼽는다. 시인이자 번역가(특히 단테, 셰익스피어, 보들레르)였던 게오르게의 번역은, 앞선 인용문에도 나오듯이, 발터 벤야민도 「번역가의 과제」에서 언급할 만큼 정평이 나 있다. 보들레르에 관한 연구가 프랑스에서 못지않게 독일에서 활발한 것도 게오르게 번역본의 영향이 크다.

5) Robert Musil, *L'Homme sans qualités*, traduit par Philippe Jaccottet, Paris, Seuil, «Points», 2 vol., 1982. 시인이자 번역가인 필립 자코테가 번역한 『특성 없는 인간』은 리쾨르가 정체성 개념과 관련지어서도 여러 차례 언급할 정도로 훌륭한 번역으로 손꼽힌다.

6) Hegel, *La Phénoménologie de l'Esprit*, traduit par Jean Hyppolite, Paris, Aubier, «Philosophie de l'esprit», 1942.

7) Hegel, *La Phénoménologie de l'Esprit*, traduit par Jean-Pierre Lefèbvre, Paris, Aubier, «Bibliothèque philosophique», 1991. 필자는 이 책을 인용한다.

8) Hegel, *La Phénoménologie de l'Esprit*, traduit par Gwendoline Zarczyk et Pierre-Jean Labarrière, Paris, Gallimard, «Bibliothèque de philosophie», 1993.

질성의 충돌이 한눈에 들어오기 때문이다.

『번역론』의 저자 리쾨르는 이러한 번역의 어려움을 "시련"에 빗대어 설명했는데, 프랑스어의 시련épreuve이라는 낱말엔 "감내하는 고통peine endurée과 수련probation이라는 두 가지 의미"(ST, 8)가 담겨 있기 때문이다. 작가가 작품을 창조할 때 고통을 감내하면서 수련을 쌓듯이, 번역자는 텍스트를 재창조하는 데에 따르는 고통을 감수해야 한다. 창조자가 겪는 시련에 못지않은 시련이 재창조자로서의 번역자에게 주어진 현실이다. 번역의 시련은 남의 것과 나의 것의 충돌로 인해 빚어지는 필연적인 사태이다. 어떻게 나의 것을 지키면서 남의 것을 수용할 수 있는가의 문제와 끊임없이 부딪쳐야 하기 때문이다. 이와 관련해서 앙투안 베르만은 번역론에 관한 저서 『낯섦의 시련』에서 다음과 같이 말한 바 있다. "번역자는 정신적으로 양면적이다. 번역자는 양쪽을 강제한다. 자신의 언어에 낯섦을 담아내라 강요하고, 외국어를 자신의 모국어에 수용되라고 강요한다."(EE, 18) 그런데 과연, 번역자는 외국어의 낯섦을 모국어의 낯익음으로 오롯이 전환할 수 있으며, 외국어의 고유한 기능과 속성들을 모국어에 온새미로 반영할 수 있을까? 번역자의 역량 문제인가, 아니면 언어의 저항성 내지는 배타성의 문제인가? 쉽게 대답할 수 없는 물음들이다.

리쾨르는 『번역론』에서 번역의 이중성을 설명하는 프란츠 로젠츠바이크의 표현을 인용하고 있다. "번역이란 두 주인, 즉 원작의 낯선 이와 자기 것으로 만들고자 하는 욕망을 가진 독자를 섬기는 것이다. 한쪽은 외국어 저자이고, 다른 한쪽은 번역자와 같은 언어를 쓰는 독자이다."(ST, 9) 번역자는 두 주인, 즉 외국어 저자와 모국어 독자를 동시에 섬겨야 하는 딱한 처지에 놓여 있다. 이를 두고 앙투안 베르만은 "번역자의 비극"(EE, 15)이라 했다. 여기에서도 물음이 제기된다. 과연 번역자는 남의 것으로서의 원작에 충실하면서, 그와 동시에 모국어 독자의 자기화 욕망을 채울 수 있을까? 충실과 배반의 공존이 아니라, 충실이냐 반역이냐의 양자택일의 문제가 아닌가? 『번역론』의 저자에 따르면, "사실, 이러한 역설은 비할 데 없는 문제에 속한다. 왜냐하면 충실에의 소망과 반역의 의혹에 이중으로 시달리기 때문이다."(ST, 9) 리쾨르가 지적하듯이, 충실이냐 반역이냐의 문제는 번역이 안고 있는 영원한 문제, 아마도 결코 해결할 수 없는 아포리아일 것이다. 어쩌면 앙투안 베르만의 지적대로, 번역엔 늘 "일정량의 득과 실"(EE, 20)이 있음을 인정하는 게, 충실과 배반의 문제에서 벗어날 수 있는 유일한 출구일지도 모른다. 가다머는 이렇게 말했다. "어떤 번역도 원문보다 더 이해하기 쉬운 번역은 없다."(AC2, 67) 번역의 한계다.

　그래서 『번역론』의 저자는 프로이트의 용어를 빌려 번역을 "애도 작업"에 비유하면서, "애도 작업이란 한마디로 완벽한 번역에의 이상을 포기하는 것"(ST, 16)이라 했다. 완벽한 작품이 없듯이, 완벽한 번역은 없다. 『진리와 방법』의 저자가 적시하듯이, "아무리 번역이 훌륭한 재창조에 성공했다 해도, 번역에는 원문에서 공명하는 울림의 한 부분이 늘 필연적으로 결핍될 수밖에 없을 것이다."(VM, 232) 이를테면, 프랑스어의 맛깔을 우리말의 맛깔로 되살릴 수만 있다면야, 한 문장 아니 한 낱말의 역어를 택하고 정하는 데에 몇 날 며칠의 밤을 지새우는 '시련'이 헛수고는 아닐 터이다. 그러니, 번역자는 번역의 한계를 인정하고서, 독자들로부터 반역의 대명사라는 낙인이 찍힐지언정, 포기할 건 포기해야 한다. 번역자의 업이다. 애도 작업에 임하다 보면, 이따금 더없는 희열과 쾌락을 맛보는 보상의 순간이 찾아올 때도 있다.

번역에서 "새 빛"이 솟고, "새 것"(VM, 232)을 얻기도 한다. 앙투안 베르만의 표현을 빌리면, "출발어엔 나타나지 않는 원작의 무언가가 **나타난다**."(EE, 20) 그렇다고 해서, 번역이 원작의 자리를 차지하는 건 아니지만 말이다. 가다머는 "해석은 해석된 작품의 자리를 차지할 수 없을"(VM, 248) 뿐만 아니라, "해석이 정당성을 얻는 건, 바로 이처럼 사라질 준비가 되어 있을 때이다"(VM, 246)라고 했다. 번역의 숙명이다. 그러니, 번역자는 차라리 애도 작업을 일과로 삼아야 할 터이다.

번역자에게 애도 작업이란, 움베르토 에코의 '거의 같은 것을 말하기'나 리쾨르의 '같은 것을 다르게 말하기'에 해당한다. 앞서도 언급한 바 있지만, 이 두 표현만큼 번역의 실상을 대변하는 표현도 없을 듯하다. 왜냐하면 '똑같게'가 아니라 '거의 같게' 말하는 게 번역이기 때문이다. 지나가는 말이지만, 에코와 리쾨르 사이엔 미묘한 긴장감이 감도는 듯도 하다. '거의' 같은 생각을 조금은 '다르게' 표현하고 있으니 말이다. 아무튼, 언어가 다르기에, 언어 구조가 다르기에, 언어 문화가 다르기에, 번역은 같은 것을 다르게 말할 수밖에 없다. 작가가 자신의 모국어를 사용해서 자기만의 언어로 표현했듯이, 번역자 역시 자신의 모국어를 사용해서 자기만의 고유한 언어로 표현해야 한다. 벤야민이 말하는 번역자의 고유한 언어이다. 번역의 가치나 즐거움은 바로 여기에 있는 게 아닐까? 같은 것을 다르게 말해야 함을 깨달은 번역자는 충실과 배반의 문제에 연연하지 않는다. 그리고 그런 번역자는 텍스트의 함의를 최대한 '누설하는trahir' 일이 자신의 사명임을 알기에, 그 사명을 완수하기 위해서 원문을 '반역하는trahir' 일도 마다하지 않는다. 그래서 흔히 '번역은 곧 반역이다Traduire, c'est trahir'라고 한다.

언어의 손님맞이

앞서도 언급했듯이, 번역과 해석학의 관계가 아무리 근친 관계라 하더라도, 해석학이 번역의 제 문제를 해결해줄 순 없다. 단지, 해석학은 하나의 길을 제시할 뿐이다. 이 길이 옳은 길인지 아닌지, 이 길을 따라갈 것인가 아닌가는 전적으로 개인의 선택에 달려 있다. 하지만, 해석학의 길을 따라가든 그렇지 않든 간에, 본질적인 문제는 그대로 남는다. 바로 번역의 중요성, 즉 번역의 가치에 관한 문제이다. 번역은 어느 나라, 어느 문화권에 속하든지 간에 신선한 공기와도 같은 것이다. 그래서 『낯섦의 시련』의 저자 앙투안 베르만은 "새로운 지식 대상으로서의 번역"(EE, 289)이라는 표현을 썼는데, "번역을 지식의 **주체**로, 즉 지식의 기원과 출처로 간주해야 한다"(EE, 290)는 점을 역설하기 위함이다. 다르고 새로운 세계를 발견케 해주고, 이 다르고 새로운 세계를 통해서 다른 눈으로 새로운 사고를 할 수 있기 때문이다.

직접 번역을 하다 보면, 육체적 긴장과 정신적 고통, 즉 리쾨르가 말하는 '시련'을 겪으면서도, 어느 순간 극도의 희열이나 지고의 쾌락에 사로잡힐 때가 불현듯 찾아오기도 한다. 깨달음의 순간이고 '다른 눈'이 뜨이는 순간이다. 아마도 이런 희열과 흥분을 느끼지 못한다면, 시련을 감내할 엄두도 내지 못하고서 도전조차 해보지 못한 채, 숫제 포기하고 말지도 모른다. 그래서 리쾨르는 「번역에의 도전과 그 즐거움」이라는 글 제목을 달았는데, 번역은 도전해볼 만한 충분한 가치가 있을 뿐만 아니라, 즐거움의 샘터가 될 수도 있음을 강조하기 위해서다. 리쾨르의 번역론을 아우르는 고유 개념인 'hospitalité langagière'의 역어로 '언어의 손님맞이'를, 리쾨르의 이야기 정체성 이론의 핵심 개념 가운데 하나인 'concordance discordante'의 역어로 '불합적 부합不合的 符合'이라는 표현을 끝내 찾아냈을 때의 그 희열과 그 즐거움이란.......

번역이 없는 세상에서 살지 않는 한, 지식을 전달하는 공공재로서의 번역의 가치는 아무리 강조해도 지나침이 없다. 굳이 "모든 학문은 번역에서 나온다"(EE, 293)는 지오르다노 브루노의 말을 떠올리지 않아도, 특히 인문학의 경우에 번역은 지식의 젖줄과도 같은 역할을 하므로, 다른 어느 학문 분야보다도 번역의 가치가 소중하게 인정받아야 마땅하다. 우리나라의 경우에 국한해서 생각해보면, 더더욱 그렇다고 하지 않을 수 없다. 사실, 우리의 지식계에서 소통되는 인문학의 대부분은 서구 인문학이거나, 아니면 서구 인문학에서 빌려온 것 내지는 파생된 것이라 해도 과언이 아니다. 다시 말해서, 한국의 인문학적 지식의 젖줄이 바로 번역이라는 말이다. 그러니, 번역자가 존중받아야 하는 것은 마땅하다.

그런데 현실적으로 번역이 그만한 대접을 받고 있는가 하는 물음엔 굳이 답하지 않아도 될 터이다. 그 결과로 인한 폐해는 적지 않다. 가장 비근한 예가 잘못 전달된 지식이다. 그릇된 지식이 그릇된 지식을 낳는다. 그릇된 지식은 텍스트를 자기 것으로 소화해내지 못한 데서 나온다. 자기 것으로 만들지 못한 원인은 원문의 의미를 제대로 파악하지 못한 데서 비롯되기도 하지만, 그보다는 외국어를 우리말의 구조와 용례 속에 오롯이 녹여내지 못한 데서 기인한다. 그러기에 번역자 자신도 번역본을 읽으면서 무슨 말인지를 모른다. 그런 터에, 일반 독자는 두말할 나위조차 없다. 더욱이, 악화가 양화를 몰아내듯이, '이상한' 우리말이 수두룩하다. 가장 비근한 사례가 일본어 번역어를 그대로 차용한 경우이다. 그것도 그릇된 역어를 말이다.[9] 그리고 더 큰 문제는 이런 현상이 인문학 분야에서 더욱 도드라진다는 사실이다. 시인이자 번역가였던 횔덜린은 이런 말을 했다고 한다. "남의 것 못지않게 나의 것을 잘 알아야 한다"(ST, 39)라고.

「번역에의 도전과 그 즐거움」의 필자는 완벽한 번역을 꿈꾸지 말라고 한다. "완벽한 번역에의 꿈은 번역의 성과에 대한 바람, 즉 아무런 상실 없이 오롯이 옮기려는 바람과도 같은 것이다. 바로 이런 상실 없는 성과를 단념해야만, 남의 것과 나의 것의 다름은 극복될 수 없다는 걸 인정하게 된다."(ST, 18) 유념해둘 실천지다. 그렇다고 해서, 남의 것과 나의 것의 충돌을 완화할 수 있는 방편이 없는 건 아니다. 어느 하나를 희생시키는 게 아니라, 남의 것과 나의 것의 다름을 인정함으로써, 같은 것을 다르게 말하는 게 번역임을 인식하고서, 똑같진 않지만 비

---

9) 예를 들어, '자유'와 '평등'과 더불어 프랑스 공화국의 국시인 '우애'를 '박애'로, 사르트르의 소설 제목을 '구역질'이 아니라 '구토'로 옮긴 게 대표적이다. '우애fraternité'와 '박애 philanthrphie', '구역질nausée'과 '구토vomissement'는 시니피앙도 시니피에도 엄연히 서로 다른 두 낱말인데 말이다. 카뮈의 소설 『이인』도 마찬가지다. 작가 카뮈 자신이 뫼르소는 '거짓말을 하지 않는 사람'이기에 우리와는 '다른 사람', 즉 '이인異人'으로 규정했을 뿐만 아니라, 프랑스를 대표하는 사전인 『르 프티 로베르』는 프랑스어 명사 'l'étranger'의 어의로 '외국인'과 '다른 사람'을 제시하고 있는데, 첫 번째 어의가 아니라 두 번째 어의의 예시로 "카뮈의 소설, 『이인』"이라고 명시하고 있기 때문이기도 하다. 굳이 비유하자면, '프랑크푸르트 학파'를 '프랑크푸르트 학교'로 옮긴 꼴이다. 하기야 『이인』의 경우도 일본어 번역본 제목을 그대로 수용한 것이니, 일본인들의 무지를 그대로 답습하는 꼴이기도 하다. 게다가, '이방인'이라는 낱말 자체가 일본어식 표현이다. 이를테면, '외국인', '외지인', '현지인', '경계인', '회색인' 등의 우리말에서 보듯이, '외국', '외지', '현지', '경계', '회색'이라는 명사와 '인'의 합성어인데, '이방'은 우리말에서 쓰이지 않는 표현이다. 또한, 고유명사의 일본어식 발음표기를 따르는 것도 지적하지 않을 수 없다. 몽테뉴, 조르쥬, 마르세이유, 콜레쥬 등등. 맹신이든 무관심이든 시급히 타파해야 할 폐습이다. 다행히도, 우리 사회 여러 분야에선 일본식 오류를 이미 바로잡은 사례가 적지 않다. 예를 들면, 맑스 전문가들이 『자본론』을 『자본Das Capital』으로 바로잡았고, 예전의 일본식 야구 용어인 '투 쓰리'와 '방어율'을 '쓰리 투'와 '평균자책점'으로 바로잡은 사례가 대표적이다.

숫한 표현에 만족하는 것이다. 번역의 현실이다. "원작의 정신과 번역본의 정신을 갈라놓는 거리를 기꺼이 인정해야 하는데, 결코 이 거리를 극복할 수 없기 때문이다."(VM, 230) 가다머의 충고이다. 그래서『진리와 방법』의 저자는 "타협"(VM, 232)이 최선의 해결책이라 역설했다.[10] 그리고『번역론』의 저자는 이렇게 말했다. "완벽한 번역을 단념해야만, 번역의 즐거움을 맛볼 수 있다."(ST, 19)

"**언어의 손님맞이***hospitalité langagière*."(ST, 18) 우아한 표현이다. 『번역론』의 저자가 창안한 고유 개념으로, 필자가 보기엔, 철학자 리쾨르의 개념들 가운데 가장 리쾨르[11]다운 개념, 즉 그의 인간적인 면과 품이 고스란히 새겨진 표현이다. "남의 언어에 머무는 즐거움을, 자기 집에서, 자신의 사랑채에서, 남의 말을 맞이하는 즐거움으로 삼는 것, 바로 이것이 언어의 손님맞이이다."(ST, 20) 그렇다. 언어가 언어를 맞이하고, 언어가 언어를 환대한다. 번역이란, 남의 언어라는 귀한 손님을 나의 언어의 집에 기꺼이 맞아들여서, 낯선 남의 말을 낯익은 나의 말로 풀어내는 언어의 놀이이다. 그리고 이 놀이가 한껏 펼쳐지는 나의 "사랑채"에선, 북편과 채편의 화음이 어우러진 장고가 신나게 놀

10) 가령, 시인 랭보의 저 유명한 문장, 즉 "나는 타자이다Je est un autre"는 프랑스어와 한국어의 차이를 극복할 수 없는 대표적인 사례이다. 왜냐하면 이 문장에서 랭보는 프랑스어 동사 'être'의 일인칭 단수형인 'suis'가 아니라, 삼인칭 단수형인 'est'를 사용하고 있기 때문이다. 따라서, 우리말 번역은 '나는 타자<u>이다</u>'라고 밑줄로 표기하는 타협책과 아울러, 가다머가 말하는 "과잉 설명suréclairage"(VM, 249)을 덧붙일 수밖에 없다. 왜냐하면 랭보의 문장은 '나는 타자처럼 존재한다'라는 의향을 품고 있기 때문이다. 이와 관련해선, 이 책의 5장「자기 해석학의 실천지」의 각주 9) 참조.
11) 장 그롱댕은 그의 저서『폴 리쾨르』의 첫머리에서 리쾨르Ricœur라는 성을 'Ri-cœur'로 풀이하면서, 즉 '웃음rire'과 '마음cœur'의 합성어로 풀이하면서, "프랑스어 낱말들 가운데, 가장 아름다운 두 낱말"(PR, 5)이라고 했다. 리쾨르의 "아주 너그러운 마음씨"(PR, 5)를 강조하기 위한 풀이이다.

이하고, 손님은 손님대로, 나는 나대로, 더없는 풍류에 취해, 남의 말이 나의 말이 되고, 나의 말이 남의 말이 되기에, 즐거운 마음으로 다음을 기약하며, 못내 헤어지는 아쉬움을 달랠 것이리라. 번역에 취해야 번역을 한다. 번역은 취함이다. *In vino veritas*. 번역은 언어의 손님맞이이다. 「번역에의 도전과 그 즐거움」의 필자가 우리에게 전하는 실천지 *phronésis*이다. 완벽한 작품이 없듯이, 완벽한 번역도 없다. 중요한 건, 번역에 도전하는 것이다. 번역은 실천이다.

3장 텍스트란 무엇인가?

「텍스트란 무엇인가?」의 필자인 리쾨르는 "독자는 글쓰기에 부재하고, 작가는 읽기에 부재한다"(TA, 139)라고 통찰했다. 리쾨르의 부재론이라고나 할까. 글쓰기 행위와 읽기 행위 사이에 직접적인 소통의 부재를 강조하는 통찰인데, 아마도 이처럼 단순한 진리 현상도 없을 듯하다. 작가는 글을 쓰는 자이고 독자는 글을 읽는 자이므로, 작가와 독자는 서로 다른 행위의 주체로서 서로 다른 시공간에 위치하는 일종의 평행 존재이니 말이다. 다시 말해서, 작가와 독자는 평행선 위의 맞은 편에 각각 자리하고 있는데, 그들 사이엔 아무런 접점 없이 거리만이 있을 뿐이다. 그래서 리쾨르는 "텍스트야말로 정녕 거리 속에서, 거리에 의한 소통 매체이다"(TA, 51)라고 했다. 원격 소통의 전형이다. 이런 시각에서 보면, 위 성구의 두 절을 가르는 쉼표는 마치 거대한 크레바스처럼 보인다.

따라서 리쾨르의 다음과 같은 지적은 매우 적절해 보인다. "독서가 작품을 통한 저자와의 대화라고 말해선 안 된다. 독자와 책과의 관계는 전혀 다른 성질의 것이라고 말해야 한다. 대화는 문답이 오고 가는 것인데, 작가와 독자 사이엔 그런 유의 주고받기가 없다. 작가는 독자에게 응답하지 못한다. 책은 오히려 글쓰기 행위와 읽기 행위를 두 사면으로 분리하는데, 이 두 행위 사이엔 소통이 없다."(TA, 139) 글쓰기와 읽기는 일상 대화의 말하기와 듣기와는 전혀 다른 성질의 관계이다. 화자의 목소리도 청자의 귀도 없다. 굳이 말하자면, 작가와 독자의 대화는 궐석 소통communication in absentia이라 할 수 있다. 이런 점에서 리쾨르의 부재론은 작가와 독자의 관계를 상호 배타적 관계로 보는 해석학의 입장을 오롯이 대변한다. 즉, 독자는 작가의 의도를 외면하고, 작가는 독자의 해석에 관여할 수 없다는 게, 이 배타적 관계에 담긴 함의이다.

작가, 작품, 독자. 문학을 구성하는 세 요소이다. 이 세 가지 요소들이 맺는 삼각관계에 대해선, 19세기 프랑스 비평가 생트-뵈브에서 이폴리트 탠을 거쳐 귀스타브 랑송에 이르기까지, 그리고 1920년대의 러시아 형식주의와 1930-40년대 미국의 신비평에서부터 1970년대 프랑스의 구조주의 비평과 독일의 수용미학을 거쳐 오늘날에 이르기까지, 다양한 문학 이론들에 의해 다루어져 왔는데, 거시적으로 보면 의도주의intentionnalisme와 반-의도주의anti-intentionnalisme의 대립과 갈등으로 요약할 수 있다. 이 두 진영 간의 논쟁과 관련해서 앙투안 콩파뇽은 그의 저서 『이론의 악마, 문학과 상식』(1998)에서 역사를 넘나드는 방대한 분량의 독서에 근거해 치밀하게 분석한 바 있다. '이론이라는 악마' 또는 '악마와도 같은 이론'을 함의하는 책 제목 자체에서도 고스란히 드러나듯이, 앙투안 콩파뇽은 현학적인 이론들에 대한 불신을 극단적으로 표명했다. "이론의 목적은 결국 상식을 와해시키는 것이다."(DT, 277) 위 책의 결론이다. 이 결론은 왜 굳이 저자가 "문학과 상식"이라는 엉뚱한 표현을 부제로 선택했는지를 충분히 가늠케 하고도 남는다. 과연 상식이 이론을 도외시하거나 뛰어넘어 문학 연구의 주춧돌로 자리매김할 수 있는가에 대해선 논란의 여지가 있지만, 의도주의도 반-의도주의도 부정하는 콩파뇽의 양비론은 그 나름대로 의미가 없는 건 아니다. 하지만 "그러기에 나는 어느 특정 이론이나 상식을 두둔하려 한 게 아니라, 상식에 대한 비판을 포함해서 모든 이론에 대해 비판을 하고자 한 것이다. 난처함이 문학의 유일한 모럴이다"(DT, 277)라는 콩파뇽의 최후 진술은 우리를 '난처하게' 한다는 점 또한 부인할 수 없다.

문학 작품이 시대와 상황에 따른 역사적 산물이듯이, 문학 연구도 시대의 사상적 조류와 더불어 변천해왔음은 주지의 사실이다. 이 글에서 다루고자 하는 주제인 작가-작품-독자의 삼각관계에 관련된 논의 역시 마찬가지다. 프랑스의 경우, 20세기 전반까지 생트-뵈브를 계승한 귀스타브 랑송의 영향 아래 작가 중심적 사고가 지배했다고 한다면, 1960년대 중반 프랑스 비평계에서 벌어졌던 신구논쟁과 구조주의의 등장으로 텍스트 중심적 사고가 대두했고, 이어서 해석학적 사고가 문학 연구에 도입된 1990년대를 전후로 독자의 역할과 위상이 한층 강화되었다. 간단히 말해서, 작가에서 텍스트로, 텍스트에서 독자로 중심 이동이 이루어졌다는 말이다. 이 글은 다양한 작가들과 이론가들의 문학론을 통해 저자의 위상에 대해서, 텍스트의 자립에 대해서 그리고 독자의 주체에 대해서 톺아봄으로써 텍스트 해석학의 특수성과 보편성을 아울러 짚어보고자 한다.

의도주의 또는 동일성 이론

저자의 의도가 작품의 의미를 결정한다는 주장을 흔히 의도주의 또는 동일성 이론thèse de l'identité이라 통칭한다. 이 이론에 따르면, 모든 작품에는 "단일하고 일의적인"(AB, 232) 의미가 있는데, 이 의미는 바로 저자의 의도에 근거한다. 따라서 저자의 의도를 파악하고 입증하는 것만이 작품의 의미를 이해하는 유일한 방법이 된다. 이러한 방법론의 원조는 생트-뵈브로 알려져 있다. 19세기 비평가가 제시한 전기 비평 방법론의 요지는 다음과 같다.

> 내 생각에, 문학은 인간과 그 삶의 흔적과 구별되지 않거나, 적어도 분리될 수 없다. 온갖 방법들과 온갖 방편들을 동원해서 착수한다 해도, 우리는 한 인간을, 즉 순수 영혼과는 다른 것인 인간을 파악하지 못할 것이다. 어느 작가에 관해서 상당수의 질문을 제기하지 않는 한, 그리고 그 질문들에 대답하지 않는 한(비록 오로지 자신만이 알아들을 정도로 아주 낮은 목소리로라도), 그 작가를 전적으로 파악했다고 확신하지 못한다. 설령 그 질문들이 그의 글의 성격과 가장 무관한 질문이라 하더라도 말이다. 이를테면, 그는 종교에 대해서 어떤 생각을 했던가? 자연경관을 보고 어떤 충격을 받았던가? 여성 문제에 대해, 돈 문제에 대해 어떻게 처신했던가? 그는 부자였던가? 가난했던가? 그의 식단은 무엇이던가? 그의 일상생활 방식은 어떠했던가? 그의 악덕은 무엇이고, 그의 약점은 무엇이던가? 이런 질문들에 대한 대답들 가운데 어느 하나도 한 작품의 저자와 그 작품 자체를 판단하는 데에 무관한 게 없다. 그 책이 순수 기하학 서적이 아닌 한 말이다. 특히나, 저자

의 모든 면이 조금씩 들어 있는 문학 작품의 경우엔 말이다.(CSB, 136)

생트-뵈브의 이론은 단순하다. 「비평이란 무엇인가?」(1963)의 필자인 롤랑 바르트의 표현을 빌리면, "작품의 세부사항들이 삶의 세부사항들과 닮아야 하고, 등장인물의 영혼이 저자의 영혼과 닮아야 한다는 유사 결정론"(EC, 253-4)에 근거한 "실증주의 심리학"(EC, 247)이 생트-뵈브가 주장하는 방법론의 핵심이다. 생트-뵈브에 의하면, 작품을 이해하기 위해선 작가의 삶을 비롯해서 그의 감수성과 지적 성향, 가치관과 인생관 등을 속속들이 파악해야 하고, 이런 고증작업을 토대로 작가의 심리 속으로 전이해서 작가의 의도를 밝혀내는 작업이 곧 비평의 사명이다. 이처럼 작가의 의도는 실증주의 비평, 즉 전기 비평의 금과옥조이고 신성한 터부이다.

생트-뵈브의 전기 비평은 19세기 후반의 이론가 이폴리트 탠을 거쳐, 20세기의 귀스타브 랑송에 이르러 소위 랑송주의로 이어지면서, 문학 연구의 확고한 방법론으로 자리매김했다. 이 랑송주의 전통은 20세기 중반까지도 프랑스 대학에서 문학 연구, 특히 문학 박사 학위의 보증수표로 인식될 만큼 독보적인 지위를 누렸는데, 이런 이유로 전기 비평을 일명 대학 비평이라고도 한다. 이러한 전통과 권위를 자랑하는 대학 비평에 도전장을 내민 건 롤랑 바르트였다. 1963년에 쇠이 출판사에서 펴낸 소책자 『라신에 관하여』에서, 바르트는 오로지 저자의 전기와 그에 관련된 고증 자료에 근거해서 문학 작품을 분석하는 구비평을 조목조목 반박함으로써 일약 신비평의 기수로 떠올랐다.

따라서 유구한 역사와 전통을 잇는 구비평(전기 비평)에 비수를 들이댄 신비평(해석 비평)의 기수 롤랑 바르트에게 역공을 펼치기 위해,

라신 연구의 권위자이자 소르본 대학의 저명 교수인 레이몽 피카르가 구비평의 대변자로 나서서 신구논쟁에 불을 지핀 건 당연한 처사였다. 저 유명한 책자 『새로운 비평인가? 새로운 사기인가?』(1965)의 저자인 레이몽 피카르가 펼친 역공의 요지는 다음과 같다. "위태로울 만큼 **무기력한 문학창작론**"(RP, 142)에 입각해서 작품을 "무의식의 산물"(RP, 123)이나 "저자의 강박관념의 배출구"(RP, 142)로 간주하는 신비평의 "무분별imprudence"과 "파렴치impudence"(RP, 149)에 대해 독설을 퍼부은 반면, "작품을 탄생케 한 의지적이고 명철한 의도"(RP, 123)를 파악하는 작업이 비평의 과제라고 강변했다. 한마디로, 바르트의 '새로운 비평'을 '새로운 사기'로 몰아붙인 것이었다. 레이몽 피카르의 신랄한 공격 이후, 프랑스에선 대대적인 신구논쟁이 벌어졌는데, 두 진영 간의 승패는 차치하고, 적어도 이 논쟁 덕분에 구조주의 사고가 문학 이론에 도입되어 문학 연구에 새로운 활로가 트인 것만은 사실이다.

1960년대 중반에 벌어졌던 신구논쟁 이후, 프랑스에선 텍스트 중심적 사고에 기초한 구조주의 비평이 대세를 이루었지만, 영미의 문학 이론에선 20세기 말에 이르기까지도 여전히 의도주의를 주장하는 이론가들이 등장해서 논쟁의 대상이 되곤 했다. 그 대표적인 예가 『해석의 정당성』(1967)의 저자 에릭 허쉬인데, 그는 "일련의 말은 누군가가 그 말에 어떤 의미를 부여하거나, 아니면 누군가가 그 말을 통해 무언가를 이해하기 전엔 어떤 특정한 의미를 지니지 않는다"면서, "의미는 텍스트가 표상하는 것으로, 특수한 일련의 기호들을 빌려 저자가 말하는 것이다"(EH, 4)라고 단정했다. 허쉬의 주장에 따르면, "의미는 의식의 문제이지, 말 그 자체의 문제가 아니기"(EH, 8) 때문에, "의미를 '결정하는' 건 작가"(EH, 23)이고, "영구적인 의미는 다름 아닌 작가의 의미"(EH, 216)이다. 이와 같은 맥락에서 피터 쥴은 그의 저서『해석, 문학 비평의 철학에 관한 시론』(1980)에서 "문학 작품의 의미는 저자의 의도에 의해 결정된다"(PJ, 9)라고 주장했고, 『의도주의적 해석』(1999)의 저자 윌리엄 어윈 역시 "텍스트는 저자가 명시하는 의미 이외에 그 자체로는 다른 어떤 의미도 없다. 소위 문자적 의미라는 것은 없고, 오로지 저자의 의미, 즉 저자가 의도하는 의미만이 있을 뿐이다"(WI, 60)고 강변했다.

이러한 의도주의의 주창자들에게「해석에 있어서 작가 의도의 기능」의 필자인 독일의 이론가 악셀 뷜러는 다음과 같이 반문한다. "의도라는 개념은 일상 심리학에서 나온 것이다. '인지과학'의 발달과 더불어 일상 심리학은 시효가 지난 게 아닌가? 일상 심리학의 불완전한 개념들을 조금 더 적절한 다른 개념들, 즉 일테면 신경생리학에서 빌려온 개념들로 대체해야 하지 않을까? 결국, 의도라는 개념은 심리상태 기술에 적합하지 않은 게 아닌가?"(AB, 245) 악셀 뷜러의 지적대로, 설령 작가의 의도가 있다고 하더라도, 생트-뵈브 식의 일상 심리학에 근거해서 작품의 의미를 작가의 의도에 대입하거나 국한하려는 심리주의적 발상은, 말과 글의 차이나 사고와 언어의 괴리가 확인된 오늘날, 이론적 근거나 논증의 준거가 되기엔 미약하다고 할 수밖에 없다. 이런 관점에서 보면, 작가이자 비평가인 장 프레보의 적절한 비유만큼 명증한 반론의 논거도 없다. **"우리는 이제 던 어느 작가를 그의 삶에 근거해 해설할 수 있다고 생각하지 않는다. 그건 조개로 진주를 설명하는 것일 테니까."**(CLB, 93) 진주를 낳은 조개껍질은 버려지는 게 아닌가? 동일성 이론의 근거를 뿌리째 흔드는 통렬한 풍자이다. 휴머니스트(?) 앙투안 콩파뇽이 '저자의 죽음'을 주창하는 반-의도주의를 "텍스트학의 안티-휴머니스트 슬로건"(DT, 52)이라 빈정거릴 만도 하다.

하지만 의도주의에 대해선 다음과 같은 일련의 반론들이 제기될 수 있다. 작고한 작가들의 경우, 저자의 의도를 어떻게 확인할 것인가? 게다가 작자 미상의 작품의 경우엔 어떻게 할 것인가? 생존 작가의 경우, 저자에게 직접 확인할 수 있다손 치더라도, 과연 그 작품의 의미가 저자의 의도에만 국한되어야 하는가? 작가의 의도에만 국한될 경우, 그 작품은 그야말로 '가난한' 작품이 아니겠는가? 더 나아가, 작가는 자신의 의도를 정확한 언어로 표현할 수 있는가? 과연, 언어가 인간의 사고를 곧이곧대로 오롯이 표현할 수 있는가? 자서전 속의 '나'는 실제의 '나'와 일치하는가? 이러한 물음들에 대해 합당하고 논리적인 대답을 제시할 수 있을까? 인식론적인 오류를 범하지 않는 한에서 말이다.

또한, 작가의 의도를 어디까지로 볼 것인가에 관련된 물음들도 제기될 수 있다. 작가가 생각조차 하지 못했던 의미를 어느 비평가가 발견해냈을 경우, 그 의미는 작가의 의도에 귀속될 수 있는가? 그리고 출판 과정의 현실을 감안하면, 지인이나 출판사의 조언에 따라 수정한 부분도 작가의 의도에 포함되는가? 일례로, 사르트르는 자신의 첫 소설에 '멜랑콜리아'라는 제목을 붙인 원고를 출판사에 보냈는데, 이 원고를 읽은 갈리마르 출판사 사장인 가스통 갈리마르가 '구역질'로 바꿀 것을 제안했고, 이 제안에 따라 '멜랑콜리아'를 대체한 '구역질'이라는 제목이 작가 사르트르의 의도에 속하는가? 그리고 셰익스피어의 극 작품 속의 어휘나 표현들이 셰익스피어 자신이 선택한 것인지, 아니면 공연에 참여했던 연출가나 배우에 의해 선택된 것인지는 확인 불가능한 게 아닌가? 영화 〈살인의 추억〉의 시나리오는 봉준호 감독의 작품인데, 이 영화를 대표하는 저 유명한 대사 "밥은 먹고 다니냐?"는 시나리오를 쓴 봉준호가 아닌 배우 송강호의 작품이라고 한다. 그렇다고, 송강호가 이 영화 시나리오의 공동 작가로 인정받는 건 아니지 않은가?

위와 같은 물음들에 대한 하나의 대답으로 작가 앙드레 지드의 일갈보다 더 적절한 반론은 없을 듯하다. "좋은 감정을 가지고 나쁜 문학을 하는 법이다. 흔히 최선의 의도가 최악의 예술 작품을 낳고, 예술가는 교훈적 의지 때문에 자신의 예술을 타락시킬 가능성이 크다."(AG, 52) 지드에 의하면, "시인의 관점"은 "사제나 사단장의 관점"(AG, 52)과는 전혀 다르기에, 시인의 "교훈적" 의도가 풍기는 시는 졸작이라는 것이다. 이런 이유로 지드는 "그토록 자주 인용되는" 샤를 페기의 시집 『이브』에 실린 시들을 "형편없는 졸작(그마저도 봐주면서 말해서)"(AG, 52)으로 평가했다. 왜냐하면 저자 페기의 종교적인 신념과 계도적인 주장을 담고 있어서, 오로지 단 하나의 의미만을 지닌 '논문 작품'이기 때문이다.[1] 그래서 작가 알베르 카뮈는 "논증하는 작품인 논문 소설은 모든 작품 중에서도 가장 혐오스러운 작품으로, 거의 대개가 **배부른** 사고에서 나온 작품이다"(MS, 154)라고 했으며, 모리스 블랑쇼도 「사르트르의 소설들」에서 논문 소설을 "가장 부도덕한 소설"(PF, 190)이라고 지적했다.

---

1) 일테면, 문학 언어는 수학 언어가 아니고, 문학 텍스트는 전자 제품의 사용설명서가 아니다. 전자 제품의 경우, 사용설명서를 따르지 않을 시에 고장이 날 수 있지만, 문학 텍스트는 고장을 모른다. 의도주의의 결함은 바로 문학 작품을 전자 제품의 사용설명서와 동일시하는 데 있다.

발레리의 새와 프루스트의 옷

의도주의에 대한 반론으로 프루스트의 촌철살인보다 더 정곡을 찌르는 알레고리도 없을 것이다. 『잃어버린 시간을 찾아서』의 작가는 "내가 야심 차게 내 책에 별명을 붙인다면, 나는 감히 성당이라 하지 않고, 아주 단순하게 옷이라 할 것이다"(LTR, 338)라면서, "이론이 들어 있는 작품은 여전히 가격표가 붙어 있는 물건과도 같다"(LTR, 189)고 힐난했다. 책을 사긴 샀는데, 거들떠보지도 않고서 방구석에 처박아놓았을 테니까. 게다가 가격표가 물건의 실질적인 효용 가치를 결정하는 것도 아니다. 어떤 이에겐 그 값어치 이상의 값을 하고, 어떤 이에겐 정반대일 수도 있다. 또한, 소비자가 필통을 사서 수저통으로 쓴다고 한들, 생산자가 필통으로만 쓰라고 개입할 수도 없는 노릇이다. 결국, 의도주의의 치명적인 결함은 작품을 '옷'이 아니라 '성당'으로 여기는 데에, 즉 저자의 주체를 절대적 주체, '신적인' 주체로 상정하는 데에 있다. 그리고 프루스트가 자신의 작품에 '옷'이라는 별명을 붙인 건 아주 적절해 보인다. 왜냐하면 작품은 하나의 텍스트인데, 텍스트라는 개념의 뿌리 말인 라틴어 동사 '짜다*texere*' 자체에 '옷'이라는 의미가 들어 있기 때문이다. 「철학과 문학」의 필자 가다머가 작품을 "자기만의 고유한 짜임새texture"가 있는 "옷감tissu"(AC2, 187)에 비유했듯이 말이다.

　"한 편의 작품은 **저자**의 주도하에 수많은 '에스프리들'과 사건들(선조들, 상황들, 우연들, 선배 작가들)에 의해 만들어진다."(VO2, 566) 시인 발레리의 지적이다. 『정신 현상학』의 철학자 헤겔에 따르면, "작품에서 의식은 오로지 외부로, 보편성의 영역으로, 존재가 특정되지 않은 공간으로 던져져 있다. 개인의 작품에서 나오는 의식은 사실 보편 의식이다."(HEG, 278) 즉, 작품 속의 개인은 "개별 의식이 아니라 **보편** 의식"(HEG, 278)이기에 개별자가 아니라 보편자라는 말이다. 그래서 시인 엘리엇은 『신성한 숲』에서 "시는 개성의 표현이 아니라, 개성의 탈주다"(TSE, 58)라고 했다. 폴 발레리도 "모든 작품은 한 '저자'의 작품이 아니라, 다른 많은 것들의 산물이다"(VO2, 629)라고 했다. 과연 의도주의 주창자들은 작품을 비-개인성이나 탈-개인성의 표현으로 간주한 엘리엇과 발레리의 시를 어떻게 읽는지 궁금할 따름이다. 그들은 엘리엇의 「황무지」나 발레리의 「해변의 묘지」에서도 저자의 의도를 얼마든지 '추정'해낼지도 모른다. 하지만, 영원한 '미제 사건'으로 남아 있는 랭보의 시 「모음들」의 경우, 시인의 의도를 과연 짐작이나 할 수 있을까? 이상의 시 「오감도」는?

    폴 발레리는 자신의 문학론을 담은 저 유명한 책 『그런 그대로*Tel Quel*』에서 동일성 이론의 인식론적 결함을 샅샅이 논파했는데, 생트-뵈브와 랑송을 뛰어넘어 문학의 현실을 통찰한 최첨단 이론가였다. 그만큼 그의 문학론은 반-의도주의의 핵심적인 논거들을 제시하고 있다. "작품과 저자와의 관계는 가장 신기한 사태들 가운데 하나이다. 결코, 작품은 실제 저자에게로 거슬러 올라가는 걸 허용하지 않는다. 단지, 가상의 저자에게만."(VC, 1194) 작품 속의 '나'는 실제의 '나'가 아니라는, 현실과 허구를 혼동하지 말라는 지극히 기본적인 충고이다. 시쳇말로, 가상 현실을 실제 현실로 착각하지 말라는 지적이다. 시인의 이러한 사유는 아래의 인용문에서도 확인할 수 있다.

    '작가' : 작가는 언제나 자신이 생각하는 것보다 더 그리고 덜 말한다.
        그는 자신의 생각을 제거하기도 하고, 자신의 생각에 덧붙이기도 한다.

그가 쓰는 글은 결국 그 어떤 실제 생각과도 일치하지 않는다.

훨씬 더 풍부하기도 하고, 훨씬 덜 풍부하기도 하다. 훨씬 더 장황하기도 하고, 훨씬 더 간략하기도 하다. 훨씬 더 명료하기도 하고, 훨씬 더 애매하기도 하다.

바로 이런 까닭에, 저자를 그의 작품으로부터 재구성해내려는 자는 반드시 가상의 인물을 조작해내기 마련이다.(VO2, 569)

사고와 언어의 불일치를 통시한 시인의 혜안에서 나온 명민한 분석이다. 동일성 이론의 주창자인 생트-뵈브를 겨냥한 비수의 칼끝이다. 글을 쓰는 나와 작품 속의 나는 서로 다른 나라는 것이다. 문학 작품은 근본적으로 허구이므로, 작품 속의 나는 "가상의 인물"이지, 결코 "실제 저자"가 아니기 때문이다. 작가를 통해 작품을 읽거나, 거꾸로 작품을 통해 작가를 읽는 것이나, 양쪽 다 가상과 실제 사이의 벌어진 틈을 메울 수 없다는 통찰이다. 그래서 발레리는 다음과 같이 일갈하기도 했다. **"작품은 그 저자가 창조한 것과 전혀 다르게 보일 때만, 비로소 작품으로서 오래 간다."**(VO2, 561) 작가와 작품의 관계에 대한 시인의 사유 속으로 조금 더 들어가 보기로 하자.

작품이 출간되면, 저자의 해석은 누군가의 전혀 다른 해석보다 더 많은 가치가 있는 게 아니다.

만일 내가 피에르의 초상을 그렸는데, 누군가가 내 작품이 피에르보다는 자크와 더 닮았다고 해도, 나는 그에게 어떤 반론도 제기할 수 없다. 그의 주장은 나의 주장만큼이나 일리가 있다.

나의 의도는 나의 의도일 뿐이고, 작품은 작품이다.(VO2, 557)

비록 자신의 작품이라 할지라도, 저자의 해석이 어느 독자의 해석보다 더 우월하다거나, 더 정당하다고 주장할 수 있는 어떤 객관적이고 논리적인 근거도 없다는 게, 『그런 그대로』의 저자 발레리의 지론이다. 바로 이것이 문학의 본질이자 특성이기 때문이다. 작가가 아무리 피에르라고 우긴다 해도, 독자가 자크라고 한다면, 그 인물은 자크이지 피에르가 아니다. 작품 해석은 독자의 몫이지, 저자의 고유 권한에 속하지 않는다. 그러므로 "나의 의도는 나의 의도일 뿐이고, 작품은 작품이다"라는 시인의 사유는 아무리 곱씹어도 지나침이 없을 것이다. 작가의 의도와 작품의 의미와의 괴리에 대해선, 아래에 인용하는 발레리의 두 가지 비유보다 더 풍자적이고 더 해학적인 논거도 찾아보기 힘들 것이다.

새가 자신이 노래하는 게 무엇인지, 왜 그걸 노래하는지, 그리고 자기 안의 무엇이 노래하고 있는지를 안다면, 새는 노래하지 않을 것이다.(VO2, 484)

자신의 작품을 바라보는 저자의 시각에 대하여.
때로는 오리알을 품었던 백조, 때로는 백조알을 품었던 오리.(VO2, 483)

"새는, 노래하는 의미도 모르면서, 자꾸만 노래를 한다." 시인 발레리의 시어가 아니라, 송창식의 노래 「새는」의 노랫말이다. 굳이 말하자면, 발레리의 '새'와 송창식의 '새'는 시공간을 뛰어넘어 창조의 하늘에서 노래로 만난다고나 할까. 카나리아와 꾀꼬리의 화음이 멋들어진 어울림을 자아내고 있다. 「새는」의 이어지는 노랫말은 다음과 같다. "새는, 날아가는 곳도 모르면서, 자꾸만 날아간다." 물론 이 노랫말의 진실이야 확인할 순 없지만, 적어도 「새는」의 노랫말은 시 창조의 비밀을 낱낱이 누설하는 '자폭시'라 하지 않을 수 없다. 시인이 시를 쓰는 의미도 모르면서 시를 쓸 때, 시인이 어떤 시가 될지도 모르면서 시를 쓸 때, 불후의 명작이 나온다는 비밀 말이다. 언어의 놀이가 곧 시이기에, 시인은 이 언어의 놀이에 빠지기만 하면, 왜 시를 쓰는지, 어떤 시가 나올진 몰라도 된다. 새가 노래하는 의미도 모르면서 노래하듯이, 새는 날아가는 곳도 모르면서 날아가듯이.

『문학 공간』의 저자 모라스 블랑쇼의 표현을 빌리면, 시인은 그저 "결코 붓을 내려놓지 못하는, 붓을 내려놓을 수 없는 '병든' 손"(EL, 19)의 날갯짓에 실려 가기만 하면 된다. '병든 손'에서 나올 작품이 미운 오리 새끼가 될지, 아니면 사랑받는 백조가 될진 아무도 모른다. 시인 자신도 모른다. 물론, 아무리 '병든 손'일지언정, 시인도 사랑받는 백조이기를 바라는 건 인지상정일 터이지만, 그건 그저 그의 바람일 뿐이다. 시인은 백조를 그렸다고 여기는데, 정작 독자들이 미운 오리 새끼라고 놀리는 데에야, 어쩔 도리가 없는 게 아닌가? '병든 손'의 탓이지, 독자 탓은 아니지 않은가? 바로 이런 게 문학의 존재론적 현실이다. 문학의 진상이다. 요컨대, 발레리와 송창식의 '새'는, 작가의 의도와 작품의 의미가 애초부터 다를 수 있다는, 저 문학의 진리를 잘 알고 있는 진정 '현명한' 새다. 동일성 이론의 신봉자들에겐 얄미운 '새대가리'에 불과할 테지만. 아무튼, 생트-뵈브의 방법론을 직격하는 발레리의 '새'는 그냥 새가 아니라, '신新'의 화신이라 할 만하다.

정신분석학자 미셸 르두가 묻는다. "결국, 당신이 표현하는 게, 당신이 창조하는 게, 당신 자신이라고 생각하는가?" 화가 장 바쟁이 대답한다. "내가 모르는 나 자신이라고 생각한다. 당신들이 무의식 또는 잠재의식이라고 부르는 건데, 그건진 나도 모르겠다."(ML, 27) 생트-뵈브가 통곡할 노릇이다. 하기야, 19세기 비평가는 한 세기가 지난 후 화가 장 바쟁이라는 '외계인'이 출현할 줄이야 꿈에서도 상상조차 하지 못했으리라. 어쨌든, 장 바쟁은 프루스트의 후예답다. 화가의 "내가 모르는 나 자신"은 소설가의 "다른 나"(CSB, 137)의 산물이니 말이다. 『카프카에서 카프카로』의 저자 블랑쇼의 표현을 빌리면, "타자가 되어버린 나 자신"(KK, 27)이다. 끝으로, 사뮈엘 베케트의 아래 고백은 의도주의 이론에 경종을 울리는 죽비소리처럼 들린다. 베케트는 『고도를 기다리며』의 진정한 의미가 무엇이냐는 질문에 다음과 같이 아주 우아한 대답을 했다고 한다.

내가 그걸 안다면, 당신에게 말해줄 텐데.(WJ, 117)

우문현답이다. 의도주의 이론가들에겐 분기탱천할 대답이긴 하지만. 아니, 작가가 자기 작품의 의미도 모르다니, 그게 작가야! 그런데 베케트는 왜 이런 도발적인 대답을 한 것일까? 그의 '의도'는 알 수 없지만, 적어도 작가가 미셸 폴락에게 보낸 편지(1952년 1월 25일자)에서 충분히 유추해볼 순 있다. "나는 이 작품에 대해 주의 깊게 읽는 독자보다 더 아는 게 없다. 나는 고도가 누구인지 모른다. 게다가 특히, 나는 그가 존재하는지조차 모른다. 이 모든 점에서, 훨씬 더 폭넓고 훨씬 더 고상한 의미를 찾아내려는 데 대해 말하자면, 나는 그럴 만한 가치가 있는지 알 수 없다. 하지만 그건 가능한 일이다."[2] 베케트의 이 지독한 무관심. 그의 소설 제목처럼 "이름 붙일 수 없는innommable"(INN, 5) 무관심이라고 할밖에. 부조리 작가인 카뮈는 부조리한 인간에겐 "모든 게 명철한 무관심으로부터 시작된다"(MS, 129)라고 했는데, 부조리극의 선구자 베케트에겐 "무관심의 빵과 부조리의 포도주"(MS, 75)가 일용할 양식인 듯하다. 아무튼, 해석의 무용성을 언급하면서도, 그와 동시에 해석의 무한한 가능성을 열어주는 베케트의 척언隻言은 동일성 이론의 근시안에 라식 수술의 기회를 제공하는 건 분명하다.

모리스 블랑쇼의 문학 공간

『모리스 블랑쇼에 관하여』의 저자 에마뉘엘 레비나스는 "블랑쇼의 사상엔 '가볍게 말하지 않는' 헤겔이 있다"라면서, "하지만 특히, 하이데

---

2) 이 인용문의 출처는 다음과 같다. https://fr.wikipedia.org/wiki/En_attendant_Godot. 사뮈엘 베케트의 부조리 세계를 개관한 이 글엔 『고도를 기다리며』의 주인공 고도Godot의 이름에 대한 해석과 관련된 논란도 언급되어 있다. 가장 비근한 예로, Godot를 영어의 'God'와 프랑스어의 비속어 접미사 '-ot('-하는 자'를 뜻함)'의 합성어로 보고, Godot를 '신을 추종하는 자'로 해석해서 형이상학적 의미를 부여한 사례이다. 그런데 정작 베케트 자신은 "내가 그런 의미를 부여하려 했다면, 나는 고도Godot가 아니라 신Dieu이라고 명명했을 것"이라면서 위의 해석을 늘 부인했다고 한다. 베케트는 "하기야, 고도라는 길 이름도 있고, 고도라는 이름의 사이클 선수도 있다. 보다시피, 가능성은 거의 무한하다"라고도 부연했다. 베케트에 따르면, 프랑스어 속어 'godillot(맹목적으로 추종하는 자)'와 'godasse(신발)'라는 낱말이 떠올라, 고도라는 이름을 붙이게 되었다는 게 전부이다. 실제로, 『고도를 기다리며』에선 '두 발'이 중대한 역할을 한다. 아무튼, 베케트의 해명은 자신의 작품에서 저자의 의도를 찾아내려고 하지 말라는 경고처럼 들린다.

거, 말기의 하이데거가 있다"(SMB, 11)라고 부연했다. 초기의 존재 문제에서 말기의 언어 문제로 전환한 하이데거를 일컫는 것인데, 죽마고우이자 평생의 유일무이한 친구로 철학적 사유의 영원한 동반자인 레비나스의 평이다. 레비나스를 대화 상대로 삼은『무한 대담』의 저자 블랑쇼는 이렇게 말한다.

> 문학은 언어이다. 오늘날 흔히 그렇게 표현하듯이, 모든 언어는 시니피앙과 시니피에의 조합으로 구성된다. 하지만 문학 언어에선, 오래 전에 폴 발레리가 말했던 것처럼, 그 형식이 일상 언어에서보다 훨씬 더 중요하다고 말하는 것만으론 부족하다. 특히나 문학 언어에선 시니피앙과 시니피에의 관계나, 소위 형식과 내용(잘못된 용어이다) 간의 관계가 무한해진다고 말해야만 한다.(EI, 586)

"**언어** 그 자체를 문학의 걸작 중의 걸작으로 간주할 순 없을까?"(VO1, 1440-1)라고 반문했던 시인 발레리의 사상을 이어받은 블랑쇼의 단상이다. 그에게 문학은 언어이고, 언어의 놀이이다. 언어의 놀이는 무한하다. 문학 언어의 생산성이자 생명력이다. 언어(시니피앙)가 언어(시니피에)를 무한히 생산해내고, 무한하기에 존속한다. "작품은 언어 자체에 관한 언어의 노동이다. 마치 언어가 언어를 의식하고, 자신을 파악하고, 미완성으로 완성되기 위해선, 작품이 필요하기라도 한 듯이."(EI, 623) 블랑쇼의 문학 공간엔 작가의 자리가 없고, '언어의 노동'만이 있을 뿐이다. 언어가 노동을 한다. 언어가 언어에게 일을 시킨다. 블랑쇼에게 언어는 "침묵하게 할 수 없는 무엇"으로 "끊임없는 것, 끝없는 것"(CQ, 125)이기에, 언어의 노동엔 끝이 없고, 언어는 지칠 줄 모르는 노동자다. 그리고 언어 존재의 본질이 무한이기에, 언어의 노동은 늘 미완성으로 남는다. 미완성이란 끝이 없는, 끝낼 수 없는 완성이다. 끝 말이 없는 끝말이다.

『무한 대담』의 저자 블랑쇼가 시인 르네 샤르의 "위대한 말"(EI, 76)을 즐겨 인용하는 이유가 바로 여기에 있다. **"시란 욕망으로 남은 욕 망이 이루어진 사랑이다."**(EI, 76) 시는 욕망에서 탄생한다. 시는 언어의 욕망이고, 욕망의 언어이다. 그러기에 무한의 언어이다. 무한이란 욕망 의 욕망의 욕망이고, **"끝남이 없는 끝남**_n'en finir pas de finir_"이고, "가 능성의 불가능성"이자 "불가능성의 가능성"(SMB, 16)이다. 시는 욕망 의 무한 언어이다. 가능성이 없는 가능성을 추구하는 게, 불가능성이 없는 불가능성에 도전하는 게 시의 욕망이다. 시의 욕망은 욕망의 사 고에서 나오고, 욕망의 사고는 사고의 욕망에서 탄생한다. 무한의 철학 자 레비나스는 「철학과 무한의 사고」라는 글에서 "사고가 사고하는 것 그 이상을 사고하는 사고는 **욕망**이다"(PII, 249)라고 했다. 사고의 욕망 은 언어의 욕망에서 나온다. 언어의 욕망은 무한하고, 욕망의 언어는 "채울 수 없는 욕망"(PII, 250)이다. 시어는 배고프다. 굶주린 언어에서 시가 나온다. 굶주림을 달래기 위해서가 아니라, 굶주림으로 굶주림을 다스리기 위해서다. 시는 언어의 굶주림이고, 굶주림의 언어이다. 시는 채움의 언어가 아니라 비움의 언어이다. 채우기 위해 비우는 게 아니 라, 비우기 위해 채우기에, 비어도 비지 않은 언어이다. 시어에선 모자 라야 모자람이 없다.

그래서 레비나스는 시어를 "끝이 없는 것, 끝날 수 없는 것"이라 면서, "잡힐 수 없는 것의 무한한 되풀이와 마주하고서 '나'는 자기성 _ipséité_을 상실한다"(SMB, 16)라고 했다. 시어에선 시인의 주체가 온전히 사라진다는 말인데, 다음의 설명에서 이를 확인할 수 있다. "**자기성**이란, 절대적 기원인 동시에 자기에로의 귀환, 만족할 줄 모르는 귀환, 즉 자기에 의한 자기 감금인데, 바로 이런 자기 감금이 곧 언어가 아닐까?"(SMB, 37) 시어는 절제의 언어이자 언어의 절제이다. 절제가 시어의 혼이고, 시의 몸은 감금에서 무한 자유를 얻는다. 그렇게 시가 무한히 말을 한다. "말은 존재로 변하고, 존재는 자신의 담화 의도로 뜻을 밝히는 게 아니다."(SMB, 32) 언어 존재는 스스로 뜻을 낸다는 말이다. "**존재**에 의미를 불어넣는다는 건, **동자**에서 **타자**로, **나**에게서 **타인**으로 가는 것이다"(SMB, 39)라고 역설하는 레비나스는 이렇게 말했다. "모든 작품은 마치 어떤 익명의 질서를 섬기기라도 하는 듯, 그 저자가 중시되지 않을 때, 그만큼 더 완벽하게 작품이다."(SMB, 15) 타자의 철학자 레비나스가 말하는 "익명의 질서"가 바로 언어이다. 나의 언어가 아닌 타자의 언어이다. 타자의 언어란, 그 누구의 언어도 아닌, 언어의 언어이다. 언어가 곧 타자다. 블랑쇼의 표현으론 "문학이 되어버린 언어"(KK, 12)이다. 그러니, 진정한 작품을 꿈꾼다면, 언어를 섬기라.

　"작품이 존재하는 순간부터, 작가는 이미 죽어 있는 게 아닐까?"(EL, 16) 시인 발레리의 문학론을 언급하면서 『문학 공간』의 저자가 묻는 물음이다. 블랑쇼는 자문자답한다. "작품은 작가를 해고해버리는 선고 그 자체이다"(EL, 17)라고. "작품을 쓰는 자는 따로 있고, 작품을 쓴 자는 해고당한다."(EL, 14) 그렇다. 작가와 작품의 관계는 이런 거다. "작품을 쓴 그 누구도 작품 곁에 살 수도 머물 수도 없다."(EL, 17) 존재론적 진리이다. 블랑쇼에게 작품은 프루스트의 비유대로 성당이 아니라 옷이나 다름없다. 옷을 만드는 데에 참여했던 디자이너나 재봉사가 구매자에게 그 옷의 소유권을 주장할 순 없으니까. 기껏해야 그들은 구매자가 최대한 즐겨 입기만을 바랄 뿐이다. 하기야, 구매자가 여름옷을 겨울에 입는다고 해도 어쩔 수 없는 노릇이다. 바로 이런 게 '문학이라는 공간'에서 벌어지는 현실로 문학의 고유한 현상학이다.

　"작가는 작품 곁에 머물 수 없다. 작가는 오로지 작품을 쓸 수 있을 뿐이다"(EL, 17) 『문학 공간』의 '후렴구'이다. 작가는 작품을 '내버리고', 작품은 작가를 '해고해버리는' 문학 현실에 대한 냉철하고 명철한 진단이다. 그래서 블랑쇼는 '해고당한' 작가와 '버림받은' 작품이 감내해야 할 숙명적인 외로움을 "본질적인 고독"(EL, 11)이라 했다. 블랑쇼에 앞서 상징주의 시인 스테판 말라르메는 이렇게 말했다. "순수한 작품은 낱말들에 주도권을 양도해버린 시인의 웅변적인 사라짐을 초래한다."(SM, 366) 발레리의 영원한 스승인 말라르메가 일찍이 선언했던 '저자의 죽음'이다. 시란 낱말들의 놀이터임을 인식했던, 그리고 시의 주체는 언어임을 인식했던 시인의 통찰력에서 나온 선언이다. 시인의 가르침에 따르는 바르트는 말한다. "언어가 말하는 것이지, 저자가 말하는 게 아니다."(MA, 64) 그리고 한마디 덧붙였다. "모든 차원에서 저자가 부재한다."(MA, 66)

　"작품은 우리의 습관이나 악덕, 또는 우리가 사회 생활에서 보여주는 나와는 다른 **나**의 산물이다."(CSB, 137) 『생트-뵈브에 대한 반론』의 저자인 프루스트의 저 유명한 촌평이다. 생트-뵈브의 금과옥조인 동일성 이론의 근거를 뒤흔드는 일갈이다. 작품과 현실을 혼동하지 말라는 조언이다. 『잃어버린 시간을 찾아서』의 화자 마르셀은 19세기 말 귀족 가문의 몰락을 몸소 겪었던 작가 프루스트가 아니다. 프루스트의 작품은 소설이지 역사책이 아니다. 비록 프루스트의 자전 소설로 통하긴 하지만, 마르셀의 이야기는 "허구적 역사histoire fictive"이거나 "역사적 허구fiction historique"(IN, 295)일 뿐이다. 그래서 타자의 철학자 레비나스는 「프루스트의 타자」라는 글에서 "프루스트의 불가사의는 타자의 불가사의다"(AP, 152)라고 했다. 하기야, 니체는 역사도 해석의 산물에 불과하다고 하지 않았던가. 사실史實이 곧 사실事實은 아니다. 블랑쇼는 발레리의 문학론을 논하는 글 「시학」에서 "예술 작품은 하나의 비현실"이기에, "예술적 사실주의라는 건 잘못된 독트린이라기보다는 의미 없는 개념"(FP, 142)이라고 했다. 작가 카뮈에 의하면, 사실주의라는 용어 자체가 "의미 없는 말"(CA2, 32)이고 "이해 불가능한 개념"으로, "소설의 세계는 거세로부터, 현실에 가해진 의도적인 거세로부터 탄생한다."(HR, 317) 프루스트의 애독자다운 사유이다.

프루스트 전문가로 정평이 난 앙투안 콩파뇽은 프루스트의 '다른 나'를 다음과 같이 풀이한다. "사회적인 나와는 다른 나, 즉 의식적인 의도intention consciente로 귀착될 수 없는 심오한 나의 산물이다."(DT, 51) 정신분석학적 주체만이 프루스트의 '다른 나'일까? 의식은 외부를 지향한다는, 즉 의식의 지향성을 주장하는 후설의 현상학적 주체는 프루스트의 '다른 나'와는 다른 나인가? 아무튼, 양비론의 대가인 앙투안 콩파뇽은 반-의도주의 이론가들이 내세우는 논거를 두 가지로 요약한다. 첫째로 "저자의 의도는 타당성이 없으며", 둘째로 "작품은 저자의 의도를 넘어서서 존속한다."(DT, 83) 저자의 의도가 작품 안에 어떤 면에서 얼만큼이나 반영됐는지는 차치하고라도, 저자의 의도와는 얼마든지 다른 해석이 나올 수 있고, 오히려 이런 해석 덕택에 작품의 의미가 더욱 풍부해진다는 사실은 동일성 이론의 한계를 반증하고도 남는다. 비극 『오이디푸스 왕』은 기원전 5세기의 고대 그리스 극작가 소포클레스의 작품이고, '오이디푸스 콤플렉스'라는 정신분석학 개념을 창안한 프로이트의 『꿈의 해석』은 1900년에 발표된 작품이다. 소포클레스는 프로이트의 개념을 예상하고서 자신의 작품을 구상하고 구성했던 것일까? 의도주의 자체가 '퉁퉁 부은 두 발(오이디푸스의 뜻)'에 이론의 근거를 두고 있는 것이나 아닐까?

아마도, 문학의 역사에서 반-의도주의의 선구자는 16세기 프랑스 작가 프랑수아 라블래일 것이다. 라블래는 『위대한 가르강튀아, 팡타그뤼엘의 아버지』의 서문에서 "여러분은 이렇게 시작하는 서두가 어떤 의도를 지향하고 있다고 생각하는가?"(FR, 3)라고 묻고 나서, 독자들에게 다음과 같이 주문했다. "여러분은 문자적 의미로 재미있고, 그 명칭에 아주 잘 어울린다고 여겨지는 경우라 할지라도, 인어의 노래에 이끌려 붙들리듯이, 거기에 머무르지 말고, 기담으로 구김 없이 일부러 장난치는 말이라도, 훨씬 더 고상한 의미로 해석해야 한다."(FR, 4) 문자적 의미가 아니라 상징적 의미를 파악하라는 주문인데, 이 주문은 독자에게 해석의 권한을 부여하면서도, "장난치는 말"에서 "고상한 의미"를 찾아내라는 저자의 의도가 담겨 있는 뜻으로 이해될 가능성도 없진 않다. 하지만 현명한 독자라면, 언어 놀이의 고수인 라블래의 방점이 "인어의 노래"에 홀리지 말라는 데에, 즉 저자의 의도에 현혹되지 말라는 데에 있음을 간파했을 것이다.

실제로 이어지는 글을 읽어보면, 라블래는 저자의 의도를 부정하고 다양한 해석의 가능성에 방점을 두고 있다. "옛날, 호메로스가 『일리아스』와 『오디세이아』를 쓰면서, 플루타르코스와 헤라클리데스 폰티쿠스, 에우스타티우스, 포르누테스가 주석을 달았고, 이들로부터 폴리티아노스가 도용한 알레고리들을 다 생각했다고 믿는가? 그렇게 믿는다면, 여러분은 내 생각의 말단이나 발치에도 미치지 못한 것이다. 호메로스 자신도 이 알레고리들을 생각해본 적이 없었다고 생각한다."(FR, 5) 라블래는 발레리의 원조 격이다. 독자의 해석은 작가가 생각지도 못했던 알레고리들을 찾아낸다는 진리를 터득하고 있었으니 말이다. 그래서 라블래는 위 서문의 끄트머리에서 독자들에게 다음과 같이 주문한다. "이 모든 내 진실과 내 말들을 가장 완벽하게 해석하라. 이 무의미하고 뻔지르르한 말들을 여러분의 양식으로 제공하는 이 치즈 질의 뇌를 경배하라. 그리고 여러분 능력껏 언제나 나를 즐겁게 해주길 바란다."(FR, 6) 저자가 독자에게 부여한 재량권을 누리면서 "무의미하고 뻔지르르한 말들"에서 저자가 생각하지 못했던 "고상한 의미"를 내놓을 때, 독자는 비로소 저자를 즐겁게 해줄 수 있다는 게 라블래의 의도라면 의도이다. 어쩌면, 라블래는 작가보다 더 잘 작가를 이해해야 한다는 낭만주의 해석학의 원조일지도.

반-의도주의와 관련하여, 칠레 작가 보르헤스의 반론도 언급하지 않을 수 없다. 보르헤스는 「삐에르 메나르, 『돈키호테』의 저자」라는 아주 특이한 제목의 단편소설을 발표했는데, 이 작품은 동일성 이론의 오류에 일침을 가한 작품으로 20세기 신비평 이론의 선구적인 텍스트로 통한다. 역설적이게도 바로 그게 작가의 의도이기도 했는데, 보르헤스는 세르반테스의 『돈키호테』를 풍자 대상으로 삼아, 가상의 작가 메나르를 통해 시대에 따라 같은 작품이 달리 해석될 수 있음을 주장했다. 한 구절만 짧게 인용한다. "역사는 진리의 〈어머니〉이다. 이러한 생각은 놀라운 것이다. 윌리엄 제임스와 동시대 사람인 메나르는 역사를 현실에 대한 탐구가 아닌 현실의 원천으로 정의한다. 메나르에게 있어 〈역사적 진실〉이란 일어난 사건이 아니라 사건이 일어났었을 것이라고 판단하는 행위를 가리킨다."(황병하, 85-6) 보르헤스에 의하면, 사실

史實은 실제 사실事實이 아니라, 사실事實이었을 것으로 추정하는 것에 불과하다. 발레리의 '실제 저자'와 '가상의 인물'의 관계를 풍자한 표현이나 다름없다. 결국, 저자의 의도라고 주장하는 건, 저자의 의도일 거라고 '추정하는' 것이지, 결코 사실 확인이 아니다.

한편, 문학 비평 이론 차원에서 반-의도주의가 널리 퍼지게 된 건, 1930-40년대에 영미 비평계에 등장한 신비평의 이론가들, 즉 시인 엘리엇을 위시해서 워렌, 엠슨, 랜섬, 브룩스, 비어즐리, 윔새트 등에 힘입은 바가 크다. 특히, 윔새트와 비어즐리가 공동 집필해서 1946년에 발표한 글 「의도의 오류」는 반-의도주의 이론을 창시한 비평으로 유명하다. "저자의 의도나 구상은 문학 작품의 성공 여부를 판단하는 기준으로서는 유용하지도 바람직하지도 않다."(WB, 468) 영미의 문학 비평사에서 획기적인 주장을 펼친 두 비평가에 의하면, 저자가 자신의 의도를 구현하는 데에 실패했을 경우, 작품의 의미는 저자의 의도와 일치할 수 없기에, 저자의 증언은 아무런 가치가 없다. 이와 반대로, 설령 저자가 작품 속에 자신의 의도를 훌륭하게 구현해서 작품의 의미가 저자의 의도와 일치할 경우, 이미 저자의 의도가 구현되었기에 마찬가지로 저자의 증언은 아무런 가치가 없다. 요컨대, 저자는 자신의 작품에 끼어들 여지조차 없다는 논리이다. 칠레 시인 파블로 네루다는 베아트리스라는 여인을 유혹하기 위해, 원래 아내에게 바치려던 자신의 시를 건네면서 이런 말을 했다고 한다. "시의 주인은 시인이 아니라 독자이다." 시인의 언어답다. 두 가지 의미로 이해해야 하는 언어의 놀이를 하고 있으니 말이다.

글쓰기와 저자의 죽음

「저자의 죽음」. 롤랑 바르트가 1968년에 발표한 저 유명한 글의 제목이다. 레이몽 피카르와 이미 한 차례 격전을 치른 끝에 나온 글인데, 바르트는 이 글에서 다음과 같이 진단한다. "**저자**는 문학사 개론서나 작가의 전기 그리고 잡지의 인터뷰에서 여전히 군림하고 있다. 일상의 문화에서 우리가 찾아볼 수 있는 문학의 이미지는 압도적으로 저자, 저자의 인격, 저자의 내력, 저자의 취향, 저자의 정념에 집중되어 있다."(MA, 64) 이런 진단에서 출발한 바르트는 작품 설명에 대한 유일한 준거로 "자신의 '속내 이야기'를 털어놓는 **저자**"(MA, 64)의 의도, 즉 "**저자-신**의 '메시지'"를 "유일한 의미"(MA, 67)로 단정하는 실증주의 전통 비평을 가차 없이 비판했다. 반면에, 바르트는 프랑스의 문학 전통엔 이 "**저자**의 제국"(MA, 64)을 무너뜨린 작가 말라르메도 있다면서, "말라르메의 시학은 오로지 글을 위해 저자를 지워버리는 데에 있다"(MA, 64-5)라며 상징주의 시인을 칭송했다.

바르트에 의하면, "글을 쓴다는 건, 탈-개인성을 전제로, '나'가 아니라 오로지 언어가 활동하고, 언어가 '성공하는' 경지에 도달하는 것이다."(MA, 64) 글쓰기는 언어 놀이가 아니라 언어의 놀이라는 말이다. 다시 말해서, 글쓰기는 언어의 놀이터이지, 작가 나의 놀이터가 아니라는 단평이다. 글쓰기를 나의 놀이터로 삼을 때가 아니라, 언어의 놀이터로 만들 때, 비로소 명작이 나온다. 실제로, 그런 예가 있다. 바르트가 말하는 '성공한' 글쓰기가 있다. 저 유명한 "하얀 글쓰기écriture blanche"(DZ, 108)이다. 바르트가 창안한 용어로 카뮈의 소설 『이인』의 글쓰기이다. 화자 뫼르소의 "중성적인"(DZ, 109) 언어에서 착상된 신개념이 바로 '하얀 글쓰기'이다. 일인칭 화자 뫼르소는 나의 이야기를 하면서, 마치 남에 대해 말하듯이, 아니면 남이 나에 대해 말하듯이 이야기한다. 이런 까닭에 『이인』의 화자 '나'를 "나로 가장한 그"(IIE, 354)라고 한다. 형식상으론 일인칭 화자인데, 실제 내용상으론 일인칭 화자가 아니라 삼인칭 화자라는 것이다. 신종 화자이자 별종 화자이다.

그래서 블랑쇼는 「이인의 소설」이라는 서평에서 『이인』을 "주체 개념이 사라지게 하는 책"(FP, 248)이라 했고, "우리라는 '나'는 얼굴 없는 '그'의 중성에 빠짐으로써 자기를 인식한다"(EL, 26)고 통찰했다. 한마디로, 화자 뫼르소의 '나'는 "사라진 '나'"(EL, 22) 또는 "'나'를 대체한 '그'"(EL, 23)이다. 『머무름, 모리스 블랑쇼』의 저자인 자크 데리다는 이러한 '나'를 다음과 같이 설명한다. "어떤 '나'가 타자에 대해, 제삼자에 대해 말한다. '나'는 그에 대해 말한다."(DMB, 130) 물론, 데리다가 언급하는 '나'는 블랑쇼의 자전적 이야기인 『나의 죽음의 순간』의 화자를 지칭하지만, 블랑쇼의 '나'나 뫼르소의 '나'나 둘 다 나에 대해 말하면서, 마치 남에 대해 말하듯이 하는 나이기에 똑같은 성질의 화자 '나'이다. 즉, 나는 나인데, 나가 아니다. 나는 나가 아닌 나이다. 이 해괴한 방정식의 미지수(x)는 바로 '나' 자체인데, '나가 아닌 나'에서 '나'라고 말하는 나의 실체가 전자의 나인지, 아니면 후자의 나인지 도통 분간할 수 없기 때문이다. 블랑쇼의 표현대로 "사태가 드러나지도 감춰지지도 않는 언어"(EL, 44)를 구사하는 '나'이기 때문이다. '나'의 글쓰기가 아니라 '그'의 글쓰기이다. "글을 쓴다는 건, '나'에서 '그'로 이동하는 것"이고, "이 불특정한 '그'의 요구에 응하는 것"(EI, 558)이다. 그리고 이 '그'는 "아무가 되어버린 나 자신, 타자가 되어버린 타인"(EL, 23)이다.

바르트가 주목한 건 해괴한 화자 뫼르소의 낯설고 이상한 언어였다. 기존의 비평 용어로는 도저히 형언할 개념이 없었다. 새로운 개념이 필요했다. 그래서 바르트는 이상한 화자의 특이한 화법을 "글쓰기의 영도degré zéro"(DZ, 5)라는 신조어로 명명했다. 그리고 이 신개념만으론 뭔가 모자랐는지, 다음과 같이 여러 가지로 작명하기도 했다. 하얀 글쓰기, 투명한 글쓰기, 무색의 글쓰기, 중성적 글쓰기, 객관적 글쓰기, 순진한 글쓰기, 부재의 글쓰기, 영도의 글쓰기, 등등. 그리고 한 편의 글을 「글쓰기의 영도」라는 제목으로 발표했고,[3] 바로 이 글이 「저자의 죽음」의 기원이다. 영도零度는 음도 양도 아니다. 중성이다. "글쓰기는 중성이고, 합성이고, 우리의 주체가 달아나는 사선斜線이고, 그 무엇보다도 글을 쓰는 자의 정체성 자체를 위시해서 모든 정체성이 소멸하는 흑백지대이다."(MA, 63) 이 인용문은 『이인』의 글쓰기를 떠올리지 않고선, 결코 쉽게 이해할 수 없는 문장이다. 바르트의 논리에 의하면, 중성적 글쓰기와 정체성의 상실은 밀접하게 연관되어 있다는 것인

---

3) 바르트의 이 글은 그의 지인이던 모리스 나도의 주선으로 발표되었는데, 공교롭게도 카뮈가 1943년 10월부터 1947년 6월 초까지 편집국장으로 재임하면서, 당대 프랑스 최고의 지성인 신문으로 만들었던 전설적인 일간지 『투쟁Combat』의 1947년 8월 1일자에 게재되었다. 하지만 카뮈가 편집국장을 사임한 직후여서, 카뮈와 바르트와는 직접적인 인연을 맺지 못했다. 한편, 바르트는 무명 시절에 폐결핵으로 요양하던 중, 요양원에서 발간하는 잡지 『실존』의 1944년 7월호에 「『이인』의 문체에 관한 성찰」이라는 글을 발표한 바 있는데, "소설의 인물만큼이나 낯선 문체", "무관심한 문체", "보이지 않는 문체". "문체의 비합리", "문체의 혼란"(RSE, 61), "문체의 쾌락", "부조리한 문체", "침묵의 문체이자 문체의 침묵인 새로운 문제"라 강조하면서, 한마디로 "하얀 목소리"(RSE, 63)라고 결론지었다. 바로 이 '하얀 목소리'가 「글쓰기의 영도」에서 '하얀 글쓰기'라는 개념으로 정립되었다. 또한, 바르트는 1955년 4월호 『최고의 책 클럽 회보』에도 「『이인』, 태양의 소설」이라는 서평을 발표했는데, "이 책은 하나의 보석처럼 섬세하고 정교한 소설로 오늘날에도 때 묻지 않은 흡인력을 내뿜고 있다. […] 작품이 나이를 먹으면서 잘 무르익고 있고, 시간이 흐르면서 숨어 있던 힘들이 새록새록 솟고 있다. […] 출간된 지 10년이 더 지난 오늘날에도, 이 책의 뭔가가 계속해서 노래하고, 뭔가가 우리의 가슴을 찢어놓고 있다. 이것이야말로 모든 아름다움이 지닌 두 겹의 매력이다"(ERS, 63-4)라고 극찬했다.

데, 실제로 소설『이인』은 이 두 가지 현상을 동시에 보여주는 작품이기 때문이다. 즉, 인물 뫼르소가 정체성을 상실하고서 "새 뫼로소"(E, 184)로 재탄생할 뿐만 아니라, 화자 뫼르소의 서술 형식이 중성적 글쓰기로 구현되기 때문이다.

중성적 글쓰기란 중성적 화자의 서사 기법인데, 자기를 말하면서 마치 남이 자기를 말하는 듯한 화자의 언어 행위이다. 비유하자면, 자기 집에 난 불(인물 뫼르소)을 마치 남의 집 불구경(화자 뫼르소)하듯이 서술하는 글쓰기이다. 리쾨르의 표현을 빌리면, '타자처럼 자기자신'을 말하는 글쓰기이다. 이인異人 뫼르소의 기이奇異한 언어이다. 이 낯설고 기이한 언어로 인해, 독자는 뫼르소의 실체가 인물 뫼르소인지, 아니면 화자 뫼르소인지 도무지 판단이 가지 않는다. 사실,『이인』의 성공은 그 내용보다는 그 언어 형식의 색다름과 기이함에 힘입은 바가 훨씬 더 크다. 가령, 알랭 로브-그리예와 나탈리 사로트는, 두 작가가 기꺼이 인정했듯이,『이인』의 글쓰기를 본떠서 새로운 글쓰기를 시도했는데, 바로 누보로망의 낯선 글쓰기이다. 거꾸로 말해서,『이인』의 글쓰기가 없었다면, 누보로망이라는 장르 자체가 탄생하지 못했을는지도 모른다. 이렇듯, 문학의 역사에서 신기원을 이룬 글쓰기 덕분에, 오늘날에도『이인』은 프랑스 문학인들에겐 필독서이자 애독서로 꼽힌다고 한다.

카뮈의 첫 소설의 이상하고 색다른 글쓰기를 누구보다도 일찍 간파했던 바르트는 "『이인』의 출간은 사회적 사건이었다"라면서, "건전지의 발명"(ERS, 61)에 비유하기도 했다. 그리고 이 '낯선étranger' 화자의 언어 놀이를 영도의 글쓰기라는 신개념으로 규정함으로써, 무명인 롤랑 바르트가 일약 프랑스 비평계의 총아로 탄생하게 되었다. 아마도 소설 『이인』이 없었다면, 글쓰기의 영도나 하얀 글쓰기라는 개념이 오늘날에도 탄생하지 못했을지도 모를 일이고, 어쩌면 비평가 바르트도 우리가 알고 있는 바르트와는 다른 바르트였을지도 모른다. 요컨대, 『이인』의 글쓰기는 소설의 역사상 신기원을 이룬 전대미문의 글쓰기였다. 작가 카뮈의 고백에 의하면, 『이인』은 "마치 받아쓰기나 하듯이", "어떤 노력도 없이" 그리고 "이미 내 머릿속에 그려진"(OT, 247) 듯이, 그야말로 술술 써진 작품이라고 한다. 그것도 불과 한 달 반 남짓 만에 말이다.[4] 어쩌면, 블랑쇼의 '병든 손'의 작품이거나, 발레리의 '노래하는 의미도 모르면서 노래하는 새'의 작품이기에 불후의 명작으로 남아 있는 게 아닐까.

---

4) 1940년 4월 31일 밤중에 『이인』의 초고를 탈고한 직후, 카뮈는 그해 12월에 아내가 될 프랑신 포르에게 장문의 편지를 썼는데, 이 편지에 첫 소설의 집필 과정에 대한 상세한 설명이 있다. 당시, 무명작가이던 그는 지인인 파스칼 피아의 주선으로 파리에서 발간되는 일간지 『파리-수아르』지에 근무하게 되어, 알제를 떠나 1940년 3월 16일에 파리에 도착해서, 생-제르망-데-프레에 있는 허름한 여관방에 묵게 되었다. 위 편지에 토로한 카뮈의 고백에 의하면, 파리에 도착한 날부터 낮에는 신문사에서 일하고 밤엔 원고를 쓰는, 소위 주경야독으로 한 달 반 뒤인 4월 31일 밤에 초고 집필을 마쳤는데, 전날에 쓰다 만 문장의 마지막 낱말에다 아무런 어려움 없이 다시 낱말을 이어가는 식이었다고 한다. 이후, 이 원고는 파스칼 피아를 비롯해서, 당시 프랑스 문단의 거물인 앙드레 지드, 앙드레 말로, 장 폴랑 그리고 카뮈의 스승인 장 그르니에에게 손에서 손으로 전해져 읽히게 되었다. 특히, 앙드레 말로는 단번에 무명작가의 재능을 알아보고 『이인』을 "대단한 물건"(OT, 67)이라 극찬하면서, 몇 가지 수정을 바란다는 조언과 함께, 당시 갈리마르 출판사 사장인 가스통 갈리마르에게 출판을 주선하겠다고 전했다. 이를 계기로 카뮈는 자신의 우상이던 앙드레 말로와 친분을 맺게 되었고, 1957년에 노벨문학상 수상자로 선정됐다는 소식을 접했을 때, 그의 입에서 처음 나온 말이 "말로가 탔어야 했는데"(OT, 689)였다고 한다. 결국, 『이인』의 원고는 장 폴랑에 의해 가스통 갈리마르에게 전달되었는데, 원고를 읽은 가스통 갈리마르는 1941년 12월 8일에 카뮈에게 직접 쓴 편지에서 훌륭한 작품을 크나큰 즐거움으로 읽었고, 최대한 빨리 출판하고 싶다면서 선인세와 함께 계약서를 제시했고, 이듬해인 1942년 5월에 출간되었다. 『이인』의 집필과 출간에 관련해선 졸저 『지성인 알베르 카뮈, 진실과 정의를 위한 투쟁』(울력, 2015, 78-119쪽)에 상세히 기술되어 있으니 참고하기 바란다.

사실, 언어 놀이의 대가로 정평이 난 바르트의 글쓰기 자체가 탈-주체, 탈-개인성의 글쓰기이다. 그의 자서전으로 통하는『롤랑 바르트가 롤랑 바르트를 말하다*Roland Barthes par Roland Barthes*』의 글쓰기로 단상과 단절의 언어가 놀이하는 글쓰기이다. 게다가 명색이 바르트 자신이 직접 집필한 자서전인데, 주어가 일인칭인 '나'가 아니라 삼인칭인 '그'이다. 이따금 '나'가 등장하기도 하지만, 그만큼 더 혼란스러울 뿐이다. 책 제목의 두 바르트 중 어느 쪽이 화자인지, 즉 전자의 바르트가 후자의 바르트를 말하는 것인지, 아니면 거꾸로인지, 다시 말해서 바르트-나가 바르트-그를 말하는 것인지, 아니면 바르트-그가 바르트-나를 말하는 것인지 도통 분간이 가지 않는다. 어쨌든, '그'로 둔갑한 '나'인 건 분명하고, 바르트 자신의 표현대로 '성공한' 글쓰기다. 한마디로, 언어의 놀이에 빠진 감추기-드러내기의 글쓰기다. 「저자의 죽음」의 필자에 의하면, 글쓰기 자체의 고유한 속성인 "다중적 글쓰기écriture multiple"(MA, 68)로 인해, "말은 그 기원을 상실하고, 저자는 자신의 죽음에 입성하고, 글쓰기가 시작된다."(MA, 63) 저자의 주체가 사라져야, 언어의 놀이가 논다. 바르트는『텍스트의 즐거움』에서도 저자의 죽음을 거듭 역설했다. "권위자로서의 저자는 사망했다. 시민 개인, 정념의 개인, 전기적인 개인은 사라졌다. 권위를 박탈당한 이 개인은 이제 던 자기 작품에 대해 저 터무니없는 친권을 행사하지 못한다."(PT, 39) 저자의 주체성을 "저 터무니없는 친권 행사"에 비유했던 바르트에게 저자의 죽음은 불문가지였다.

바르트에 이어 미셸 푸코도 저자의 죽음을 선언했다. "저자는 작품을 가득 채워줄 의미들의 무한한 원천이 아니다."(QQA, 839) 1969년에 콜레지 드 프랑스에서 행한 강연 「저자란 무엇인가?」에서, 푸코는 글쓰기와 죽음의 유사성에 주시하면서 다음과 같이 설파했다.

> 글쓰기와 죽음의 관계는 글을 쓰는 주체의 개성이 사라진다는 데에
> 서도 드러난다. 글을 쓰는 주체는 자신과 자신의 글 사이에 온갖 갈
> 지자형 장애물들을 설치함으로써, 자신의 독특한 개인성을 드러내는
> 모든 기호가 추적당하지 못하도록 한다. 자신의 부재라는 기이함만
> 이 작가의 흔적이다. 글쓰기 놀이에서 작가는 사자死者의 역할을 담
> 당해야 한다. 이 모든 건 익히 알려진 사실이다. 이미 오래전에 비평
> 과 철학은 이러한 저자의 사라짐 또는 죽음을 선언했다.(QQA, 821)

발레리의 표현을 빌리면, 글쓰기는 "실제 저자"에게로 가는 길은 차단
해버리고, 오직 "가상의 인물"에게 이끄는 길만을 틔운다는 말이다. 전
자와 후자는 서로 다른 나일 뿐이다. 저자의 죽음을 기정사실로 간주
한 푸코의 결론은 이렇다. "저자는 이야기의 고유한 존재 양식을 위해
스스로 지우거나, 아니면 지워져야만 한다."(QQA, 845) 홀로서기와 따
로서기가 문학 작품의 고유한 존재 양식이므로, 저자가 사라져야 작품
의 삶이 시작된다는 말이다. 푸코에 의하면, 저자의 죽음으로 빚어진
결과는 **작품의 불확실성**(QQA, 818)인데, 오히려 이 불확실성이 작품
을 살린다. 저자에 의해 고정된 의미가 아니라, 작품 자체에 담긴 미지
의 의미가 작품에 생명력을 불어넣기 때문이다. 푸코는 블랑쇼의 언어
와 글쓰기를 치밀하게 분석한 글 「바깥의 사유」에서도 "언어라는 존
재는 주체의 사라짐 속에서만 자기 자신을 위해 나타난다"(PD, 525)
라고, "언어 존재는 말하는 자의 명백한 사라짐이라는 걸 이제 우리
는 안다"(PD, 543)라고 역설했다. 특히, 푸코는 이 글에서 타자를 향해

사고의 밖으로 나와 "바깥의 경험"을 끝없이 되풀이하는 블랑쇼의 글쓰기를 "언어의 줄기찬 흐름"이라고 하면서, "아무도 말하지 않는 언어"(PD, 543)라고 강조했다. 요컨대, 블랑쇼의 언어는 "언어 그 자체에서 가장 먼 곳에 자리한 언어"(PD, 524)라는 것이다. 실제로, "나는 이제 비인칭이다"(CB, 337)라고 선언했던 말라르메의 언어, 즉 비인칭의 언어를 즐겨 구사한 작가가 블랑쇼였다.

1967년에 출간된 『문자론에 대하여』의 저자인 자크 데리다에 의하면, 글쓰기는 흔적들을 남기지만, 결국 그 흔적들은 지워져 버리기에, 작품은 "늘 무성無聲"(DLG, 424)일 수밖에 없다. "사라짐은 흔적의 구조에 속한다."(MAR, 25) 작품에선 작가의 목소리가 울리지 않는다는 말이다. "파롤의 죽음"(DLG, 424)이다. 그리고 이 파롤의 죽음이 "언어의 탄생"(DLG, 424)을 알린다. 말(파롤)의 주체는 화자이지만, 글(텍스트)의 주체는 작가가 아니라 언어라는 지적이다. 텍스트에선 저자가 아니라 언어가 말한다. 바르트와 푸코에 앞서 데리다가 이미 저자의 주체에 조종을 울린 셈이다. "글에선 주체의 자리를 타자가 차지해 버린다. 주체의 자리가 도둑맞았다."(DLG, 424). 주체의 자리를 '도둑질한' 타자는 바로 언어이다. 글에선 저자의 목소리가 아니라 언어의 소리만이 울린다. 데리다는 『철학의 언저리』에서도 시인 발레리의 글쓰기를 논하면서 이렇게 말했다. "발레리는 철학자에게 철학은 써지는 것임을 환기한다. 그리고 철학자는 자신이 철학자임을 망각하는 한에서 철학자임을."(MAR, 346) 그리고 덧붙였다. "철학자는 지우기 위해 백지 위에 글을 쓴다"(MAR, 347)라고.

익히 알려진 사실이지만, 1950년대 초부터 모리스 블랑쇼는 조르지 바타이와 함께 사뮈엘 베케트와 루이-르네 데 포레처럼 새로운 글쓰기의 신진작가들을 철학자들에게 소개하면서, 문학의 글쓰기가 철학적 사고의 밑바탕이 된다는 점을 역설했고, 실제로 당시 "작가, 철학자 그리고 예술가들에게서도 블랑쇼가 누린 극단적인 명성"(CB, 436)은 말 그대로 대단했다. 특히 푸코와 데리다에게 블랑쇼는, 크리스토프 비당의 표현을 빌리면, "'바깥의 사유'의 사부"이자 "문학의 초월적 사상가"로서 그들에게 새로운 철학적 사고의 길을 열어준 "절대 권위자"(CB, 454)였다.[5] 한때 "블랑쇼가 되기를 꿈꾼"(CB, 336) 푸코는 1967년의 한 대담에서 "문학에 관한 모든 담론을 가능케 한 건 바로 블랑쇼였다"(FEH, 593)라고 했고, 1970년의 또 다른 대담에선 "블랑쇼는 문학의 헤겔이면서, 그와 동시에 헤겔의 맞상대다"(FLS, 124)라고 칭송했다. 1940년대 말부터 블랑쇼를 탐독하기 시작했고, 블랑쇼의 글쓰기에 매료되어 누구보다도 일찍 관심을 가졌던 데리다는 철학 교수도 문학의 역사가도 아닌 블랑쇼를 "프랑스 대학에 철학 문화를 심은 독보

---

5) 블랑쇼가 푸코와 데리다에게 끼친 영향에 대해선, 크리스토프 비당이 쓴 전기 『모리스 블랑쇼』(1998)를 참고하기 바란다. 가령, 1940년대 말부터 블랑쇼를 탐독하기 시작한 푸코를 조르지 바타이에게로 이끈 건 블랑쇼였고, 바타이가 푸코를 니체에게로 이끌었다고 한다. 특히, 데리다와는 각별한 관계였는데, 1995년에 자신의 건강을 염려해주는 데리다에게 허약한 자신의 체질을 "나의 좋은 본성"(CB, 558)이라 농담을 건넬 만큼 돈독했다. 푸코와 데리다는 많은 글에서 블랑쇼를 언급했지만, 대표적으로는 앞서 인용한 푸코의 글 「바깥의 사유」(1966)와 데리다의 책 『주변』(1986)과 『머무름, 모리스 블랑쇼』(1998)를 꼽을 수 있다. 데리다는 『주변』의 첫머리에서 다음과 같이 실토했다. "아마도 이 글들은 단 하나의 같은 흐름mouvement을 기술하려고 애를 쓸 것이다. 모리스 블랑쇼의 작품이라는 유일한 작품을 향해 나아가는 이 글들은 그렇게 이 작품에 다가가려고 다시 시도할 것이다. 비록 접근하는 것조차 포기해야만 할 테지만 말이다."(PA, 9) 블랑쇼의 "유일한 작품"은 '범접조차 할 수 없는 작품'임을 강조하기 위해서였다. 데리다가 왜 책 제목으로 『주변Parages』이란 낱말을 택했는지 충분히 짐작할 수 있고, 또한 이 책에서 데리다는 블랑쇼의 『무한 대담』의 글쓰기인 대화 형식의 글쓰기를 첫 장인 「발」에 그대로 답습했는데, 이 「발Pas」이라는 제목도 블랑쇼의 책 『헛발Faux Pas』에서 '헛'을 삭제한 표현이다. 한편, 블랑쇼는 푸코가 사망한 이태 후에 『내가 상상하는 그대로의 미셸 푸코』(1986)라는 책을 출간해서 추모의 정을 담기도 했다.

적인 인물"(CB, 37)이라 평한 바 있다. 이렇듯, 블랑쇼는 프랑스 철학계에서 이른바 '재야의 거봉'이었다. 아무튼, 푸코는 「저자란 무엇인가?」를 마무리하면서 베케트의 저 유명한 무관심의 언어를 끝말로 인용했다. "누가 말을 하든 무슨 상관이랴Qu'importe qui parle."(QQA, 840) 저자의 목소리를 "무관심의 뭇소리"(QQA, 840)에 빗대기 위한 푸코식의 풍자였는데, "작가는 아무도 말하지 않는 언어의 부속물이다"(EL, 21)라고 설파했던 블랑쇼의 영향이었다. 그렇게 푸코는 저자의 죽음을 공표했다. 베케트의 저 무심한 한마디가 귓가에 맴돈다.

리쾨르의 텍스트 해석학이 텍스트의 의도를 중시하는 건 주지의 사실이다. 가령, 리쾨르는 「텍스트란 무엇인가?」에서 다음과 같이 에두르는 표현으로 저자의 죽음을 선고했다. "나는 이따금 이렇게 즐겨 말하곤 한다. 즉, 책을 읽는다는 건, 그 저자를 이미 고인으로 간주하고, 그 책을 유작遺作으로 간주하는 거라고 말이다. 사실, 저자가 죽었을 때야, 비로소 책과의 관계가 온전해지는데, 말하자면 흠결 없는intact 관계가 된다."(TA, 139) 저자의 손때가 묻지 않아야, 티 없는 책이 된다. 그러니, 자신의 책에다 '손대지' 말라. 리쾨르는 『타자처럼 자기자신』에 관한 대담에서도 같은 말을 다르게 되풀이했다. "나는 작품이 스스로 말을 한다고 생각한다. 작품의 힘은 그 저자가 죽어도 살아남는 데에 있다. 따라서 어찌 보면, 저자는 자신의 작품에 의해서 지워진 것이나 다름없다."(EPR, 229) 이제, 저자의 죽음은 고유명사가 아니라 보통명사가 되었다. 적어도 20세기 후반 이후의 프랑스 지성계에선.

이상에서 보듯이, 의도주의를 부정하는 작가와 이론가들은 저자와 작품의 분리를 필연적인 사태로 인식한다. 이것은 어머니와 아이의 관계와도 같은 이치이다. 어머니의 뱃속에서 갓 나온 순간, 탯줄을 잘

라야만 아이의 삶이 보장되고, 또한 비록 모자지간이긴 하지만, 아이와 어머니는 각각 독자적인 인격체로 존재하니 말이다. 바르트가 작가와 작품과의 관계를 "부자지간"(MA, 66)에 비유하긴 했지만, 그건 바로 모든 저자에게 "저 터무니없는 친권"(PT, 39)을 행사하지 말라고 경고하기 위해서였다. 군이 비유하자면, 소위 '마마보이'라고 불리는 이들의 삶에 대한 세인의 평가가 그렇듯이, 동일성 이론의 치명적인 결점은 작가가 자신의 작품에 친권을 행사하려는 월권행위에서 기인한다. 결국, 저자의 의도가 있느냐 없느냐의 문제가 아니라, 또한 저자의 의도 존재 자체를 부정하는 게 아니라, 설령 저자의 의도가 있다 하더라도, 작품의 의미가 저자의 의도에 국한될 수 없다는 게 반–의도주의 이론의 핵심 논지이다.

"나를 읽지 마라*Noli me legere.*"[6] (EL, 17) 블랑쇼의 표현으로, 작품이 작가에게 내리는 명령이다. 작가는 이 절대명령에 따를 수밖에 없다. "작가는 자신의 작품을 읽지 않는다."(EL, 17) 작가에게 작품은 "읽을 수 없는 것, 즉 하나의 비밀"인데, "작가가 작품과 결별했기 때문이다."(EL, 17) 그러기에 "작가는 작품 곁에 체류할 수 없다."(EL, 17) 말라르메와 발레리의 문학론을 이어받은 블랑쇼의 지론이다. 문학의 현상학적 존재론이다. 하지만 작품과의 결별이 "순전히 부정적인"(EL, 17) 사태만은 아니다. 그보다는 오히려 "우리가 작품이라고 부르는 것에

---

6) 라틴어 표현 *Noli me legere*는 블랑쇼가 지어낸 성구로, 무덤에서 갓 나온 부활한 예수가 막달라 마리아에게 했던 말, 즉 "나를 만지지 마라*Noli me tangere*"(요한복음, 20장 17절)를 풍자한 경구이다. 참고로, '읽다'를 뜻하는 라틴어 동사 'legere'와 이 라틴어 동사가 뿌리말인 프랑스어 동사 'lire'엔 '해석하다'라는 어의도 포함되어 있다. 따라서 블랑쇼의 경우는 작가에겐 자신의 작품을 해석할 권리가 없다는 속뜻을 담고 있다.

대해 저자가 취할 수 있는 유일하게 현실적인 접근법이다."(EL, 17) 역설적이게도, 작가가 작품 곁에 머물지 않을 때, 비로소 작품은 무한한 가능성을 지닌 존재로 거듭나고, 풍부한 의미를 부여받고, 영생의 기회를 얻을 수도 있다. 작가는 사라져도, 작품은 남는다. 히포크라테스의 저 유명한 경구가 떠오른다. *Ars longa, vita brevis*.

　　알베르 카뮈는 생전의 마지막 인터뷰에서 자신의 작품들을 어떤 시각으로 바라보느냐는 질문에 "난 다시 읽지 않는다. 그 모든 게 내겐 죽어 있는 거다"(ESS, 1922)라고, "난 종종 실망하고, 정말이지 진정으로 비평의 판단에 맡겨 버린다"(ESS, 1926)라고 답했다. 작가의 품을 떠난 작품은 사물死物에 불과하다. 이 사물을 생물로 만드는 건, 독자이지 작가가 아니다. 실제로, 카뮈는 사르트르의 비평「『이인』해설」을 읽고 난 뒤, 스승인 장 그르니에에게 다음과 같이 편지한 바 있다. "사르트르는 여러 점에서 제가 말하고자 했던 것에 대해 명확한 설명을 해주고 있어요. 전 또한 그의 비판 대부분이 정당하다는 걸 알고 있어요. 그런데, 왜 어조가 그토록 신랄하죠?"(CG, 88) 비평의 미덕과 정당성을 기꺼이 인정하는 작가의 고백이다. 설령 날 선 비평일지라도. 『이인』의 작가는 이렇게 말했다. "문학 작품은 늘 여러 가지 해석들이 가능하다"라고, "한 편의 문학 작품은 늘 자신의 의미를 찾아 나선다"(TRE, 206)라고.

홀로서기와 따로서기

저자의 의도를 부정하는 발레리가 작품의 주권을 전적으로 옹호했던 건 필연적인 이치이다. "창작된 작품의 진정한 의미란 없는 법이다. 그리고 저자가 다른 누구보다 더 정당하고 확실하게 그 의미를 드러낼 수 있는 것도 아니다. 그럴 경우, 다른 작품이 될 것이다. 저자에게로 눈을 돌려서는 안 된다. 그럴 게 아니라, 작품에 머물면서, 작품의 도움으로, 자기가 직접 캐낼 수 있는 모든 의미를 작품에 돌려주려고 노력해야 한다."(VC, 1203) 작품만을 바라보라. 작품 안에 머물라. 저자를 외면해야 작품의 의미를 캐낼 수 있다. 시인이 독자들에게 전하는 소중한 조언이다. 위에서도 지적했듯이, 블랑쇼와 바르트, 푸코와 데리다에 훨씬 앞서, 일찍이 저자의 죽음을 선고하고, 작품의 주권을 인정했던 건 시인 발레리였다. 거꾸로 보면, 발레리의 선언이 있었기에, 후대의 프랑스 작가나 철학자들이 문학의 현실을 직시할 수 있는 눈이 틔었던 것이었다. 물론 말라르메도 잊어선 안 될 것이다. 사실, 발레리와 블랑쇼에게 문학의 진리를 깨우쳐준 건 말라르메였다. 말라르메의 문학 사상은 저 유명한 '말라르메의 화요일'의 단골손님이었던 발레리에게 전수되었고, 스승인 말라르메에게 평생 충실했던 발레리를 거쳐 블랑쇼에게. 그리고 블랑쇼를 거쳐 푸코와 데리다에게로 이어졌다. 이른바 '문학의 나라'다운 풍경이다.

말라르메, 발레리, 프루스트, 지드, 카뮈, 블랑쇼, 레비나스, 바르트, 푸코, 데리다, 등등. 위에 거론된 작가와 철학자들은 해석학의 이론가가 아니다. 그러나 그들의 문학론이 언어 자체의 시위를 인정하면서, 텍스트의 자립을 주장하는 해석학의 입장과 맞닿아 있는 사실은 주목할 만하다. 아마도 문학의 보편성을 그리고 해석학의 보편성을 보여주는 대표적인 사례일 것이다. 문학과 철학의 만남은 서구 지성계에선 너무나 당연하고 너무나 자연스러운 만남이다. 문학을 등진 철학자가 없고, 철학을 외면하는 문학인은 없다.「철학과 문학」의 필자인 가다머는 이렇게 말했다.

> 모든 '문학'의 공통적 특질은, 명백하게도 어쨌거나, 작가가 사라진다는 데에 있다. 왜냐하면 작가는 언어의 시위에 자신이 아무것도 덧붙일 수 없다는 생각에 따라 아주 전적으로 언어의 시위를 인정하기로 작정했기 때문이다. 모든 게 텍스트의 낱말들에 담겨 있다. 그 낱말들이 텍스트로서 시위하는 그대로 말이다. 바로 이것을 우리는 글쓰기 예술이라고 부른다.(AC2, 179)

문학의 공통적 특질을 인정하는 작가, 즉 문학이란 언어의 놀이임을 인정하는 작가는 "언어의 시위"를 전적으로 인정한다. 그게 작가의 본분임을 알기 때문이다. 거듭 되풀이하지만, 글쓰기 예술의 본질은 언어의 놀이에 있다. 그리고 이 놀이의 주체는 언어 자체이다. 글쓰기 개념에 대한 새로운 성찰이다. 서구 철학의 전통에서 글쓰기 개념은 오랫동안 망각에 빠져있었다. 글쓰기 개념이 마침내 철학적 사유의 무대에 등장한 건 언어에 관한 가다머의 현상학적 인식론에서다. 언어 현상의 본질은 언어가 스스로 말을 한다는 데 있다. 언어의 현상학이다. 언어의 존재론이기도 하다. 언어에 대한 현상학-존재론적 시각에서 보면, 글쓰기는 작가를 작품의 언어로부터 추방해버린다. 글쓰기 예술의 산물인 문학 작품의 언어는 추방된 작가의 주체와는 따로 그리고 홀로선 주체이다. 텍스트의 의미는 "낱말들이 텍스트로서 시위하는 그대로의 언어" 안에 담겨 있는 것이지, "사라진" 작가의 유혼幽魂에서 나오는 게 아니다. 바로 이것이 글쓰기 예술의 현상학이고, 언어의 존재론이다. 이런 점에서 보면, 글쓰기에 대한 현상학적-존재론적 성찰이 텍스트 해석학의 모태 사고라고 할 수 있다.

　『진리와 방법』의 저자에 의하면, "누군가의 말을 이해한다는 건, 말해진 것에 대해 합의하는 것이지, 타자에게 전이해서 그의 지나온 삶을 재생하는 게 아니다."(VM, 229) 다시 말해서, "누군가의 말을 이해한다는 건, 말하는 자의 정신적 삶을 추측하려 하는 감정이입 작업이 아니다."(VM, 345) 그러므로 발화된 말의 의미는 "말하는 자에게가 아니라, 말해진 그것에 귀속된다."(VM, 345) 글로 고정된 말의 주인은 말의 생산자가 아니라 글 그 자체이다. "글쓰기와 더불어 언어는 그 산실에서 벗어나는 힘을 얻는다."(VM, 236) 글쓰기 덕분에 언어는 작가의 품에서 벗어나 자신의 주인이 되고, 작가의 품을 떠난 작품은 언어 존재로 자립한다. "글쓰기로 고정된 것에선 말해진 것의 의미가 오로지 자기 자신에게만 현전한다."(VM, 239) 글의 의미는 글쓴이가 아니라 글 자체에 귀속된다는 부연이다. 가다머의 지론을 요약하면 다음과 같다. "이해의 문제는 텍스트의 기원을 재구성해내는 '역사적인 이해'가 결코 아니라, 그와 반대로 우리가 **이해**하려고 하는 건 **바로 텍스트 그 자체이다.**"(VM, 234) 텍스트의 기원을 재구성하는 역사적 이해는 전기 비평의 몫이다. 해석학의 관점에서 보면, "한 저자의 사고를 재구성하는 건 전혀 다른 과제이다."(VM, 219) 해석학의 대상은 "저자의 생산적 주체"(AC1, 44)가 아니라, 의미 생산의 주체로서의 텍스트이다.

　해석학은 흔히 해석의 이론 또는 이해의 예술이라 불린다. 그렇다면, 해석과 이해의 대상은 무엇인가? 텍스트이다. 리쾨르는 「텍스트란 무엇인가?」에서 텍스트를 "글쓰기로 고정된 모든 담화"(TA, 137)라고 정의했다. 이 정의에 따르면, "글쓰기에 의한 고정"(TA, 137)은 텍스트를 구성하는 필수요건이다. 그렇다면, 글쓰기에 의한 고정이 가져오는 결과는 무엇인가? 다시 말해서 말이 글이 될 때, 담화에 어떤 일이 빚어지는가? 리쾨르의 대답은 명료하다. "무엇보다도 글쓰기는 저자의 의도로부터 텍스트를 자립시킨다. 텍스트가 의미하는 건 저자가 말하고자 했던 것과 일치하지 않는다. 언어적 의미, 즉 텍스트의 의미와 정신적 의미, 즉 심리적 의미는 이제 서로 다른 운명을 안고 있다."(TA, 111) 글쓰기에 의한 고정이 가져오는 가장 근본적인 결과는 텍스트가 "자기소외적 거리두기distanciation aliénante"(TA, 101)를 하는 데에 있다. 가다머의 입장도 다를 바 없다. "글쓰기에 의한 고정은 해석학적 현상의 핵심에 해당한다. 글쓰기로 인해 작가나 저자로부터 독립된, 또한 특정하게 지명된 수신인이나 독자로부터 독립된 실존이 구현된다는 점에서 말이다."(VM, 239) 가다머는 글쓰기로 비롯된 이런 현상을 "자기소외Selbst-Entfremdung"(VM, 237)라 지칭한다.

가다머의 고유 개념인 자기소외에 대해 리쾨르는 다음과 같이 설명한다. "글쓰기 덕분에 담화는 삼중의 의미 자립을 획득한다. 즉, 발화자의 의도로부터, 원래 청자가 수용했던 의미로부터, 그리고 담화 당시의 경제적, 사회적, 문화적 상황으로부터."(TA, 31) 가다머와 리쾨르는 글쓰기로 고정된 담화인 텍스트가 독립된 존재로서 삼중의 의미 자립을 하는 존재론적 사태를 거리두기Verfremdung/distanciation라는 개념으로 통칭한다. "텍스트가 텍스트로서 존립하는 공통적인 특질"을 지칭하는 개념이 거리두기인데, "텍스트에 담긴 의미가 저자의 의도로부터, 담화의 원래 상황으로부터, 그리고 최초의 수신인으로부터 이미 **자립해** 있다"(TA, 48)는 존재 현상을 일컫는 해석학 용어이다. 리쾨르의 설명을 들어보자. "글로 된 담화에선 이제 더는 저자의 의도가 텍스트의 의도와 일치하지 않는다. 텍스트의 언어적 의미와 정신적 의도의 분리야말로 글이 된 담화가 빚어내는 진정한 관건이다. […] 텍스트의 행로는 그 저자가 체험한 유한 지평을 벗어난다. 텍스트가 말하는 건 저자가 말하고자 했던 것보다 훨씬 더 중요하다."(TA, 187) 가다머 역시 다음과 같이 지적했다. "글로 고정된 것은 그 기원의 우발성이나 그 저자에게서 벗어나 해방되어 있고, 적극적으로 새로운 관계를 맺는다."(VM, 243) 거리두기에 의한 텍스트의 따로서기와 홀로서기가 가져오는 결과는 다음과 같다.

> 한 편의 작품은 그 작품에 고유한 내적인 문제를 가지고 있으며, 고유한 질문들에 대한 자신의 고유한 대답들을 품고 있다.(EPR, 235)

자문자답의 능력을 지닌 모든 예술 작품의 존재 양식이다. 가다머가 놀이의 존재 양식이 곧 예술 작품의 존재 양식이라고 한 것도 바로 이런 이유에서다. 놀이의 주체가 놀이 자체이듯이, 예술 작품의 주체는 작품 자체이기 때문이다. 마찬가지로, 시인 발레리가 독자들에게 오로지 작품만을 바라보며 작품 안에 머무르라고 조언했던 것도 문학 작품의 존재 양식을 철저하게 인지했기 때문이다. 그러므로 독자에게 주어진 과제는 작품의 외부(일테면, 작가의 삶이나 시대 상황 등)에서 문제의식을 찾으려 할 게 아니라, 오로지 작품의 내부에서 찾아내어 작품 스스로 문제를 해결하게 하는 데에 있다. 이런 시각에서 보면, 텍스트에 담겨 있는 질문들을 활성화해서 텍스트 자체가 이 질문들에 대답하도록 추동하는 문답 놀이는 해석학적 읽기의 유일무이한 방법론이다.

설명과 이해의 변증법

모든 예술 작품은 늘 현재 의미를 지닌다. 이른바 "삼중의 의미 자립"(TA, 31)으로 인해 자기소외된 텍스트의 언어가 스스로 말을 하기 때문이다. 특히, 온라인 이북으로 재탄생한 텍스트는 지구촌 어디에서나 언제든지 접근할 수 있기에, 박물관의 두꺼운 유리 전시관에 갇힌 박제 유물과 같은 사물이 아니다. 텍스트를 과거의 유물로 간주해서 과거의 언어로 해석하는 건 역사학자의 직무이지 해석학자의 과제가 아니다. 일테면 성경은 생명의 말씀으로 살아 있는 언어이기에, 성서 해석학자들에 의해 시대마다 다르고 새로운 해석이 나오곤 한다. 말씀이 말을 하기 때문이다. 이와 마찬가지로 문학 텍스트는 시공간을 초월해서 살아 있는 언어로 말을 한다. 자기소외로 인한 텍스트의 홀로서기와 따로서기가 가져오는 존재론적 결과이다. 가다머의 설명을 들어보자.

> 글의 형식으로 전해진 모든 것은 모든 현재와 동시대적이다. 따라서 글은 과거와 현재의 공존이 이루어지는 유일한 장이다. 현재의 의식이 글로 된 모든 전승에 자유로이 접근할 수 있다는 점에서 말이다.(VM, 236)

> 독서를 통해 이해한다는 건, 과거의 무엇인가를 반복하는 게 아니라, 현재 의미sens présent에 참여하는 것이다.(VM, 239)

> 이해는 심리적인 전이가 아니다. 이해의 의미 지평은 저자가 염

두에 두었던 것에 의해서도, 텍스트가 집필된 당시의 원 수신인의 지평에 의해서도 제한될 수 없다.(VM, 242)

사실, 텍스트는 저자의 주체의 생생한 표현으로 이해해달라고 요구하지 않는다. 따라서 텍스트의 의미는 거기에 한정될 수 없다.(VM, 242)

자기소외가 가져오는 존재론적 결과는 텍스트의 현재성이다. 텍스트는 현존재의 하나이다. 리쾨르에 따르면, "텍스트의 문장들은 지금 여기에서*hic et nunc* 의미를 발산한다."(TA, 153) 문학 텍스트는 시공을 초월해서, 바로 지금 여기에서, 즉 "오로지 현재 있는 곳에서"(DLG, 424) 의미의 주체로 홀로서기 한다. 텍스트 해석학의 기본 원리이다. 텍스트의 현재성을 주창하는 가다머와 리쾨르의 지론이다. "텍스트의 의미 의도는 명백하게도 그 저자가 염두에 두었던 걸 넘어선다. 이해의 사명은 무엇보다도 텍스트의 의미 자체와 관련되어 있다."(VM, 219) 텍스트의 의미는 저자의 의도가 아니라 텍스트 자체의 의도에 있다는 게 가다머의 지론이다. 리쾨르의 지론도 다를 바 없다. "해석한다는 건 텍스트의 의도를 지금 여기에서 우리의 것으로 만드는 것이다."(TA, 155) 텍스트의 현재성은 독자가 텍스트의 현재 의미에 참여한다는 원리를 일컫는 해석학 개념이다.

해석학적 관점에서 보면, 텍스트의 현재성이 저자의 의도와 텍스트의 의도를 분리한다. 따라서 다음과 같은 가다머의 지적은 정당하다. "저자의 사고를 재구성하는 건 전혀 다른 사명이다."(VM, 219) 리쾨르의 지적도 마찬가지다. "자신의 텍스트에 부재한 저자의 의도 자체가 해석학의 문제가 되어버렸다."(TA, 31) 이렇듯, 가다머와 리쾨르의 텍스트 해석학은 심리적 전이를 통해 저자의 의도를 파악할 수 있다는 슐라이어마허와 딜타이의 낭만주의 해석학과 배치된다. 가다머에 따르면, "작품은 언제나 자기만의 현재를 지니고 있다. 실제로, 작품은 저자의 의도와는 전혀 일치하지 않는 진리의 표현이다. 예술 작품은 스스로 자신의 말을 전한다."(AC2, 139-40) 작품의 따로서기와 홀로서기가 빚어낸 필연적 사태이다. 발레리가 "나의 의도는 나의 의도일 뿐이고, 작품은 작품이다"(VO2, 557)라고 역설한 것도 예술 작품의 자율성이 저자의 의도보다 우위에 있음을 인식했기 때문이다. 「해변의 묘지」의 시인은 놀이의 존재 양식이 곧 예술 작품의 존재 양식이라는 해석학적 진리를 가다머보다 훨씬 앞서 터득했던 셈이다.

이상에서 보듯이, 텍스트의 자율성과 현재성은 글쓰기 개념에 대한 새로운 인식에서 출발한 해석학의 현상학적-존재론적 진리이다. 현대 해석학의 대작*opus magnum*으로 통하는 『진리와 방법』의 저자에 따르면, "언어가 그 진정한 영성spiritualité을 얻는 건 바로 글쓰기에서다."(VM, 238) 그 이유는 다음과 같다. "글로 고정된 것에선, 말해진 것의 의미가 대화 시의 표현의 감성적 요인들로부터 전적으로 분리되어 있기에, 그 의미는 오로지 말해진 것 자체에만 현전한다. 텍스트가 바라는 건, 삶의 표현으로서가 아니라, 바로 그 텍스트가 말하는 것 안에서 이해받는 것이다."(VM, 239) 글쓰기로 인한 텍스트의 자립이 언어에 "진정한 영성"을 안겨준다는 말이다. 글쓰기로 고정된 사실 자체만으로도, 언어는 "막중하고 특별한 권위"(VM, 110)를 부여받은 자립 존재로서, 그 언어를 이해하려는 자에게 "전적인 주권"(VM, 238)을 양도하기 때문이다. 그래서 가다머는 "글은 언어의 순수한 이상향이다"(VM,

239)라고 했다.

하지만 "순수한 이상향"이 구현되어 "진정한 영성"을 얻은 언어도, 독자가 말을 걸지 않는 한, 영혼 없는 언어에 불과하다. 이 잠든 언어를 깨우는 건 독자의 몫이다. 글에 숨을 불어넣는 게 독자의 일이다. "글은 자기소외 형식의 하나이다. 텍스트 읽기를 통해 이 자기소외를 허무는 것, 바로 이것이 이해의 숭고한 사명이다."(VM, 237) 해석학의 사명은 소외된 담화에 살아 있는 의미를 부여하는 데 있다. 다시 말해서, "모든 글은 일종의 소외된 말이므로, 기호를 담화와 의미로 다시 변환해야 한다. 글쓰기에 의해 의미가 일종의 자기소외를 당했다는 사실로 인해서, 이러한 재변환은 해석학의 진정한 과제가 된다."(VM, 240) 글쓰기로 인해 말이 글로 고정되면, 이 글은 자기소외를 감수하면서 홀로서기 하기에, "해석이 텍스트를 언어로 옮겨내야 한다."(VM, 245) 텍스트의 외로움을 달래주고, 언어의 영성을 부활하는 건, 이제 독자에게 주어진 과제다.

텍스트의 현재성을 인정하는 해석자에겐 이제 텍스트를 어떻게 읽을 것인가의 문제가 남아 있다. 『텍스트에서 행동으로』의 저자에 의하면, 두 갈래의 길이 있는데, 설명과 해석이다. "설명은 텍스트의 정태성을 구성하는 내적인 연관 관계, 즉 그 구조를 밝혀내는 것이다. 반면에, 해석은 텍스트가 열어젖힌 사고의 길을 따라가는 것, 즉 텍스트의 **진로**$orient$를 따라나서는 것이다."(TA, 156) 리쾨르의 지론에 의하면, 설명은 구조주의 분석에 해당하고, 해석은 해석학적 이해에 해당한다. 설명의 차원에선 단지 텍스트의 "의미$sens$"만이 "내적 관계라는 구조" 안에 담겨 있을 뿐인 데 반해서, 해석의 차원에선 "함의$signification$"가 "읽는 주체의 고유한 담화에서 활성화된다."(TA, 153) 여기에서 의미와 함의의 관계는 기호론과 의미론의 관계와 같다. "의미에선 텍스트가 단지 기호론 차원에 머물러 있었지만, 이제 함의에선 텍스트가 의미론 차원에 도달한다."(TA, 153) 달리 말하면, 기호론 차원의 의미는 겉뜻(형식 의미)이고, 의미론 차원의 함의는 속뜻(해석 의미)이라 할 수 있다.

이처럼, 의미와 함의를 구분하는 리쾨르는 "텍스트 자체에서"(TA, 32)라는 전제 아래 해석학의 과제를 두 가지로 설정한다. 하나는 "작품의 구조를 관장하는 내부 역학"을 **설명**하는 것이고, 다른 하나는 "작품이 작품 밖으로 기투하는 힘"에 의해 탄생하는 "진정으로 텍스트의 '그것'일 수도 있는 세계", 즉 "내가 거주할 수도 있는 세계"(TA, 32)를 **이해**하는 것이다. 「해석에 대하여」의 필자는 다음과 같은 결론에 이른다. "내부 역학과 외부 기투는 내가 텍스트 작업이라 부르는 것의 구성 요소이다. 이 이중의 텍스트 작업을 재구성하는 게 해석학의 과제이다."(TA, 32) 요약하자면, 텍스트 해석학의 사명은 작품의 **구조**를 **설명**하는 **기호론적** 읽기와 작품의 **의미**를 **이해**하는 **의미론적** 읽기를 아울러 수행하는 데에 있다. 이것은 리쾨르 철학의 열린 정신을 보여주는 대표적인 사례이기도 한데, 구조주의 방법론과 일정한 거리를 유지하는 가다머와 달리, 리쾨르는 구조주의 분석의 설명을 해석학적 이해에 적극적으로 수용해야 한다고 주장하기 때문이다. "더 많은 설명이 더 나은 이해를 낳는다."(TR2, 13) 리쾨르의 텍스트 해석학이 내건 기치이다.

따라서, 빌헬름 딜타이가 주장했던 설명(자연과학)과 이해(인문과학)의 대립 관계에서 벗어나, 설명과 이해를 "하나의 **해석학 궁자**"(TA, 155) 위에 재배치하면, "더 많은 설명이 더 나은 이해를 낳는다."(TR2, 54) 바로 이것을 리쾨르는 "설명과 이해의 변증법"(TA, 33)이라 부르는데, 여기에서 변증법이란 "설명과 이해가 배타적 관계에 있는 두 축을 이루는 게 아니라, 해석이라는 복합적인 과정에 관련된 계기들을 구성한다"(TA, 162)는 의미에서다. "결국, 설명과 이해 그리고 이해와 설명의 상관관계가 '해석학적 순환'을 구성한다."(TA, 211) 설명과 이해를 대립 개념으로 설정했던 딜타이와는 달리, 리쾨르는 설명과 이해의 상보성과 순환성을 강조했는데, 바로 이 점이 리쾨르 해석학의 특수성이자 독창성이다. 요컨대, 딜타이와 리쾨르의 근본적인 차이는 '설명과 이해의 대립'과 '설명과 이해의 순환'의 충돌에 있다고 할 수 있다.

텍스트의 그것, 텍스트의 의향

텍스트의 자립을 인정하는 해석자에겐 이제 근본적인 물음이 남아 있다. 해석학의 가르침을 따를 때, 텍스트를 어떻게 대해야 할 것인가? 즉, 어떤 태도로, 어떤 마음가짐으로 텍스트와 만날 것인가? 가다머의 대답은 명료하다.

> 텍스트를 이해한다는 건, 다름이 아니라, 이 텍스트가 무엇인가를 말하도록 내버려 둘 각오가 되어 있다는 것이다. 해석학의 가르침에 단련된 의식은 애초부터 텍스트의 타자성altérité du texte에 마음의 문이 열려 있어야만 한다.(VM, 107)

텍스트의 타자성. 따로서기와 홀로서기로 빚어진 텍스트의 새로운 위상을 일컫는 개념이다. 텍스트의 주체를 전적으로 인정하는 해석학의 시각이 오롯이 각인된 개념인데, 이 주체는 저자에게도 독자에게도 자신의 주권을 인정하라고 요구한다. 텍스트의 저자는 물론이고, 텍스트와 마주한 해석자도 텍스트의 주체를 타자로서 인정하라는 주문이다. 리쾨르의 표현을 빌리면, "타인의 타자성altérité d'autrui"(SA, 380)을 인정해야 한다. 독자에게 텍스트는 대화의 상대자이고, 이 대화에선 저자의 목소리가 아니라 텍스트의 언어가 말을 한다. 이러한 "언어의 근본 역할"을 강조하기 위해서, 가다머는 "타자의 **타자성**Altérité de l'autre"(AC2, 18)이라는 표현을 쓰기도 했다.

텍스트는 언어의 주체로서의 주권자이다. 해석학적 독자의 관점에서 보면, 텍스트는 자기의 언어로 자기를 말하는 하나의 타자이다. 텍스트의 타자성이란 자기 언어로 자기를 말하는 텍스트의 주체성을 일컫는다. 해석학이 텍스트의 의도나 텍스트의 지평과 같은 용어를 사용하는 것도 텍스트의 주체성을 타인의 타자성으로 인정하기 때문이다. 텍스트의 타자성을 인정할 때, 해석자의 지평이 텍스트의 지평과 만나 "지평의 융합"(VM, 147)이 이루어지고, 그때 의미 사건이 벌어지면서 의미 발현이 일어난다. 결국, 텍스트의 타자성을 인정한다는 건 텍스트의 언어를 인정하는 것이다. 그러므로 해석학적 의식이 텍스트의 타자성에 마음의 문을 열어야 한다는 말은 애초부터 저자의 의도가 아니라 텍스트의 의도에 눈을 돌려야 하는 해석자의 태도를 일컫는다.

그렇다면, 텍스트의 타자성에 마음의 문을 연 해석자에게 해석의 구체적인 대상은 무엇인가? 리쾨르의 대답을 들어보자. "한 편의 이야기에서 이해해야 할 것은 무엇보다도 텍스트 뒤에서 말하는 자가 아니라, 무엇인가에 대해 말해진 그것, 즉 **텍스트의 그것**, 다시 말해 작품이 실제로 텍스트의 전면에 전개하는 그런 세계이다."(TA, 168) 달리 표현하자면, "결국, 텍스트에서 해석해야 할 것은 세계에 대한 제안이다. 나의 가장 고유한 가능성들 가운데 하나를 기투하기 위해서, 내가 거주할 수도 있는 그런 **세계에 대한 제안**이다. 바로 이것이 내가 텍스트의 세계라 부르는 것이다. 즉, **이** 유일한 텍스트에 고유한 세계 말이다."(TA, 115) 리쾨르가 밝히고 있듯이, 해석의 구체적인 대상은 텍스트의 그것 또는 텍스트의 세계이다.

'텍스트의 그것'은 가다머의 텍스트 해석학을 대표하는 개념이다. 그런데 정작 『진리와 방법』에선 '텍스트의 그것la chose du texte'이라는 표현은 찾아볼 수 없다. 가다머는 대개 '그것la chose'이나 '어떤 것une chose'으로, 이따금 '그것 자체'나 '그것 그 자체'로 표기하고, 위 책의 끄트머리에 가서야 비로소 "말해진 어떤 것"(VM, 341) 또는 "진술된 그것"(VM, 345)으로 설명하고, 그리고 딱 한 차례 "그것, 즉 텍스트의 의미"(VM, 320)라고 명시했다. 이런 까닭에, 리쾨르는 '그것'에 인용부호를 사용해서 "텍스트의 '그것'"(TA, 117)으로 표기하거나, 이탤릭체를 사용해서 **"텍스트의 그것"**(TA, 100)으로 표기하기도 한다. 이렇듯, '텍스트의 그것'이란 용어는 리쾨르를 비롯한 가다머의 해석자들에 의해 일반화된 표현인데, 그 후 해석학의 통용어가 되었음을 밝혀둔다.

그렇다면, 가다머가 말하는 '그것'은 구체적으로 무엇을 뜻하는가? 해석학에선 모든 물음에 대한 답이 텍스트 자체에 들어 있는 법이다. 실제로, 『진리와 방법』엔 '그것'에 대한 저자 자신의 오롯한 풀이가 있다. "이해할 수 있는 건 언어이다. 달리 말하면, 그것이란 그것이 그것 자체로부터 이해에서 드러나는 그런 것이다."(VM, 330) 이 풀이에서 "그것 자체"는 '언어가 말하는 것'이고, "이해에서 드러나는 그런 것"은 '언어가 무엇인가에 관해 말하는 그것'이다. 전자는 '텍스트가 말하는 것'에, 후자는 '텍스트가 말하고자 하는 것'에 해당한다. 다시 말해서, 전자는 텍스트의 '의미'를, 후자는 텍스트의 '의향'을 말하는데, 이 의향 개념을 구체적으로 표현하면, "텍스트가 언급하는 그것"(VM, 219) 또는 "텍스트가 언송하는 그것"(AC1, 45)이다. 가다머 자신이 "한 텍스트의 의미는 그 텍스트가 말하고자 하는 그것과 연관되어 있다"(AC2, 32)라고 설명하듯이, 텍스트의 그것은 텍스트의 의향을 갈음하는 개념이다. 가다머는 1960년 제6차 독일 철학총회에서 발표한 「'어떤 것$_{res}$'의 본성과 사태의 언어」라는 글에서, '그것'을 라틴어 '어떤 것'의 동의어로 간주해서 "미정 상태로 생각된 무엇"(AC1, 123-4)이라고 정의했는데, 바로 이 '무엇'을 밝혀내는 게 해석자의 과제이다. 리쾨르의 설명에 의하면, **텍스트의 그것**이란, 이젠 저자에게 속하지 않고, 아직 독자에게 속하지도 않은 것이다."(TA, 100) 그러므로 '텍스트가 말하는 것'(의미)에서 '텍스트가 말하고자 하는 것'(의향)을 풀어내면, 바로 이 풀이가 '텍스트의 그것'이 된다. 굳이 덧붙이자면, '그것'에 대한 위의 정의에서도 보듯이, '그것'이라는 용어 자체에 언어의 산물인 텍스트라는 개념이 이미 포함되어 있으므로, 동어반복적 표현인 '텍스트의 그것'이라고 표기하지 않아도 될 터이다. 흔히, '언어 기호'를 그냥 단순히 '기호'로 표기하듯이.

리쾨르는 '텍스트의 그것'이란 용어를 그대로 사용하기도 하지만, 동의어로 '텍스트의 세계'를 사용하기도 한다. 텍스트의 세계란, 그 텍스트가 제안하는 세계로 "우리가 거주할 수 있고, 우리의 가장 고유한 잠재력을 펼칠 수도 있는 세계"(TR3, 149)를 가리킨다. 결국, '텍스트의 그것'(가다머)과 '텍스트의 세계'(리쾨르)는 유사 개념인데, 리쾨르는 '텍스트의 세계'를 다음과 같이 상세하게 설명하고 있다.

텍스트의 심층 의미는 저자가 말하고자 했던 게 아니라, 텍스트가 **다루고 있는 것**, 즉 겉으로 드러나지 않은 의향들références이다. 그리고 이 드러나지 않은 텍스트의 의향은 텍스트의 심층 의미가 열어젖히는 그런 세계이다. 따라서 우리가 이해해야 할 것은 텍스트 뒤에 숨겨진 무엇이 아니라, 텍스트 앞에 전개된 무엇이다. 이해의 대상은 담화의 원래 상황이 아니라 가능성의 세계를 지향하는 그것이다. 이해는 저자와 저자의 상황과는 전혀 무관하다. 이해는 텍스트의 의향들이 열어젖히는 제안된 세계들을 지향한다. 텍스트를 이해한다는 건 의미에서 의향으로, 즉 텍스트가 말하는 것에서 텍스트가 언송하는 것으로 나아가는 텍스트의 진행을 따라가는 것이다."(TA, 208)

위 인용문에서 보듯이, 리쾨르는 텍스트의 속성을 두 가지로 구분하고 있는데, 하나는 '텍스트가 말하는 것'이고, 다른 하나는 '텍스트가 언송하는 것'이다. 전자는 텍스트의 '의미sens'를, 후자는 텍스트의 '의향référence'을 지칭한다. 이러한 구분은 리쾨르가 자주 언급하는 에밀 뱅베니스트의 담화 이론에서 출발한 것으로, 언어학자는 담화를 다음과 같이 정의한다. 누가 누구에게 무엇에 관해 무엇을 말한다. 모든 말은 **무엇에 관한** 말이라는 인식에서 출발한 담화 행위의 기본 공식이다. 위 공식에선 전자의 무엇이 의향에, 후자의 무엇이 의미에 해당하는데, 담화에는 '의미의 무엇'만이 현전할 뿐, '의향의 무엇'은 담화가 지향하는 무엇인가이다. 따라서 '의향의 무엇'은 오로지 '의미의 무엇'에서 추출해서 밝혀내야 한다. 이런 점에서 보면, '텍스트의 그것'도 뱅베니스트의 담화 이론과 무관치 않은데, 위에 인용한 가다머의 '그것'에 대한 정의에선 '그것 자체'가 '의미의 무엇'이고, '이해에서 드러나는 그런 것'

이 '의향의 무엇'에 해당하기 때문이다. 리쾨르가 텍스트의 속성을 의미와 의향으로 구분하는 것도 글쓰기로 고정된 담화인 텍스트가 담화의 원래 속성을 지니고 있기 때문이다.

　의미와 의향의 구분은 텍스트라는 개념의 뿌리말인 라틴어 동사 '짜다texere'에서도 확인될 수 있는데, 가다머는 텍스트의 원래 개념을 이렇게 풀이한다.

> 텍스트란 짜임texture을 뜻한다. 즉, 텍스트는 서로 다른 실들로 만든 옷감tissu을 의미하는데, 이 실들은 서로서로 너무 촘촘히 짜여 있어서, 그 전체가 하나의 옷감이 되고, 이 옷감은 자기만의 짜임새를 지니고 있다. 아마도 이건 예술 작품에만 국한된 게 아니라, 모든 언어 표현에 적용된다고 할 수 있다. 하지만 시 작품에선 텍스트의 옷감이 새로운 농도를 얻는다. 사실, 시란 바로 이런 것이다. 즉, 시는 하나의 텍스트인데, 음과 뜻이 텍스트 자체 안에서 텍스트에 농도를 입히고, 그렇게 텍스트를 분해할 수 없는 일체의 한 덩이로 응축한다.(AC2, 187)

실을 잣듯이, 시를 짓는다. 한 편의 시가 음과 뜻이 얽히고설켜 농익은 언어의 얼개가 되듯이, 텍스트는 씨줄의 언어와 날줄의 언어로 짜인 언어 얼개로서 자기만의 고유한 짜임새를 가진 수제 옷감과 같은 것이다. 단, 텍스트라는 옷감의 재질은 실이 아니라 언어라는 점에서, 옷감과 텍스트는 다른 성질의 질료이므로, 옷감의 실에는 의미만 있지만, 텍스트의 언어엔 의미뿐만 아니라 의향도 있다. 언어가 스스로 말을 하기에, 텍스트는 의미의 터인 동시에 그 의미에서 솟는 뜻인 의향의 산실이기도 하다. 그리고 옷감의 질이 그 짜임새의 밀도와 농도에 의해 결정되듯이, 언어의 놀이가 짜낸 언어 얼개로서의 텍스트의 의향은 이 놀이의 고유한 짜임새에 의해 결정된다. 그래서 『진리와 방법』의 저자는 "해석학적 과제의 보편성은 바로 각각의 텍스트가 그 텍스트에 고유한 지향 의미에 따라 이해되어야 한다는 사실에 기초한다"(VM, 177)라고 했다. "자기만의 짜임새"를 가진 텍스트에서 "그 텍스트에 고유한 지향 의미"를 찾아내는 데에 해석학의 과제가 있다는 것이다.

텍스트의 말과 해석자의 겹-말

자 이제, 텍스트 해석학이 해석자에게 부여하는 과제는 분명해졌다. 해석의 궁극적인 대상은 텍스트의 의미(텍스트가 말하는 것)가 아니라 텍스트의 의향(텍스트가 언송하는 것)이다. 텍스트의 의향은 텍스트의 그것(가다머)과 텍스트의 세계(리쾨르)를 아우르는 용어인데, 리쾨르는 이 텍스트의 의향 개념을 구체화해서 '텍스트의 의도[7]'라는 용어를 사

---

7) 앙투안 콩파뇽은 이 '텍스트의 의도intention du texte'라는 개념을 "오류어법solécisme"이라고 지적하면서, "텍스트엔 의식이 없기에 '텍스트의 의도'라고 말하는 건, 곧 해석의 최후의 보루로 저자의 의도를 슬그머니 재도입하는 것이다"(DT, 87)라고 리쾨르를 비판했다. 과연 이런 비판이 가능한가는 독자들의 판단에 맡기는 게 상책일 것이다. 하지만 콩파뇽의 오류 논리는 지적하지 않을 수 없다. 이를테면, 하이데거는 언어를 '존재의 집'이라고 했는데, 콩파뇽의 논리대로라면, 언어에 존재가 머물 수 있는 물리적 공간이 없기에, 이 또한 오류어법이 아닌가? 게다가, 콩파뇽 자신이 무수히 언급한 바르트의 표현 '저자의 죽음'도 마찬가지이다. "저자의 죽음이라고? 하지만 이것은 하나의 메타포일 뿐이다. 하기야 이 메타포의 효과는 자극적이었다. 이 메타포를 문자 그대로 받아들여서, 그 추론을 극단적으로 밀고 나가는 건 지독한 근시안이거나 기이한 청각장애임을 드러내는 것이다."(DT, 279) 콩파뇽의 논리대로라면, '저자의 죽음'은 메타포이고, '텍스트의 의도'는 메타포가 아닌가? 한마디로, 콩파뇽 그 자신이야말로 텍스

용하기도 한다. 리쾨르의 설명을 들어보자.

> 텍스트의 의도나 목적은, 최우선적으론, 추정되는 저자의 의도나 우
> 리가 전이할 수 있을지도 모르는 작가의 체험이 아니다. 텍스트가 바
> 라는 것은, 이 텍스트의 바람에 응하는 이에겐, 텍스트가 말하고자 하
> 는 것이다. 텍스트가 바라는 건 우리가 텍스트의 의미sens에 자리하
> 는 것인데, 다시 말해서 이 낱말의 다른 어의[8]에 따르면, 텍스트와 같
> 은 방향direction에 자리하는 것이다.(TA, 156)

텍스트의 의도란 '텍스트가 바라는 것'인데, 텍스트가 해석자에게 바
라는 건 '텍스트가 말하고자 하는 것'(텍스트의 의향)을 **추적**하는 작업
이지, '저자가 말하고자 했을지도 모르는 것'(저자의 의도)을 **추정**하는
작업이 아니다. 언뜻 보기에 뉘앙스의 차이처럼 보일지도 모르지만,
프랑스어의 직설법과 조건법 사이에 의미론적 차이가 있듯이, 추적
poursuite과 추정présomption 사이엔 건널 수 없는 강이 있다. 리쾨르가
"텍스트와 같은 방향으로"라는 표현을 굳이 부연하는 이유도, 텍스트
의 의도를 **추적**하라는 것이지, 저자의 의도를 **추정**하라는 게 아님을 강
조하기 위해서이다. 굳이 표현하자면, 텍스트의 의도意圖는 텍스트의
의도意道이기도 한데, 텍스트가 해석자에게 바라는 건, 바로 **뜻의 그림**
을 찾아서 **뜻의 길**로 나서라는 것이다.

트의 타자성을 인식하지 못하는 "지독한 근시안"임이 명백하다.
8) 프랑스어에는 '감각', '의미', '견해' 등을 뜻하는 'sens'가 있고, '방향'이나 '흐름'을 뜻하는
    'sens'가 있다. 사실은, 시니피앙은 같지만, 시니피에가 다른 두 낱말이다.

가다머는 해석자의 과제를 다음과 같이 명시하고 있다. "말해진 것을 복제하는copier 게 아니라, 말해진 것의 방향direction, 즉 말해진 것의 의미sens에 자리하는 데에 있다."(AC2, 67) 가다머는 이 "말해진 것의 의미"를 "방향적 의미sens directionnel"(AC2, 67)라 부연했는데, 바로 이 방향적 의미가 리쾨르의 용어 의향意向에 해당한다. 요컨대, 텍스트가 해석자에게 바라는 건, 텍스트의 의향을 풀어내라는 것이지, 저자의 의도를 밝혀내라는 게 아니다. 그리고 해석자가 텍스트의 의향을 풀이하기 위해선 "텍스트가 열어젖힌 사고의 길을 따라가는 것, 즉 텍스트의 **진로**orient를 따라나서는 것"(TA, 156) 이외에 다른 길은 없다. 그렇다면, 해석자가 텍스트의 진로를 따라간다는 건 구체적으로 무엇을 말하는가? 「텍스트란 무엇인가?」의 필자 리쾨르의 답은 이렇다.

해석학의 모든 이론은 텍스트의 텍스트 자체에 관한 작업의 일원인 해석소 무리série des interprétants에 의한 해석-자기화interprétation-appropriation를 매개하는 데에 있다. 그때, 자기화는 자의성을 상실하는데, 텍스트 안에서 잉태 중인, 태동 중인, 진통 중인, 다시 말해서 의미를 분만 중인 그것 자체의 재연이기에 그렇다.(TA, 159)

보다시피, 리쾨르는 생소한 개념 두 가지, 즉 '해석소'와 '해석-자기화'를 제시하고 있는데, 사실은 이 낯선 두 개념에 텍스트 해석학의 근본 원리가 담겨 있다. 풀이하자면 이렇다. '해석소'는 텍스트 자체가 품고 있는 물음과 대답을 구성하는 요소를 지칭하는 개념인데, 이 요소들은 텍스트 곳곳에 널려 있기에, '해석소 무리'라는 생경한 표현이 창안된 것이다. 해석자에겐 바로 이 해석소 무리를 어떻게 잘 이끌고 가느냐에 해석의 성패가 달려 있다. 일테면, 노련한 양치기의 양몰이를 떠올려 보시라.

한편, '해석-자기화'는 해석자의 자의적인 해석이 아니라, 텍스트 자체에 의한 텍스트 해석을 지칭하는 개념으로, 구체적으론 텍스트에 내재하는 해석소 무리에 의한 해석을 뜻한다. 이렇듯, 해석학적 해석은 텍스트의 자가 해석이지, 해석자의 자의적 해석이 아니다. 텍스트가 텍스트를 말한다는 것이다. 리쾨르는 해석자의 작업을 다음과 같이 짧고 쉬운(?) 한 문장으로 간략하게 정의하고 있다.

> 해석자의 말은 텍스트의 말$_{e\ dire}$을 재활하는 하나의 겹-말$_{un\ re-dire}$이다.(TA, 159)

비유하자면, 해석자는 외과수술 전문의가 아니라 재활의학 전문의라는 말이다. 외과수술이 흔히 인공기물을 체내에 삽입하는 반면, 재활의학은 몸 그 자체의 기능 회복에 주력하듯이, 해석자의 과제는 텍스트 안에서 잠자고 있는 낱말들을 깨워 시위하도록 자극하는 데에 있다. 다시 말해서, 해석자의 직무는 오로지 해석소 무리에 의한 해석-자기화를 매개하는 데 있으므로, 해석자는 텍스트가 텍스트를 말하도록 하는 매개자 역할만 하면 된다. 따라서 해석자의 '겹-말'은 '텍스트의 텍스트 자체에 관한 작업'이 '텍스트의 말'을 재활하는 말인데, 이 재활된 말은 해석소 무리로부터, 즉 텍스트 그 자체로부터 나온 말이다. 그러므로 해석자의 겹-말에는 자의성의 자리가 없는데, 텍스트 자체의 해석-자기화의 산물이기 때문이다. 한마디로, 텍스트의 의미를 텍스트의 의향으로 변환하는 작업을 수행하는 게 해석자의 겹-말이다. 여기에서 잊지 말아야 할 건, 텍스트의 말을 '따라 말하는' 게 아니라, 즉 텍스트의 말을 되풀이하는 게 아니라, 텍스트의 말을 자기만의 언어로 '따로 말하는' 게 해석자의 겹-말이다. 달리 말하면, '따라 말하기'가 텍스트의 '의미'를 사전식으로 뜻풀이하는 것인 데에 반해서, '따로 말하기'는 텍스트의 '의향'을 해석자의 고유한 언어로 자기화해서 풀어낸 겹-말이다.

이와 같이, 텍스트의 속성을 의미와 의향으로 구분하는 리쾨르는 해석학의 궁극적인 과제를 다음과 같이 설정한다. "텍스트**에 관한** 행위acte *sur* le texte로서의 해석의 주관인인 작업을 넘어서, 텍스트**의** 행위acte *du* texte라 할 수 있는 해석의 객관적인 작업을 추구하는 것이다."(TA, 156) 「텍스트란 무엇인가?」의 필자가 프랑스어의 두 전치사를 구분해서 이탤릭체로 강조하고 있듯이, '텍스트**에 관한** 행위'와 '텍스트**의** 행위'는 엄연히 다른 개념으로, 우리말의 대격과 소유격의 차이와도 같다. 즉, '텍스트에 관한 행위'는 텍스트 이외의 외부 요인들(저자의 의도나 해석자의 주관성 등)이 개입될 수 있는 해석 작업인 데에 반해서, '텍스트의 행위'는 텍스트가 자신의 물음에 자신의 대답을 제시하는 텍스트 자체의 해석 작업이다. 굳이 덧붙이자면, '텍스트에 관한 행위'라는 건, 텍스트를 '옷감tissu'이라 할 때, 원래 옷감에 다른 옷감을 덧대거나, 아니면 다른 색깔을 입혀 물들이는 염색 작업이므로, 텍스트 자체를 변색하거나 변질시킬 가능성이 클 수밖에 없다. 반면에, 텍스트의 행위는 텍스트의 말을 재활하는 해석자의 겹-말이므로, 텍스트의 주권을 침해하는 게 아니라, 오히려 텍스트의 주권을 복원하고, 텍스트의 타자성을 전적으로 인정하는 작업이다.

리쾨르의 개념인 '텍스트의 행위'는 가다머의 놀이 개념을 통해서도 확인할 수 있다. 씨줄의 언어와 날줄의 언어의 짜임새가 곧 언어의 놀이이고, 이 놀이의 주체는 언어이다. 그리고 언어 얼개인 텍스트는 그 자체가 "질문과 대답의 논리"(VM, 216) 구조로 짜여 있으므로, 텍스트를 이해하기 위해선 그 텍스트가 대답할 수 있는 질문부터 파악해야 하기에, 해석자는 "하나의 대답으로서 텍스트의 의미를 이해하게 해주는 질문의 재구성"(VM, 217)만 하면 된다. 이렇듯, 텍스트의 언어를 풀이하는 건, 바로 그 텍스트의 언어 자체이지, 해석자의 자의적인 사고가 아니다. 결국, 텍스트의 행위란, 텍스트가 텍스트를 말한다는 점에서, 즉 텍스트 자체의 해석 행위라는 점에서, 해석의 객관적인 작업이다. 바로 이것이 텍스트의 타자성을 전적으로 인정하는 해석학적 독자의 텍스트 해석 작업이다. 언어의 놀이의 주체인 언어를 존중할 때, 비로소 해석자는 텍스트의 행위를 기꺼이 수용하고, 그 결과 객관적 해석이 탄생한다. 참고로, 『진리와 방법』의 저자 역시 "진정한 해석학적 사건"은 "텍스트의 그것에 대한 우리의 행위가 아니라, 텍스트의 그것 그 자체의 행위"(VM, 318)라고 적시한 바 있다.

이런 점에서, 가다머와 리쾨르의 텍스트 해석학은 한스-로베르트 야우스와 볼프강 이저의 콘스탄츠 학파가 1970년대에 주창했던 수용미학과는 근본적으로 다르다. 수용미학은 텍스트에 대한 독자의 우월성을 주장하는 **주관적** 읽기를 추구하는 반면에, 해석학은 텍스트의 행위라 할 수 있는 **객관적** 읽기, 즉 텍스트의 타자성을 중시하는 탈-주관적 읽기를 지향하기 때문이다. 그래서 리쾨르는 수용미학의 경우 "**의도의 오류**intentional fallacy를 **감성의 오류**affective fallacy로 대체하는 것"(TA, 31)에 불과하다고 지적했다. 해석학은 의도의 오류(저자)도 감성의 오류(독자)도 거부한다. 텍스트의 그것을 자기화한 해석자의 마지막 발걸음은 사라짐을 향하기 때문이다. 가다머의 글 「텍스트와 해석」의 갈무리 문장은 아래와 같다.

> 자신의 논거들을 제시하고 나서, 해석자는 사라지고, 그리곤 텍스트가 말을 한다.(AC2, 233)

해석자는 결코 객인이 주인이 될 수 없다는 잘 알고 있기에 텍스트의 자리를 차지하려고 하지 않는다. 그래서 『진리와 방법』의 저자는 "그렇게 해석이 사라짐을 각오할 때, 비로소 그 해석은 정당하다"(VM, 246)라고 했는데, 역시 하이데거의 제자다운 주장이다. 하이데거가 횔덜린의 시를 해설하면서, 작품과 비평과의 관계를 허공에 매달린 '종'과 그 종 위에 떨어지는 한 송이 '눈'에 비유했듯이 말이다. '눈'은 '종' 위에 떨어져 가볍게 종을 울리고선 끝내 사라지고 만다. 블랑쇼는 「비평은 어떠한가?」라는 글에서 하이데거의 메타포를 언급하면서, "집안을 정리하고 자신의 역할을 다한 뒤 살며시 물러나는 종"을 '눈'에 비유하기도 했는데, "비평의 말parole은 말을 하면서 사라져야, 비로소 그때 자기 할 일을 다했다는 뜻"(LS, 10)이라고 부연했다. 이런 점에서 보면, 하이데거 사상에 정통한 블랑쇼가 말라르메, 발레리, 로트레아몽, 랭보, 지드, 카뮈, 키르케고르, 앙리 베르크손, 조르지 바타이, 브리스 파랭 등에 관한 단상들을 묶은 비평집에 왜 굳이 『헛발Faux Pas』이라는 낯설고 이상한 제목을 달았는지를 짐작할 수 있을 듯하다. 그는 알았다. "언어의 아포리아들"(FP, 9)은 결코 수수께끼의 끝말을 만날 수 없다는 걸. 비평(해석)은 늘 '헛발질'에 불과하다는 걸. 그리고 "걸작은 늘 한구석에 매혹적인 발끝을 내보이지만, 바로 이 고혹적인 발이 작품의 완성을 막는다"(FP, 23)는 걸. 비평은 작품의 자리를 차지할 수 없다. 눈은 녹아 사라지지만, 작품은 눈이 오든 비가 오든 늘 거기에 있다. "텍스트라는 작품은 그 자체로 존립한다."(AC2, 15) 가다머의 말이다. 텍스트가 따로 그리고 홀로 존립하기에, 작가는 작품 곁에 머물 수 없고, 독자가 작품의 모든 비밀을 다 캐낼 수 있는 것도 아니다.

결론적으로, '텍스트의 그것'이나 '텍스트의 세계'라는 개념은 텍스트의 자립에서 나온 산물이고, 텍스트의 자립은 글쓰기에 의한 고정에서 나온 결과이므로, 결국 글쓰기에 대한 새로운 인식이 텍스트 해석학의 출발점이라고 할 수 있다. "글쓰기 덕분에, **텍스트**의 '세계'는 **저자**의 세계를 해체해버릴 수 있다."(TA, 111) 글쓰기의 결과로 빚어진 저자의 죽음은 텍스트의 타자성이 탄생하는 순간이기도 하다. 그리고 언어의 얼개로서의 텍스트는 늘 그 텍스트가 말하는 것 이상을 말할 수 있다. 다시 말해서, 텍스트의 언어는 겉뜻을 넘어 속뜻을, 의미를 넘어 의향을 지향한다는 것이다. 텍스트에는 '말해진 것le dit' 못지않게, 늘 '말해지지 않은 것le non-dit'이 있기 때문이다. 미셸 드 몽탠느는 이런 말을 했다고 한다. "시어는 그 시어가 말하는 것 그 이상을 의미한다."(DT, 40) 어쩌면, 16세기 프랑스의 휴머니스트 철학자가 해석학적 사고의 시조일지도.

독자의 주체와 마르셀의 돋보기

불혹의 나이에 시작해서 이순의 나이에 죽는 날까지, 공들여 쓰고 다시 쓰기를 되풀이했다는 『에세이』의 저자 몽탠느는 이렇게 말했다.

"능력 있는 독자는 흔히 타인의 글에서 저자가 그 글에 담았고 인지했던 장점들과는 다른 장점들을 발견해내고, 또한 그 글에 훨씬 더 풍부한 의미들과 양상들을 부여한다."(MM, 126) 실제로, 몽텐느는 독자로서 자신의 『에세이』를 읽고서 미처 몰랐던 의미들을 새삼스럽게 발견했다고 한다. 그러니까 몽텐느는 저자로서가 아니라 독자로서 자신의 작품을 읽었을 때, "더 풍부한 의미들"을 발견한 셈이었다. 그 자신이 '능력 있는' 독자였다. 리쾨르는 몽텐느의 독자를 다음과 같이 풀이한다. "작품의 의미sens를 생성하는 건 바로 독자이다. 왜냐하면 작품의 함의 signification는 곧 그 작품에 대한 온갖 읽기의 역사이기 때문이다. 작품은 독자와 더불어 성장한다."(EPR, 232) 그래서 『타자처럼 자기자신』의 저자는 이렇게 말했다. "작품이 그 저자로부터 떨어져나오는 순간, 작품이라는 존재는 타자가 자신에게 부여하는 함의를 오롯이 맞아들인다. […] 오로지 타자로부터 자신의 의미를 얻을 때만 작품으로서의 자신의 실존 자체를 확보하는 이러한 작품의 존재 양식은, 작품과 저자의 관계가 놀랍도록 불안정함을 입증하는 만큼, 타자의 매개가 작품의 의미를 형성한다."(SA, 185) 작가가 아니라 독자가 작품을 키운다. 작품 곁에 머물 수 없는 작가는 아무런 친권도 행사할 수 없다. 작품은 작가의 전유물이 아니다. 오히려 독자에게 전권을 위임할 때, 작품의 의미는 그만큼 풍부해지고, 그만큼 더 끈질긴 생명력을 얻는다.

몽텐느의 후예답게 시인 발레리도 저자와 독자의 양자 대결에서 독자를 승자로 선언했다. "저자는 앞서 생각했다는 점에서 독자보다 이점을 가지고 있다. 그는 준비했고, 먼저 실행했다. 하지만 독자가 이 이점을 빼앗아버린다면? 독자가 그 주제를 알고 있었다면? 저자가 자신의 이점을 살려서 더 심화시키고, 더 멀리 나아가지 못했다면? 독자가 명민한 에스프리를 지니고 있다면? 그때, 모든 이점은 사라지고, 양자 대결만이 남게 된다. 하지만 이 대결에서 저자는 말을 할 수 없고, 술수를 부리는 게 금지되어 있다. 저자는 패자다."(VO2, 629) 저자의 허와 실을 통찰한 데서 나온 시인의 결론이다. 저자와 독자의 대결에서 저자가 패자일 수밖에 없는 이유는 독자의 "명민한 에스프리"가 저자의 근시안적 사고를 뛰어넘어 원시안적 사고를 할 수도 있기 때문이다. 몽탠느의 '능력 있는 독자'가 '명민한 에스프리'를 지닌 발레리의 독자로 환생한 것이라고나 할까.

　미셸 푸코는 「저자란 무엇인가?」에서 저자의 죽음 이후에 독자가 해야 할 일을 다음과 같이 제시했다. "저자의 사라짐이 남긴 빈자리를 제대로 찾아내어, 그 틈과 흠의 배치를 직시하면서, 그 자리를 차지하려고 호시탐탐 노리고, 이 저자의 사라짐으로 인해 조성된 자유로운 활동들을 노리는 것이다."(QQA, 824) 「저자의 죽음」의 필자인 롤랑 바르트는 "다양한 문화에서 비롯된 다중적 글쓰기들"의 산물이 텍스트이고, 이러한 다양성이 집결하는 곳은 저자가 아니라 바로 독자라고 단언하면서, "글쓰기에 미래를 안겨주기 위해서" 그리고 "전통비평이 도외시했던 독자"의 역할이 중시되기 위해서, "독자의 탄생은 어느 정도 **저자**의 죽음을 그 대가로 치러야만 한다"(MA, 69)라고 역설했다. 그런데 문제는, 푸코와 바르트가 저자의 죽음을 선언하면서 독자의 몫을 중시하긴 했으나, 정작 독자의 "자유로운 활동들"에 대해선 구체적인 언급이 없다는 데에 있다. 그렇다면, 과연 독자는 무엇을 어떻게 해야 하는가? 이 근본적인 물음에 대해선, 바르트의 「비평이란 무엇인가?」라는 글에서 그 실마리를 찾을 수 있다. 바르트는 이 글에서 "비평은 작품에 대한 비평이자 자기 자신에 대한 비판이다"면서, 폴 클로델의 말놀이를 빌려 "비평은 타자 알기connaissance이자 자기 자신이 세상에 함께-태어나기co-naissance이다"(EC, 254)라고 정의했다. 바르트에 의하면, 독자는 작품을 통해서 타자 이해와 자기 이해를 동시에 수행하는 자이다.

이러한 바르트의 입장은 폴란드 작가 비톨트 곰브로비치에게서도 발견할 수 있다. 곰브로비치는 자신의 일기에서 비평의 역할에 대해 논하면서 다음과 같이 토로했다. "문학 비평이라는 건, 한 인간이 다른 인간을 심판하는 게 아니다. 도대체, 누가 당신에게 그런 권리를 부여했단 말인가? 그보다는 서로가 절대적으로 동등한 권리를 가진 두 인격체 간의 갈등이다. 그러니, 심판하지 말라. 당신의 감응을 기술하는 데 그치라. 저자에 대해서도 그의 작품에 대해서도 말하지 말라. 당신 자신에 대해서, 작품과 마주한 그리고 저자와 마주한 당신 자신에 대해서 말하라. 당신이 언급해야 할 건 바로 당신에 대해서다. 하지만 당신에 대해 말하되, 당신의 자아가 살찌고 커지고 정기를 얻고서, 그 자아가 당신의 결정적 논거가 되도록 하라."(WG, 174-5) 소크라테스의 지혜가 실린 곰브로비치의 고언이다. 독서를 통해 자신을 반성하면서 자아를 키우라는 주문이다. 그러고 나서야, 작가든 작품이든, 성장하고 성숙해진 자아의 눈으로 바라보라는 조언이다. 맹목적인 타자 비판에 몰두하지 말고, 텍스트를 통해 자기 이해나 하라는 주문이다.

프루스트도 독자들에게 곰브로비치와 같은 주문을 했다. 『잃어버린 시간을 찾아서』의 대미를 장식하는 『되찾은 시간』의 끄트머리에서, 화자 마르셀은 자신의 의도를 다음과 같이 명확하게 밝히고 있다.

하지만 나 자신으로 되돌아오자면, 나는 내 책에 대해 훨씬 더 겸허하게 생각했다. 내가 이 책을 읽을 사람들, 즉 내 독자들을 떠올리며 이야기한 것이라고 하는 건 적절치 않을 것이다. 내 생각에, 그들은 나의 독자들이 아니라 그들 자신의 독자일 것이기 때문이다. 내 책은 콩브레의 안경사가 구매자에게 내민 돋보기와 같은 그런 유의 돋보기에 불과하니 말이다. 나는 그들에게 내 책 덕분에 그들 자신을 읽어내는 수단을 제공한 것일 테니까.(LTR, 338)

프루스트의 돋보기론이라고 할까. 마르셀은 자신의 이야기를 돋보기 삼아 독자가 자기 자신을 톺아보라고 주문한다. 텍스트의 타자성을 인정하는 독자는 마르셀의 돋보기를 기꺼이 자신의 거울로 삼는다. 프루스트의 애독자였던 리쾨르는 마르셀의 돋보기에서 『시간과 이야기』의 주요 개념인 "재형상화refiguration"(TR1, 116)를 착상했는데, 리쾨르 자신의 설명을 들어보자. "내가 보기에 재형상화란, 내가 그토록 즐겨 인용하는 프루스트의 표현에 따르면, 자기 자신의 독자가 되라는 텍스트의 초대에 응한 독자가 적극적으로 우리의 세계-내-존재를 재구성하는 것이다."(RF, 74) 마르셀의 돋보기가 철학 개념 하나를 만들어낸 셈이다.

이런 점에서 보면, 『되찾은 시간』의 화자 마르셀과 『전락』의 화자 클라망스는 이종사촌지간이다. 남들을 심판하기 위해 자기 자신을 고발하는 "고해자-심판자"(C, 14) 클라망스는 "자신의 모습이 비친 거울"(TRN, 2015)을 독자들에게 내민다. "저는 하나의 초상을, 우리 모두의 초상이자, 그 누구의 초상도 아닌 초상을 만들어내는 거지요. 요컨대, 하나의 가면이랄까. 오늘 저녁처럼 초상화가 완성되면, 전 너무나도 침통한 심정으로 그걸 보여주지요. '자! 가슴 아프게도 바로 이게 접니다.' 검사의 논고가 끝난 거지요. 하지만 그와 동시에, 제가 제 동시대인들에게 내민 이 초상화는 하나의 거울이 되지요."(C, 145-6) 촌철살인이 따로 없다. 자신의 말마따나, 클라망스는 "입만 열면, 말이 줄줄 흘러나오는"(C, 16) 달변 중의 달변이다. 자칭 "멋진 언어"(C, 14)의 달인이다. "진실하겠다고 약속하고선, 최대한으로 거짓말하라"(C, 88)라거나, "날 사랑하지 마라. 그래도 정조는 지켜!"(C, 68)라고 뻔뻔스레 배설하는 이 고질적인 "말꾼"(C, 9)을 어찌 언어 놀이의 대가라고 하지 않을 수 있으랴. 하기야, 장-바티스트 클라망스Jean-Baptiste Clamence라는 이름 그 자체가 '사막에서 외치는 세례자 요한'[9]을 뜻하는 말놀이이다. 언어의 놀이이다. 이 놀이의 산물인 그의 자화상엔 1950년대 프랑스 지식인들, 즉 "우리네 직업적인 휴머니스트들"(C, 98)의 "위선"(C, 42)과 "악의"(C, 12)와 "이중성"(C, 90)이 때론 고상한 풍자와 해학의 품격있는 언어로, 때론 상징과 은유, 역설과 반어의 신랄하고 예리한 언어로 적나라하게 그려져 있다. 시대의 거울이다. 작가 카뮈의 표현대로 "치밀한 거울 놀이"(TRN, 2015)이다. 클라망스의 놀이에 매료된 독자들은 "매력적인 야누스의 두 얼굴"(C, 52)과 마주하고서, "세례수를 뒤집어쓴 악마"(C, 98)이자 "사막에서 외치는 사이비 예언자"(C, 152)를 기꺼이 반면교사로 삼는다. 곰브로비치의 고언에 대한 응답이다.

프루스트는 『생트-뵈브에 대한 반론』에서도 "작품을 생산하는

---

9) 카뮈의 설명에 의하면, 장-바티스트 클라망스Jean-Baptiste Clamence라는 이름 자체가 '사막에서 외치는 세례자 요한'을 뜻한다. 실제로, 프랑스인의 성씨엔 Clamence라는 성이 없는데, 마태복음 3장 3절에 나오는 세례자 요한을 상징하는 '사막에서 외치는 목소리Vox clamantis in deserto'라는 표현의 라틴어 동사 clamantis를 연상시키기 위해서, 카뮈가 지어낸 성이 Clamence이다.

나", 즉 현실의 나와는 "다른 나"(CSB, 137)에 대해 언급하면서, 다음과 같이 지적했다. "이 다른 나, 우리가 이 나를 이해하려 노력하고자 한다면, 우리가 거기에 도달할 수 있는 건, 바로 우리 자신의 깊은 곳에서이고, 우리 안에서 이 나를 재창조하려고 애쓰면서다. 그 무엇도 우리 마음의 이러한 노력을 막을 수 없다."(CSB, 137) 프루스트의 '다른 나'를 이해하기 위해선, 화자 마르셀이 아니라 우리 자신에게 대입하고 견주어보면서 재창조해내야 한다. 프루스트가 마르셀의 돋보기를 내밀면서 독자인 우리에게 요구하는 주문이다. 마르셀의 돋보기를 구매한 프루스트 독자의 시각에서 보면, "텍스트를 이해한다는 건, 무엇보다도 그 텍스트를 우리 자신에게 적용하는 것이다."(VM, 245) 리쾨르의 표현으론 "독자의 현 상황에 텍스트를 적용"(TA, 116)하는 것이다. 이처럼 "이해는 늘 이해된 의미의 적용을 내포한다."(VM, 176) 다시 말해서, 마르셀의 돋보기를 통해서 "텍스트에 말해진 것을 진정으로 자기 것으로 만드는 것"(VM, 235)이다. 이 과정에서 프루스트의 '다른 나'가 나타난다. 프루스트는 이러한 재창조 과정을 "진리"라고 하면서, "우리가 하나에서 열까지 온통 만들어내야 하는 진리"이기 때문에, "이 진리가 어느 화창한 날 아침에 우리 집 우편함에 들어 있는 미공개 편지 형식으로 우리에게 다가오리라고 생각하는 건 너무나 안이한 처사이다"(CSB, 137)라고 지적했다. 각고의 노력을 기울여야 타자를 이해하고, 타자 이해를 통해 나를 이해할 수 있다는 프루스트의 충언이다. 프루스트에게 블랑쇼는 이렇게 답한다. "사실, 독자는 독자를 위해 쓴 작품을 원치 않는다. 독자는 다름 아닌 미지의 무엇을, 다른 현실을, 그리고 독자를 바꿀 수 있고, 독자가 자기로 바꿀 수 있는 다른 정신을 발견하는 낯선 작품을 원한다."(KK, 18) 한마디로, 독자는 '다른 나'를 만날 수 있는 작품을 원한다.

　지금까지의 논의를 정리해보면 다음과 같다. 첫째로, 글쓰기에 의한 고정에서 비롯된 거리두기로 인해 텍스트는 자립한다. 둘째로, 자립한 텍스트의 의미는 저자의 의도에 귀속되거나 제한되지 않는다. 셋째로, 텍스트 이해의 궁극적인 대상은 '텍스트가 말하는 것'(의미)이 아니라 '텍스트가 말하고자 하는 것'(의향)이다. 넷째로, 텍스트 해석은 '텍스트에 관한 행위'가 아니라 '텍스트의 행위'로서 해석의 객관적인 작업이다. 다섯째로, 독자의 궁극적인 목적은 텍스트 이해를 통해 자기 자신에 대한 이해를 확장하는 데에 있다. 이 다섯 가지 원칙이 텍스트 해석학의 원리를 구성한다. 하지만 이러한 해석학적 사고가 해석학자의 전유물은 아니다. 말라르메, 발레리, 프루스트, 카뮈, 블랑쇼, 바르트, 푸코, 데리다 등, 위에서 거론된 작가와 철학자들도 나름대로 해석학적 사고에 입각한 문학론을 개진했다는 사실은 적이 놀라운 일이 아닐 수 없다. 아마도 이것은 문학의 보편성을, 더 나아가 "해석학의 보편성"(UH, V)을 반증하는 사례일 것이다. 『진리와 방법』의 저자 가다머는 "언어 현상과 이해 현상은 존재와 인식의 보편적 모델"(VM, 345)이라 했다.

4장 자기 이해의 문제

1995년에 출간된 『되돌아보니, 지적 자서전』에서 밝히고 있듯이, 폴 리쾨르(1913-2005)는 2차 대전 중 포로수용소에서 탐독했던 칼 야스퍼스를 비롯해서, 가브리엘 마르셀, 후설, 하이데거, 메를로-퐁티, 장 나베르, 미르세아 엘리아데 등 당대의 철학들을 접한 후, 1960년에 펴낸 『악의 상징』에 이르러 비로소 해석학에 접목하게 된다. 마침내, 해석학을 자신의 '철학의 집'으로 삼고서 "해석학의 영지"(RHT, 94)를 떠나지 않게 될 것이다. 리쾨르에 따르면, 그가 처음으로 해석학에 대한 정의를 내린 건 『악의 상징』에서인데, 당시엔 "겹뜻을 가진 표현으로서의 상징 해독"(RF, 31)을 해석학이라 함으로써, 좁은 의미의 해석학, 즉 상징 해석학에 머물러 있었다. 하지만 『악의 상징』 이후 『해석에 대하여, 프로이트에 관한 시론』(1965), 『해석의 갈등, 해석학 시론』(1969), 『생생한 은유』(1975), 『시간과 이야기』(1983, 1984, 1985) 3부작, 『텍스트에서 행동으로』(1986)를 거쳐 1990년에 출간한 『타자처럼 자기자신』에 이르는 삼십 년의 기나긴 여정에서, 리쾨르는 상징 해석학에서 텍스트 해석학으로, 텍스트 해석학에서 자기 해석학으로 해석학의 지평을 넓혀

간다. 이를 위해 리쾨르는 당대의 인접 학문들, 즉 실존철학, 역사학, 성서 해석학, 정신분석학, 구조주의, 기호학, 분석철학, 이데올로기 비판 등과 끊임없는 대화를 시도했다. 가다머의 표현을 빌리면, "동업자 간의 무한 대화"(AC2, 237)라고 할까.

이처럼, 다양한 인접 학문들과의 대화를 통해서 해석학의 지평을 확장했던 리쾨르는 20세기 서구 철학을 관통하는 철학자라 할 수 있다. 피에르 콜랭은 "백과전서식 야망이란 표현은 지나친 표현"이긴 할 테지만, "그에게 철학은 여러 철학 분야들의 집합이기도 하다"라고 두둔하면서, "의제 설정과 실행 과정의 되새김질"을 리쾨르의 "방법론적 혁신"(PC, 17)이라고 평가했다. 리쾨르는 「의지에서 행위로」라는 대담에서 "내 관심사의 다양성과 뚜렷한 이질성"(VA, 17)의 이면엔 "주체 문제라는 나의 첫 번째 문제에 대한 일종의 재개"(VA, 21)를 거듭하려는 의지가 서려 있다고 설명한 바 있다. 그리고 2000년 9월호 『마가진 리테래르』의 폴 리쾨르 특집호에 실린 프랑수아 에발트와 가진 대담 「폴 리쾨르 : 철학 역정」에선, "내겐 나의 철학이라고 할 만한 하나의 철학은 없다"라고 인정하면서도, "내가 보기에, 내 작업의 연속성은 한 책에서 다 다루지 못한 문제를 매번 다음 책에서 다루는 데에 있었다"(PP, 20)라고 털어놓기도 했다. 다양한 철학들이 제기하는 주체 문제를 해석학의 틀에 수렴해서 재조명하는 작업을 자임했던 리쾨르에게 주체 철학은 그의 업이었다.

『리쾨르, 해석학과 번역』의 저자인 도메니코 예르볼리노는 "리쾨르의 철학 여정을 되돌아보면서, 우리는 나선형의 전개 논리를 인지하게 된다"(RHT, 93)라고 강조했다. 다시 말해서, "언어와 텍스트의 세계를 거친 머나먼 우회 끝에", 리쾨르의 철학은 원점으로 회귀하는 악순환에 빠진 '닫힌' 철학이 아니라, "나선형 진행"(RHT, 93)의 특성이 그러하듯, 반복이 아니라 재개의 특성을 띤 '열린' 철학이라는 것이다. 캐나다 철학자 찰스 테일러에 의하면, 리쾨르는 철학의 근본 진리, 즉 "철학엔 고유 영역이 없다"라는 진리를 깨달았기에, "경계 없는 철학의 실천"(CT, 31)뿐만 아니라 "주체 철학이 따라가야 할 길"(CT, 30)을 제시한 해석 철학자였다. 실제로 정신분석학이나 구조주의와 일정한 거리를 유지했던 가다머와는 달리, 리쾨르는 프로이트의 무의식에서 그레마스의 기호학에 이르기까지 당대의 사상들을 수용해서, 무엇보다도 인식론적 차원에서 해석학의 혁신을 추구하고자 했다.

그렇다면, 『악의 상징』에서 『타자처럼 자기자신』에 이르는 리쾨르의 해석학을 관통하는 주제는 무엇일까? **자기 이해의 문제**인데, "리쾨르 작품의 '핵심 주제'로서의 '주체 문제'"(RHT, 11)이다. 나는 나를 어떻게 인식하고, 어떻게 이해하는가? 인식 주체의 자기 정립 문제이다. 자기 정립의 문제에 관한 한, 데카르트의 코기토가 서구의 철학 전통을 오랫동안 지배했다는 건 주지의 사실이다. 즉, 에고 코기토의 에고는 스스로 자기를 정립한다는 데카르트의 코기토를 신봉하는 철학 전통이다. 리쾨르는 바로 이 유구한 전통에 맞서, 데카르트의 코기토를 "헛 코기토*Cogito illusoire*" 또는 "가짜 코기토faux *Cogito*"(CI, 239)라 선언한다. 『해석의 갈등』의 저자에 의하면, "코기토는 자기 삶의 자료들을 해독하는 우회를 통해서만 파악될 수 있다."(CI, 21) 나는 아무런 매개 없이 직접 나를 인식하지 못하고, 오로지 간접적으로만 자기 이해에 이를 수 있기 때문이다. "기호, 상징, 텍스트에 의해 **매개되지 않**은 자기 이해란 없다."(TA, 29) 자기 해석학의 신조이다. 리쾨르의 자기 해석학은 이 자기 이해의 간접성에 기초한 주체 철학으로 "우회 철학"(SA, 28)의 전형이다. "이해함으로써만 실존하는 현존재"(TA, 88)인 인간 존재에게 자기 이해의 문제는 곧 실존의 문제이다. 이런 점에서, 리쾨르가 제시하는 자기 이해의 해석학은 실천 철학의 대명사라 할 수 있다. 이 글은 자기 이해의 문제를 통해 리쾨르의 주체 철학에 해당하는 자기 해석학을 고찰하고자 한다.

슐라이어마허와 딜타이의 낭만주의 해석학

흔히, 해석학은 낭만주의 해석학과 현대 해석학의 두 부류로 분류한다. 전자는 해석의 자의성을 배제하고 과학적 엄밀함의 토대에서 해석의 정당성을 확보하기 위해, 모든 해석 학문에 적용되는 보편 규칙들을 제시하는 기술적이고 규범적인 해석 이론으로, 이는 슐라이어마허와 딜타이의 해석학에 해당한다. 그리고 후자는 이해 존재로서의 현존재의 존재 현상과 세계 경험의 해석적 특성에 관한 철학적 성찰인데, 이는 가다머와 리쾨르가 대표하는 현상학적-존재론적 해석학으로 이해의 예술에 해당한다. 슐라이어마허와 딜타이도 해석학을 이해의 예술로 규정하긴 했지만, 존재론의 근본 문제인 존재 이해의 문제를 철학적 차원에서 심층적으로 다루기보다는, 담화나 작품에 대한 이해의 기술적 측면 내지는 해석의 방법론을 제시하는 데에 더 치중한다는 점에서, 낭만주의 해석학은 해석의 이론에 머물러 있다고 할 수 있다. 리쾨르의 해석학을 논하기에 앞서 슐라이어마허와 딜타이의 해석학을 언급하지 않을 수 없는 이유는, 인식론적 차원에서 볼 때, 위의 두 부류의 해석학 사이에는 어떤 단절과 어떤 연관이 있기 때문이고, 또한 리쾨르가 19세기 두 철학자의 해석학을 비판적으로 수용하기 때문이기도 하다. 이렇듯, 두 해석학 사이에 경계가 없는 건 아니지만, 오늘날 해석학은 해석의 이론 또는 이해의 예술로 통칭한다.

우선, 이 글의 주제인 자기 이해의 문제와 관련해서, 슐라이어마허와 딜타이의 해석학을 간략하게 살펴보기로 하자. 고전 문헌의 번역가이자 신학 교수였던 슐라이어마허는 해석의 일반 규칙들을 설정하기 위해서, 두 가지 해석, 즉 문법적 해석과 심리적 해석(기술적 해석)의 순환 원리를 제시했다. 문법적 해석은 해석해야 할 담화(이야기)의 언어와 관련되어 있고, 심리적 해석은 담화에 담긴 저자의 심리와 의도를 파악하는 작업이다. 슐라이어마허가 이와 같은 두 가지 해석을 구분한 이유는 비교적 간단하고 명확하다. "담화를 이해하기 위해선 이미 인간을 알고 있어야 하는데, 인간을 아는 것은 오로지 담화로부터 출발할 때만 가능하다"(SCH, 28)라고 판단하기 때문이다. 따라서 해석학은 전혀 다른 두 지점에서 출발한다. "하나는 언어에서 이해하는 것이고, 다른 하나는 말하는 자 안에서 이해하는 것이다. 이와 같은 두 가지 이해가 이루어져야 하기에, 해석은 하나의 기술이다."(SCH, 33) 한편으로는 담화의 언어를 이해하고, 다른 한편으로는 화자의 사고를 이해하는 게 슐라이어마허 해석학의 사명이다.

슐라이어마허는 언어 이해를 문법적 해석, 사고 이해를 심리적 해석이라 부른다. 담화는 언어와 개인이 만나는 장인데, 모든 담화엔 화자의 일련의 사고가 들어 있으므로, 문법적 해석은 언어로 짜인 담화를 이해하는 작업이고, 심리적 해석은 그 담화에 담긴 개인의 사고를 이해함으로써 "인간의 통일성"(SCH, 50)을 파악하는 작업이다. 슐라이어마허에 의하면, "상대적으로 문법적 이해는 하위의 해석학이고, 기술적 이해는 상위의 해석학이다."(SCH, 33) 해석학의 궁극적인 목표는 작가의 사고를 이해하는 데에 있다는 말이다. "작가만큼 그리고 작가보다 더 잘 이해해야 한다."(SCH, 34) 달리 표현하면, "최고조에 달한 완벽한 이해는 이야기하는 자가 자기 자신을 이해했던 것보다 더 잘 이해하는 데 있다."(SCH, 108) 이처럼, 해석자의 자기 이해보다는 타자 이해, 즉 작가 이해에 해석학의 사명을 두고 있다는 점에서, 슐라이어마허의 해석학은 리쾨르의 자기 이해의 해석학과 다른 차원에 있다.

역사학자이자 사회학자이자 심리학자이기도 했던 독일의 철학자 빌헬름 딜타이는 자연과학의 전성시대인 19세기 후반, 경험적 지식과 엄밀하고 객관적인 방법론에 토대를 둔 신-칸트학파의 군림에 맞서, 정신과학*Geisteswissenschaften*의 총아로서의 역사학에도 인식론적 기반이 있음을 주장하기 위해, 해석학을 "정신과학의 근본 토대"(DIL, 333)로 내세웠다. 슐라이어마허의 해석학을 이어받은 딜타이는, 역사학자 드로이젠의 뒤를 이어, 자연은 '설명'의 대상이고, 정신은 '이해'의 대상이라 규정함으로써, 자연과학과 인문과학의 인식론적 토대가 서로 다르다고 주창했다. 이런 점에서 보면, '이해' 개념이 해석학의 핵심 개념으로 자리 잡게 된 것은 "딜타이의 유산"(JD, 83)이라 할 수 있다. 딜타이는 1900년에 발표한 저 유명한 논문 「해석학의 기원과 발달」에서 다음과 같이 묻는다. "한 개인의 의식이 전혀 다른 낯선 개인에 대해 객관적인 인식을 할 수 있는가?"(DIL, 320) 딜타이의 대답은 이렇다. "우리의 감각이 포착한 외부 기호들의 도움으로 한 개인의 '내면'을 파악하는 과정을 우리는 **이해**라 부른다."(DIL, 333) 달리 표현하면, "심리를 드러내는 감각 기호들의 도움으로 심리적인 것을 파악하는 과정을 우리는 이해라 부른다."(DIL, 333) 딜타이의 논지는 슐라이어마허와 별로 다르지 않다. 기호(언어)를 통해 내면(심리)을 파악할 수 있다는 것이다. "인간의 내면성이 온전하고 완벽하게 그리고 객관적으로 인지할 수 있게 드러나는 건 오로지 언어에서다."(DIL, 321) 따라서 "이해의 기술은 **인간이 글쓰기로 남긴 증언들을 해석하는** 데에 구심점을 두고 있다."(DIL, 321) 그래서 딜타이는 "**영구적으로 고정된 삶의 표현들을 이해하는 그런 기술을 해석**"(DIL, 321)이라 부르면서, 해석학을 "**글로 된 유산들을 해석하는 기술**"(DIL, 322)로 정의했다.

딜타이가 기호 이해를 통해 내면 이해를 할 수 있다고 주장하는 이유는 다음과 같다. "위대한 작가나 위대한 발명가, 종교적 재능의 소유자나 진정한 철학자의 작품은 내면의 삶의 진정한 표현일 수밖에 없다. 허위로 가득한 우리 인간 사회에서 이런 유의 작품은 언제나 진실하며, 다른 증언들과는 달리, 통합적이고 객관적인 해석이 가능하다."(DIL, 322) 인간은 본래 인간을 이해할 수 있기에, 삶의 진정한 표현인 작품을 통해 타인의 내면을 읽을 수 있다는 논리이다. 리쾨르의 지적대로 "타인의 내면에 전입할 수 있는 능력"(TA, 84)이 모든 인간에게 있다고 순진하게 믿기 때문이다. "개인성은 작품 속의 여러 다른 낱말들 안에서 손가락 끝으로도 감지될 수 있다. 개인성이 최고조로 드러나는 게 문학 작품의 내적, 외적 형식이다."(DIL, 329) 작품의 언어가 작가의 개인성을 대변하므로, 작품을 통해 작가를 이해할 수 있다는 논리이다. 작품의 내용과 형식 간의 일치를 전제하기에 가능한 주장이다. 딜타이의 논지를 요약하면 다음과 같다. "이해에서 해석자의 개인성과 작가의 개인성은 두 개의 서로 다른 실체로 서로 대립하는 게 아니라, 양자 모두 인간 본성의 일반 토대에 근거하기에 인간은 서로 간에 서로를 이해할 수 있다."(DIL, 321) 인간 본성의 보편성에 기초한 딜타이의 해석학적 사고는 다음과 같은 결론에 이른다. "해석학의 궁극적 목표는 작가가 자기 자신을 이해했던 것보다 더 잘 이해하는 데 있다."(DIL, 332) 결국, 딜타이의 사고는 슐라이어마허의 시각에서 한 발짝도 벗어나지 못한 낭만주의적 사고에 머물러 있다.[1]

슐라이어마허와 딜타이가 근대 해석학의 기초를 세운 건 사실이지만, 가다머와 리쾨르의 비판을 면할 수 없는 까닭은 다음과 같은 두 가지 이유에서다. 첫째로, 사고와 언어의 일치를 해석 이론의 전제로 상정했는데, 니체 이후 정신분석학과 이데올로기 비판을 거치면서, 사고와 언어의 일치라는 이상론은 이젠 인정할 수 없는 철학적 전제가 되어버렸기 때문이다. 둘째로, 인간 본성의 보편성을 너무나도 순진하게 믿음으로써, 한 개인이 타자의 심리 속으로 전입할 수 있다는 낭만주의적 자아의 틀 안에 머물러 있기 때문이다. 이러한 낭만주의적 자아는 "주체의 자기 투명성"(TA, 31), 즉 내가 나를 직접 인식할 수 있다는 전제에서 출발하는 것인데, 이 또한 맑스[2]와 니체 그리고 프로이트

---

1) 슐라이어마허와 딜타이가 해석학의 궁극적 목표를 작가보다도 더 나은 이해에 둔 것은, 장 그롱댕의 지적에 의하면, 칸트가 『순수 이성 비판』에서 다음과 같은 주장을 한 데서 유래한 것이라고 한다. "플라톤을 플라톤 자신이 자신을 이해했던 것보다 더 잘 이해할 수 있다고 해서 놀라울 게 하나도 없다. 왜냐하면 플라톤 자신이 자신의 개념을 충분히 명확하게 규정하지 못했기 때문이다"(HER, 19) 한편, 『해석학적 코기토』의 저자 장 그레쉬는 다음과 같이 아주 특이한 해석을 제시했다. "사실, '작가 자신이 자신을 이해했던 것보다 더 잘 이해한다'라는 게 무슨 의미일까? 반드시 작가보다 더 탁월하다거나, 아니면 작가보다 더 현명하다고 여기는 게 아니라, 그와 반대로 작가의 장점은 물론이고 약점도 추적하는 것이다."(CH, 146) 그리고 장 그레쉬는 리쾨르의 용어를 빌려 한마디 덧붙였다. "이것은 모든 '다친 코기토cogito blessé'의 고유한 속성이다."(CH, 146) 이와 관련하여, 에마뉘엘 레비나스는 『모리스 블랑쇼에 관하여』라는 책에서 "하이데거의 저 유명한 '무-언non-dit'이 칸트나 헤겔을 그들 자신보다 더 잘 이해하게 해주는 것"(SMB, 46)이라고 지적한 바 있다.
2) 가다머는 물론이고 리쾨르 역시 맑시즘에 정통한 철학자였다. 특히, 리쾨르는 20대 초반에 맑스를 통독한 뒤, 1937년에 『존재』라는 잡지에 「맑스의 필요성」이라는 글을 발표하기도 했

이후, 이른바 '의구의 철학philosophie du soupçon'에선 받아들일 수 없는 전제이다. 요컨대, 슐라이어마허와 딜타이의 해석학은 데카르트의 코기토에 기초한 19세기적 사고의 한계가 낳은 결과라고 할 수 있다.

데카르트의 코기토에 대한 신랄한 비판

앞서도 언급했듯이, 리쾨르는 슐라이어마허와 딜타이의 해석학을 비판적으로 수용한다. 비판의 대상은 낭만주의적 자아에 기초한 해석학적 사고인데, 이 낭만주의적 자아가 주체 철학의 오래된 전통의 유물이라는 점에서, 리쾨르는 전통과의 단절을 선언하고, 주체 철학의 신기원을 이루는 자기 해석학을 정립한다. 따라서 그의 주체 철학이 낭만주의 주체인 데카르트의 코기토에 대한 비판에서 출발하는 건 당연하다. 데카르트와 칸트에서 후설의 현상학에 이르는 주체, 즉 스스로 자가 정립한다는 주체에 대한 비판이다. 『해석의 갈등』의 「주체 물음 : 기

다. 이와 관련해선, 리쾨르의 자서전에 해당하는 『되돌아보니, 지적 자서전』과 『비판과 확신』을 참고하기 바란다. 한마디 덧붙이면, 리쾨르는 출생 직후 어머니를 여의었고, 두 살 때 아버지가 1차 대전에서 전사했으므로, 평생 아버지와 어머니라는 낱말조차 발음할 기회가 없었지만, 조부모와 고모의 보살핌 덕분에 무난히 자랄 수 있었다. 훗날, 아버지의 전사를 "개죽음"이라 부른 리쾨르는 어린 시절부터 "사회적 불의에 대한 강렬한 반감"(RF, 19)을 느꼈고, 구교인 가톨릭의 보수적 전통에 맞서, 일찍부터 진취적이고 혁명적인 개신교 그룹에 동참해서 활동한 참여 지성인이었다. 그리고 프랑수아 미테랑 대통령 재임 시에 프랑스의 총리(1988-1991)를 지낸 미셸 로카르와 함께, 프랑스를 대표했던 두 명의 개신교도로도 유명하다. 월간지 『에스프리』는 1991년 1월호에, 프랑스 사회의 개혁을 주제로, 독서광이자 직설의 대명사로 유명한 정치인 로카르와 철학자 리쾨르의 특별대담을 싣기도 했다. 한마디만 더하면, 유일한 혈족이던 누이가 스물다섯에 폐결핵으로 사망했고, 아들 올리비에마저 자살하는 비극적인 개인사가 있다. 죽음의 그림자가 드리운 일생이었지만, 리쾨르는 너그러운 마음으로 늘 희망을 얘기했고, 사회적 불의에 대해선 타협하지 않는 인간이었다.

호론의 도전」이라는 글에서 리쾨르는 주체 철학의 전통을 다음과 같이
요약하고 있다.

> 우선, 데카르트의 코기토는 반성철학의 전통을 형성하는 일련의 코
> 기토들 가운데 하나일 뿐이다. 비록 가장 높은 봉우리 중의 하나이긴
> 하지만 말이다. 이러한 일련의 코기토 전통에서 코기토에 관한 각각
> 의 표현들은 선행의 것을 재해석하고 있다. 소크라테스의 코기토('너
> 자신의 영혼을 보살펴라')도 있고, 아우구스티누스의 코기토('외부' 현실
> 과 '상위' 진리의 영향을 받는 '내면의' 인간)도 있고, 물론 데카르트의 코
> 기토도 있고, 칸트의 코기토('**나는 생각한다**는 나의 온갖 표상들과 동행
> 할 수 있어야 한다')도 있다. 피히테의 '나'가 현대 반성철학의 대표 증
> 인인 건 두말할 나위 없다. 장 나베르가 인정했듯이, 칸트와 피히테를
> 통해 데카르트를 재해석하지 않은 현대의 반성철학은 없다. 후설이
> 현상학에 접목하고자 했던 '에고론égologie'도 이런 시도 가운데 하나
> 이다.(CI, 233)

코기토는 서양 철학의 역사에서 면면히 이어져 내려온 주체 문제의 중
심에 있다. 그런데 서구의 철학 전통은 코기토를 "으뜸 진리"(CI, 222)
로 간주한 나머지, 즉 아무런 설명도 아무런 검증도 필요 없는 자명한
진리로 간주한 나머지, 주체 문제에 대한 근본적인 성찰을 망각했다고
리쾨르는 지적한다. 이러한 망각의 결과, 데카르트의 코기토가 주체 철
학의 대명사가 되었다고, 리쾨르는『타자처럼 자기자신』의 서문에서
아래와 같이 냉혹하게 비판한다.

코기토는 철학적으로 강력한 의미가 전혀 없다. 코기토의 정립이 최종적, 궁극적 기초의 야망에 의해 깃들이어 있는 한에서 말이다. 이 야망은 엄청난 혼란의 빌미가 되었는데, '나는 생각한다'의 '나'가 때론 비할 데 없는 으뜸 진리로 칭송된 듯도 하고, 때론 중대한 환상 illusion majeure으로 폄하된 듯도 하다. 이러한 최종적 기초의 야망이 데카르트에서 칸트로, 이어서 칸트에서 피히테로, 끝으로 『데카르트적 성찰』의 저자인 후설에 이르면서 첨예해진 건 사실이긴 하지만, 우리가 보기엔, 이 야망의 탄생지인 데카르트 자신을 겨냥하는 것으로 충분할 듯하다. 왜냐하면 데카르트 철학은 코기토의 **위기**와 코기토의 **정립**이 동시적임을 입증하고 있기 때문이다.(SA, 15)

인식 주체의 성찰을 통해서 투명한 직접 의식의 주체가 스스로 자기를 정립하는 게 데카르트의 코기토이다. 에고 코기토의 에고는 회의하면 할수록 생각하는 나의 존재가 더욱 확고하고 자명한 진리라고 확신한다. 리쾨르는 자기 확신에 찬 코기토의 인식 행위, 즉 "자기 형성의 궁극적 기원이라 주장하는 에고의 주장"(TA, 54)을 "중대한 환상"으로 치부한다. 왜냐하면 회의를 주도하는 '나'는 회의의 대상을 '회의하는 나'로 삼고서 '회의하는 나'의 존재를 확인하긴 하지만, 존재하는 나의 존재 의미에 대한 근본적인 반성이 없기에, 그런 '나'는 반성의 주체가 정작 반성을 하지 않는 "가짜 코기토"(CI, 21)에 불과하기 때문이다. 리쾨르의 설명을 들어보자. "회의를 주도하면서 코기토 안에서 반성하는 '나'는, 회의가 회의의 모든 내용에 대해 그러하듯이, 회의 그 자체만큼이나 형이상학적이고 과대망상적인데, 사실 그런 '나'는 아무도 아니다."(SA, 16) 어찌 '아무도 아닌 나'가 나를 인식하고 이해할 수 있겠는가? 리쾨르는 이 '아무도 아닌 나'로서의 회의하고 반성하는 나를 "닻이 풀린 '나'"je" désancré"(SA, 16)라고 부른다. "자기 몸corps propre이 결속된 모든 시공간적 지표에서 이탈한"(SA, 16) 나이기 때문이다. 유체이탈이라고나 할까. 데카르트의 '나'는 세계 속의 나가 아니라 회의 속의 나에 지나지 않기 때문에, 회의하는 '나'는 '자기 몸'의 닻이 풀린 나와 다름없다.『지각의 현상학』의 저자인 메를로–퐁티에 의하면, '자기 몸'은 모든 지각과 의식의 근본 주체로서 나와 세계의 매개자인데 말이다.

데카르트는『형이상학적 성찰』의 서문에서 "평소의 나보다 훨씬 더 자유롭게 나에 대해 말해야겠다"라고 선언하면서, "나의 이성에서 찾아내는 약간의 확신과 명증"(RD2, 9)을 성찰의 내용으로 제시했다. 「두 번째 성찰」에서 "**나는 존재하고, 나는 실존한다**"(RD2, 28)라는 명제를 진리 명제로 내세운 데카르트의 '나'는 다음과 같이 실토한다. "하지만 나는 아직 아주 명확하게 내가 무엇인지를 알지 못한다. 내가 존재한다는 건 확신하는 나인데 말이다."(RD2, 28) 코기토의 존재 확신은 회의 확신으로 이어진다. "사실, 회의하는 게 나인 것만은 너무나 명백하게도 자명하다."(RD2, 31)『해석의 갈등』의 저자 리쾨르는 이런 데카르트의 '나'를 다음과 같이 풀이한다. "나는 존재한다. 하지만 존재하는 나, 이 나는 무엇인가? 자, 바로 이것이 이젠 내가 알지 못하는 것이다. 달리 표현하면, 반성이 의식의 확신을 상실했다. 따라서 내가 **무엇**인지는 나는 **존재한다는** 것이 당위적인 만큼이나 문제이다."(CI, 238) 바로 이것이 코기토의 자기 인식의 한계, 즉 "나 자신에 대한 나의 인식"(SA, 18)의 한계이다.

데카르트의 코기토는 "이전에 내 정신 안에서 생각들 자체로부터 탄생하던 생각들"(RD2, 29)을 분석한 결과, '나는 무엇인가?'라는 물음에 이렇게 대답한다. "그러니까 정확히 말해서, 나는 단지 생각하는 어떤 것일 뿐이다. 즉, 정신, 오성 혹은 이성 말이다."(RD2, 30) 보다시피, 생각하는 코기토가 기껏 찾아낸 나의 실체가 "생각하는 어떤 것une chose qui pense"인데, 이 어떤 것의 실체를 "정신, 오성 혹은 이성"이라 밝힘으로써, 결국 '생각하는 나'로 환원될 뿐이다. 다람쥐 쳇바퀴 도는 식이다. 하이데거의 지적대로, "추론 속의 순환"(ET, 31)이다. 추론 안에서 맴돌 뿐이다. 생각의 악순환이다. 코기토의 추론 순환엔 존재 의미의 물음이 빠져있다. 실제로, 데카르트의 『형이상학적 성찰』엔 절대 존재인 신에 대한 사유는 풍성하지만, 이 "거룩하신 주님"(RD2, 42)의 그늘에서 벗어나 실존하는 존재자에 대한 존재론적 성찰이 전무하다. 물론, 형이상학적 사고와 존재론적 사고는 다른 차원에 있긴 하지만 말이다. 인식론적 차원에서 보면, 사고 행위cogitatio는 있으나, 사고 대상cogitatum이 없는 것이나 다름없다. 그런 '헛 코기토'로는 "최종적, 궁극적 기초의 야망"(SA, 15)을 실현할 수 없다. 리쾨르가 데카르트 철학에서 코기토의 정립이 코기토의 위기를 초래한다고 주장하는 것도 이런 이유 때문이다.

리쾨르는 데카르트의 '생각하는 나'를 다음과 같이 풀이한다. "생각이 되어버림으로써, '나'는 급기야 모든 단독 결단력을 상실한다."(SA, 18) 가다머의 설명에 의하면, "하이데거는 현사실성 개념에 특별한 의미를 부여했는데, 현사실성은 인간 현존재의 근본적인 결단력을 지칭했다."(AC2, 76) 하기야, 데카르트의 '나'는 "전지전능하신 절대자 하느님"(RD2, 42)께 순종하기에, 혼자선 어떤 결단도 내릴 위치에 있지 못할 터이다. 단독 결단이든 근본적인 결단이든, 생각이 되어버린 코기토에게 결정권이 없다는 건, '생각하는 나'에겐 생각이 나보다 우위에 있다는 말이다. 생각이 주권자이고, 나는 이 주권자에게 예속된 자이다. 그런 나는 생각의 주인이 아니라, 생각의 노예일 뿐이다. 주객이 전도된 꼴이다. 나의 '무엇'이 나의 '누구'보다 우선하기 때문이다. 『타자처럼 자기자신』의 저자에 의하면, 코기토의 '생각'은 "'누구qui'의 '무엇quoi'"(SA, 147)일 뿐인데, 정작 "그 어떤 '**무엇**?' 물음으로도 환원될 수 없는 물음인 **누구**?' 물음", 즉 "'나는 누구인가?'"(SA, 143)라는 물음은 제기하지 않기 때문이다.

　정확하게 말하면, 『형이상학적 성찰』의 코기토는 '나는 누구인가?'라는 물음을 제기하긴 한다. 그것도 딱 한 번이다. "하지만 나, 지극히 강력한 누군가가, 감히 말하자면, 교활하고 악의적인 온갖 술수와 온갖 재간을 동원해서 나를 속이려는 누군가가 있다는 걸 추정하는 지금, 나, 나는 누구인가?"(RD2, 30) 소위 "악령malin génie"(SA, 16)의 존재를 상정하고 나서야, 비로소 제기하는 물음이다. 그런데 이 근본적인 물음에 대해 아무런 대답이 없다. 하기야 "절대적으로 완벽한 존재"(RD2, 51)인 신의 품속에 있는 나는 굳이 '나는 누구인가?'라는 물음을 제기할 필요성이 없을지도 모른다. 아무튼, '나는 누구인가?'라는 물음에 대한 코기토의 자답을 들어보자.

> 그러니까 영혼의 속성들로 넘어가서, 내 안에 어떤 것들이 있는지를 보기로 하자. 첫 번째는 먹고 걷는 속성이다. 하지만 내게 몸이 없다면, 나는 걷지도 먹지도 못하는 것 역시 사실이다. 다른 하나의 속성은 느끼는 것이다. 하지만 몸이 없인 느낄 수도 없다. […] 또 다른 하나의 속성은 생각하는 것이다. 그리고 여기에서, 나는 생각이 나의 속

성이라고 생각한다. 오로지 생각만이 나와 분리될 수 없다. 나는 존재하고, 나는 실존한다. 이건 확실하다.(RD2, 30)

데카르트의 코기토는 "나는 누구인가?"라는 물음에서 출발해서, 생각의 결과로 찾아낸 답이 "나는 생각이 나의 속성이라고 생각한다"이다. '생각'이 나의 속성을 '생각'으로 '생각한다'는 말이다. 생각의 악순환일 뿐이다. 그 이상도 그 이하도 아니다. 생각의 내용이 없다. 오로지 나는 생각하기에 "나는 존재하고, 나는 실존한다"를 확신한다. 도돌이표다. '생각하는 나'인데, 존재의 의미도 실존의 의미도 생각지 않는다. 코기토의 한계이다. 『타자처럼 자기자신』의 저자는 이 코기토의 한계를 다음과 같이 풀이한다.

> 그러니까 바로 여기, 자기성ipséité이 배제된 소여 이외에 다른 것을 찾지 못했다고 고백하는 **누군가**quelqu'un가 있다. 즉, 자기 자신 속으로 침투해서 찾으려다가 아무것도 찾아내지 못했다고 선언하는 **누군가**이다.(SA, 154)

통렬한 지적이다. 데카르트의 코기토는 직접 의식의 텅 빈 공간 속으로 들어가서 생각하다가 끝내 자신의 "자기성"을 찾아내지 못했다고 고백하는 주체라는 것이다. 리쾨르의 정체성 개념으로 표현하면, 나의 "동일성mêmeté"은 확인하지만, 나의 "자기성ipséité"(SA, 13)은 인식하지 못하는 코기토이다. 나의 '무엇'인 '생각'(나)은 확인하지만, 나의 '누구'인 '자기'를 찾아내지 못하는, 아니 찾지 않는 코기토이다. 반쪽짜리 코기토이다. 반쪽짜리 코기토로는 자기 정립을 할 수 없다. 그래서 리쾨르는 이렇게 지적한다. "우리는 영영 자기*ipse* 없는 개인의 동일 *idem*은 생각할 수 없다. 심지어 어느 하나가 다른 하나를 아우를 경우에도 말이다."(SA, 147)

『해석의 갈등』의 저자는 다음과 같이 단언한다. "회의하는 과정에서 직접 자기 자신을 파악하는 저 유명한 데카르트의 코기토는 반박할 수 없는 진리인 만큼이나 공허한 진리이다."(CI, 21) 왜냐하면 "스스로 자신을 진리라고 내세우는 진리로서, 그런 까닭에 검증될 수도 추론될 수도 없는 진리"(CI, 21)이기 때문이다. 따라서 "그런 진리는 공허한 진리이다. 그런 진리는 첫발은 내디뎠지만, 다음 발은 하나도 이어지지 않는 것이나 다름없다."(CI, 21) 리쾨르의 표현대로 "진리 없는 확신"(DI, 51)일 뿐이다. '생각하는 나'는 회의의 결과로 나의 존재만 확인할 뿐, 회의 과정에서 회의의 이유도 존재의 의미도 찾지 않는 무위 의식의 주체에 불과하다. 하이데거의 표현을 빌리면, 자기 안에 갇힌 "자가 의식"(ET, 379)일 뿐이다.

데카르트의 '나'는 자문자답한다. "하지만, 도대체 나는 무엇인가? 생각하는 어떤 것. 생각하는 어떤 것이란 무엇인가? 말하자면, 회의하고, 구상하고, 긍정하고, 부정하고, 바라고, 바라지 않고, 상상도 하고, 그리고 느끼는 어떤 것이다."(RD2, 31) 보다시피, '생각하는 어떤 것'인 '나'의 사고 행위엔 '말하다'라는 행위가 없다. 언어가 없는 사고이다. 데카르트의 『형이상학적 성찰』의 어디에도 언어에 대한 사유는 없다. 코기토의 사유 목록엔 언어가 빠져있다. 데카르트의 형이상학적 성찰엔 "이성적인 동물"(RD2, 29)은 있지만, 말하는 동물은 없다. '생각하는 나'는 "나는 무엇이라고 확신할 수밖에 없다고 생각한다."(RD2, 30) 리쾨르가 반문한다. "무엇이라고. 그런데, 그게 뭔데?"(SA, 17) 리쾨르의 질문에 데카르트의 대답은 없다. "나는 생각하는 무엇이다"(RD2, 59)라는 대답 이외엔 말이다. 논증의 악순환이다. "거대한 악순환"(SA, 21)이다. 코기토의 정립이 코기토의 위기를 초래하는 반증이다.

리쾨르에 의하면, 삶의 표현을 거치지 않는 직접 의식의 반성 행위는 "맹목적인 직관"(CI, 21)에 불과하다. 반성이란 "자기를 되돌아보는 행위"로서 하나의 "비판 행위"(TA, 25)이다. 이때 비판이란, 칸트적 의미에서가 아니라, "코기토는 자기 삶의 자료들을 해독하는 우회를 통해서만 파악될 수 있다"(CI, 21)라는 의미에서의 비판이다. "반성은 우리의 실존 노력과 존재 욕망을 자기화하는 것인데, 그때 반성은 이러한 노력과 이러한 욕망을 증언하는 작품들을 통해서 이루어진다."(CI, 21) 이런 점에서 보면, 반성은 자기 존재 안에서 존속하려는 스피노자의 존재 노력conatus이라기보다는, 세계-내-존재로서 존재의 의미를 찾으려는 하이데거의 존재 심려Sorge에 가깝다고 할 수 있다.

『존재와 시간』의 철학자는 데카르트의 "'코기토 숨cogito sum'"에 대한 성찰엔 "생각하는 어떤 것res cogitans의 존재 양식, 더 정확히 말하면, '존재한다sum'의 **존재 의미**가 비결정 상태로 남아 있다"(ET, 50)라고 명료하게 지적한다. 그래서 리쾨르는 직접 의식의 코기토를 "애초부터 가짜 코기토로 가득한 빈자리"(CI, 21)에 비유하는데, 프로이트에 의하면, "자칭 직접 의식이라고 하는 건, 무엇보다도 '가짜 의식'"(CI, 22)이기 때문이다. 맑스, 니체 그리고 프로이트가 이 가짜 의식의 전모를 드러낸 이후, 에고 코기토의 에고는 재정립되지 않을 수 없게 되었다. 고사성어에 목단어자견目短於自見이라는 표현이 있는데, 눈은 눈앞의 사물은 잘 보지만, 자기 눈 속은 보지 못한다는, 달리 표현하면, 남의 눈에 티는 보이지만, 제 눈에 티는 보지 못한다는 말이다. 코기토의 직접 의식을 빗댈 수 있는 적절한 우의이다. 가다머의 메타포를 빌리면, 코기토에게 "주체의 집"인 직접 의식은 "일그러진 거울"이거나 "흔들리는 불빛"(VM, 115)에 불과하다.

존재론적 코기토와 현존재의 자기 심려

존재론적 해석학의 시각에서 보면, 데카르트의 코기토는 관념론적 주체일 뿐, 실존의 문제에 심려하는 존재론적 주체가 아니다. 하이데거의 표현대로, "논리 행위의 주체"(ET, 379)일 뿐, 실존의 주체가 아니다. 『해석의 갈등』의 저자는 "그런 주체는 무엇보다도 **자기**애의 상속자다"(CI, 239)라고 단정한다. 나르시시즘에 빠진 주체라는 말이다. 이 나르시시스트 주체에 관해, 리쾨르는 다음과 같이 분석한다. "바로 이 나르시시즘으로 인해, 반성하는 코기토와 직접 의식의 혼돈이 일어나고, 나는 내가 존재한다고 믿는 그대로의 그런 나를 나라고 믿는다. 하지만, 만일 그 주체가 내가 존재한다고 믿는 그런 주체가 아니라면, 그땐 의식을 버려야 주체를 만난다."(CI, 239) 반성철학의 코기토든 데카르트의 코기토든, 나르시시즘에 빠진 코기토는 나의 허상(내가 그런 나라고 믿는 나)은 보지만, 나의 실상(내가 그런 나라고 믿는 나가 아닌 나)을 보지 못한다. 전자나 후자나 양자 모두 나르시시스트 주체로서 직접 의식의 포로로 머물러 있기 때문이다. 그러므로 직접 의식의 굴레에서 벗어나지 않는 한, 실체적 주체를 만날 수 없다.

　『해석에 대하여, 프로이트에 관한 시론』의 저자는 반성이 없는 반성철학을 이렇게 비판한다. "반성의 철학은 의식의 철학이 아니다. 만일 의식이 자기 자신에 대한 직접 의식을 뜻한다면 말이다."(DI, 51) 반성의 철학이 구체적이고 실질적인 반성을 하기 위해선, 반성철학의 코기토는 직접 의식에서 벗어나서 간접 의식의 주체가 되어야만 한다. 그래서 리쾨르는 "에고는 자기를 상실하고서 자기를 만나야 한다"고 주장하는데, 단 "에고를 객체화하는 표상들, 행위들, 작품들, 관습들, 유산들에 의해 '매개'되어야 한다"(DI, 51)라는 전제 아래에서다. 전통적인 반성철학의 코기토와 데카르트의 코기토에게 직접 의식의 환상에서 벗어나라는 주문이다. 코기토의 환상을 버려야 코기토가 정립된다. 그러므로 코기토의 자기 정립은 코기토의 자기 부정에서 출발해야 한다. 하이데거가 말했듯이, 해체는 새로운 기초의 계기이다. "주체를 버려야 주체를 구원한다."(CI, 24) 영혼의 복음서인 성경의 가르침이다. 정신분석학이 발견한 진리도 마찬가지이다. "나$_{moi}$를 버려야 나$_{je}$를 만난다."(CI, 24) 리쾨르는 반성철학의 주체 역시 이 '불편한' 진리를 받아들여야 한다고 역설한다.

이상에서 보듯이, 리쾨르가 코기토 비판에서 문제 삼는 건, 데카르트에서부터 후설에 이르는 철학자들의 공통적인 전제, 즉 "코기토의 직접성, 투명성, 당위성"(RF, 30)이다. 리쾨르는 의심하는 코기토의 존재 자체를 부정하는 게 아니라, 존재론을 거치지 않은 그런 코기토가 의심스럽다는 것이다. 에고 코기토의 에고는 실존 존재로서의 현존재의 나가 아니라는 말이다. 하이데거의 지적대로, 칸트의 '나는 생각한다'의 나는 "사고의 초월적 주체"(ET, 379)일 뿐이다. 코기토의 초월적인 자기 회의와 현존재의 실존론적 "자기 심려$_{souci de soi}$"(ET, 378)는 전혀 다른 주체 현상으로, "만개한 심려의 구조는 자기 자신이 되려는 현상을 내포한다."(ET, 383) 현존재의 심려에 자기 자신이 되려는 현상이 내포되어 있다는 건, 곧 현존재가 주체의 자기성에 존재론적 관심을 가진 코기토임을 말한다. 『해석의 갈등』의 저자도 "현존재의 **누구** 물음은 **자기-자신이-될-수-있음**의 물음으로 통한다"(CI, 230)라고 했다. 리쾨르가 데카르트의 코기토를 '헛 코기토'라고 한 이유도 '누구' 물음에 대한 답이 없기 때문이다. 그러므로 정신분석학, 존재론, 해석학이 개입해서 코기토를 재구성해야 하는 건 당연한 이치이다.

이를테면, 존재 행위를 욕망의 축에다 놓고 해석한 프로이트의 정신분석학을 거친 코기토는 관념론적 코기토가 아니라 존재론적 코기토이다. 리쾨르의 설명은 다음과 같다.

> 주체가 의식적으로 그리고 의지적으로 자기를 정립하기 이전에, 주체는 이미 충동 차원에서 존재 안에 놓여 있다. 자각이나 의지 행위보다 충동이 선행한다는 건, 곧 반성 차원보다 존재 차원이 선행하고, **나는 생각한다**je pense보다 **나는 존재한다**je suis가 우선함을 의미한다. 바로 여기에서 코기토에 대한 관념론적 해석이 아니라 존재론적 해석이 나온다. 스스로 완벽하게 자기를 정립한다는 코기토의 순수 행위는 추상적이고 공허하고, 확고부동한 만큼이나 허망하다. 코기토는 모든 기호 세계를 통해서 그리고 이 기호들에 대한 해석을 통해서 매개되어야 한다.(CI, 240)

위 인용문엔 두 가지 쟁점이 있다. 첫째로, 회의하는 '나'가 회의하기 위해선, 의심하기 이전에, 반성하기 이전에, 실존하는 '나'가 존재해야 한다. 코기토의 직접 의식이 '가짜 의식'임을 반증하는 존재론적 진리이다. 그러므로 "**나는 생각한다. 고로 나는 존재한다**"(RD1, 60)가 아니라 "나는 존재하고, 나는 생각한다"(CI, 21)이다. 사르트르식으로 표현하면, "실존은 본질에 선행한다"[3](JPS, 17)이다. 둘째로, 존재론은 존재자에게 관념론적 코기토를 버리고 실존론적 코기토로 거듭나라고 요구한다. "코기토의 당위성과 코기토의 회의는 동시에 청산되어야 한다."(CI, 240) 그러기 위해선, 코기토의 텅 빈 내면 의식에서가 아니라, 코기토의 실존 현상들을 해석하는 과정을 거쳐야 한다. 코기토가 기호 해석이라는 먼 길을 에둘러야 하는 이유는, 위에서도 언급했듯이, 직접 의식의 안으로 들어가서 아무리 자기성을 찾으려고 해봐야, 결국 "아무것도 찾아내지 못했다고 선언하는 **누군가**"(SA, 154)로 되돌아올 뿐이기 때문이다.

리쾨르는 코기토의 성격을 다음과 같이 규정한다. "코기토는 믿음인 동시에 물음이다. **나는 존재한다**라는 믿음은 의심할 여지가 없지만, 나는 **무엇인가**라는 물음은 열려 있는 물음으로 남아 있다."(CI, 240) 데카르트의 코기토는 '생각하는 나'를 통해서 '나는 존재한다'라는 사태가 의심할 여지 없는 확실성이라고 믿지만, '존재하는 나'의 '나는 무엇인가?'라는 물음은 "나는 무엇이다"(RD2, 30)라는 답 이외엔 "대답 없는 물음"(CI, 238)으로 남아 있다. 따라서 존재론적 해석학은 "추상적인 코기토의 당위성"을 폐기하고, "구체적인 주체의 진상 회복"(CI, 240)에 나서야 한다. 즉, "코기토에 대한 구체적인 비판"을 통해서 "가짜 코기토를 해-체하고dé-construire, 코기토의 우상들을 폐기하는"(CI, 239)

---

3) 사르트르의 실존주의를 대변하는 이 명제에 대해 가다머는 다음과 같이 지적한 바 있다. "'현존재의 본질은 그 실존에 있다'라는 명제를 본질에 대한 실존의 우선성을 주장하는 것으로 이해하기도 했는데, 바로 이러한 '본질' 개념에 대한 관념론적 몰이해에서 사르트르의 실존주의가 탄생했다."(AC2, 280)

작업에 착수해야 한다. 코기토에 대한 구체적인 비판이란 "가짜 코기토에 대한 비판, 즉 **나**와 나 자신 사이를 가로막는 **나**의 우상들을 해체하기"인데, "이 해체하기는 일종의 애도 작업이다."(CI, 240) 가짜 코기토에게 조종을 울리는 애도 작업이다.

『존재와 시간』의 저자는 칸트의 '나는 생각한다'의 '나'를 "**고립된 주체**"(ET, 381)라고 명명하면서 다음과 같이 덧붙인다. "**나라고 말하면서 말을 할 때, 현존재는 세계-내-존재로서 자기를 표현하는 것이다.**"(ET, 381) 하이데거의 언어치고는 너무나 투명하다. 하지만 이 투명한 문장엔 존재론적 코기토의 성격을 밝혀주는 실마리가 있다. 우선, 위 문장의 '나'라고 지칭하는 주체는 데카르트의 코기토가 아니라, 세계-내-존재로서의 현존재의 코기토이다. 그리고 이 현존재의 코기토는 나의 말로 나를 표현하고, 나를 현시한다. 다시 말해서, 하이데거의 '나'는 데카르트의 '생각하는 나'의 '나'가 아니라, 실존 존재로서의 '존재하는 나'의 '나'이다. 이와 아울러, 데카르트의 코기토가 '생각하는 나'일 뿐인 데 반해, 하이데거의 '존재하는 나'는 '표현하는 나'이기도 하다. 데카르트의 코기토가 오로지 직접 의식 안에 갇혀 있는 주체인데에 반해, 현존재의 코기토는 존재를 언어로 표현하는 주체이다. 그래서 하이데거는 현존재가 "외부와의 관계를 단절한 채 틀어박힌" 존재가 아니라, "이미 '바깥에 있는'" 존재로서 "표현된 건 바로 바깥에-있는-존재이다"(ET, 209)라고 했다. 이런 점에서 보면, 하이데거의 현존재는 후설의 의식의 지향성, 즉 자아의식보다 대상의식의 우선성을 체화하는 존재자이고, 이 존재자의 의식은 늘 "**무엇에 대한** 의식"(TA, 26)이다.

현존재의 이런 특성에 대해 『존재와 시간』의 저자는 "세계-내-존재가 가진 이해력은 **말로 표현된다**"(ET, 207)라고 했다. 모든 말(파롤)이 "자기를 표현하는s'exprimer 특성"을 가지고 있듯이, "말을 하면서 현존재는 **자기를 밖으로 표출한다**s'ex-primer."(ET, 209) 하이데거의 현존재는 자가 의식 안에 갇힌 데카르트의 코기토와 전혀 다른 주체이고, 그 다름은 바로 말(파롤), 언어 행위에 있다. 데카르트의 코기토엔 사고를 주도하는 언어가 빠져있다. 언어 행위가 없는 사고이다. 리쾨르는 언어를 잃어버린 회의의 주체를 다음과 같이 분석한다. "회의의 '누구qui'는 모든 근거를 상실함으로써 주고받는 말의 대화 상황에서 벗어나 있다. 그가 독백한다고 말할 수조차 없다."(SA, 16) 독백조차 하지 못하는 코기토에겐 언어 행위가 있을 수 없다는 지적이다. 언어의 매개를 생략해버린 직접 의식의 헛됨과 부질없음에 대한 뼈아픈 지적이다. 그래서 현존재의 철학자 하이데거는 "현존재는 말을 가지고 있다"라고, "인간은 말하는 존재자로서 자기를 보여준다"(ET, 212)라고 역설했다. 어쩌면, 데카르트는 로고스를 말(언어)이 아니라 이성으로만 해석한 데서 인식의 오류를 범했던 것인지도 모른다.

하이데거의 이해 존재론은 존재 이해의 매개자인 언어를 현존재와 결코 분리할 수 없고, 말을 이해해야 존재를 이해한다고 역설한다. 그래서 리쾨르는 「주체 물음 : 기호론의 도전」에서 프로이트의 충동이론을 언어와 연관해야 한다고 주장한다. 다시 말해서, "**나는 생각한다**보다 **나는 존재한다의 우선성**"(CI, 261), 즉 의식보다 충동의 우선성을 언어와 존재의 관계에도 적용해야 한다는 것이다. "**나는 존재한다**는 **나는 말한다**보다 훨씬 더 근원적이다. 그러므로 철학은 **나는 존재한다**의 지점에서 출발해서 **나는 말한다**를 향해 길을 나서야 한다. 하이데거가 주문하듯이, 철학은 언어의 품 자체에서 나와 '언어를 향한 길로' 나서야 한다."(CI, 261) 하이데거의 이해 존재론에서 출발한 존재론적 해석학은 존재 문제를 언어 차원에서 다뤄야 하는데, 언어 차원에선 어떻게 세계-내-존재에게 해석이 이루어지는지를 밝혀내야 한다. "우선 세계-내-존재가 있고, 이어서 이해하기가 있고, 이어서 해석하기가 있고, 이어서 말하기가 있다. 이 노정의 순환 특성은 무한 순환이다."(CI, 261) 세계-내-존재로서의 현존재와 이해 존재로서의 언어 존재의 무한 순환이다. 리쾨르는 이 순환성을 다음과 같이 풀이한다. "**나는 말한다**와 **나는 존재한다**의 순환성으로 인해, 상징 기능과 상징의 뿌리(충동과 실존)가 번갈아 주도권을 쥐게 된다. 하지만 이 순환은 악순환이 아니라, 표현과 표현된 존재의 진정 생생한 순환이다."(CI, 261-2) 그러므로 존재론적 해석학은 실존 존재와 언어 존재의 선순환 구조에서 코기토 문제에 접근해야 한다. 왜냐하면 이 선순환 구조 안에선 "말해진-존재로서의 세계와 말하는-존재로서의 인간의 동시 탄생"(CI, 257)이라는 존재론적 사건이 벌어지기 때문이다. 당연한 사태이다. 인간이 세계를 언어로 표현하므로, 바로 그 언어 안에서 인간과 세계의 동시 탄생이라는 존재론적 사건이 일어난다. 하이데거의 이해 존재론에 기초한 리쾨르의 해석학은 현존재의 코기토의 특성을 다음과 같이 설명한다.

> 기호들을 해석하면서 자기를 해석하는 주체는 코기토가 아니다. 그런 주체는 실존자existant인데, 실존자는 자기를 정립하고 자기의 주인이 되기 이전에도, 자기 삶에 대한 해석을 통해 이미 존재 안에 놓여 있음을 발견한다. 이렇듯 해석학은 처음부터 끝까지 줄곧 **해석된-존재**être-interprété가 실존 양식임을 발견하게 된다.(CI, 15)

현존재의 본질은 실존에 있다. 실존하지 않는 현존재는 없다. 현존재는 자기 삶을 해석함으로써 자신의 실존을 확인한다. 관념론적 코기토에 머물지 않으려면, 직접 의식에서 벗어나 바깥의 삶을 살아야 한다. 바깥의 삶이 실존이다. 그리고 이 실존은 언어로 표현된다. 언어로 표현된 실존은 현존재의 거울이다. 현존재는 표현된 실존에서 타자를 이해하고, 타자 이해를 통해서 자기를 이해한다. 그러므로 현존재의 존재론적 코기토는 자칭 자가 정립한다는 직접적이고 초월적인 데카르트의 코기토가 아니다. 리쾨르는 묻는다. "해석을 주도하는 자기는 왜 해석의 결과로서만 되찾을 수 있는 것인가?"(CI, 21) 답은 간단하다. "자기는 자기 삶의 자료들을 해독하는 우회를 통해서만 파악될 수 있다."(CI, 21) 한마디로, 현존재의 코기토란 세계 속의 자기 삶에 대한 해석을 통해서만 간접적으로 형성되는 **해석된-존재**이다. 자기 해석은 곧 자기반성이다. 코기토의 순환 추론에 빠지지 않기 위해선, 직접 의식의 철학은 반성의 철학으로 대체되어야 한다. 데카르트의 코기토는 줄곧 생각하는 존재일 뿐이다. '생각하는 나'의 존재에 대한 해석이라는 게, 기껏해야 '나는 존재한다'이고, '나는 존재한다'에 대한 존재론적 해석에 착수하기도 전에, 곧바로 '나는 생각한다'로 되돌아가 버린다. 하이데거의 지적대로, 추론 안에서 맴도는 데카르트의 코기토는 관념론적 주체일 수밖에 없다.

거듭 강조하지만, '생각하는 나'에겐 "이성적인 동물"(RD2, 29)에 대한 사유는 있지만, '말하는 동물'에 대해선 언급조차 없다. 데카르트의 코기토는 로고스(이성)를 가졌지만, 로고스(언어)가 없는 것이나 다름없다. 인간이 로고스(언어)를 가진 동물임을 상기하면, '나는 존재하고, 나는 생각한다'가 아니라, '나는 존재하고, 나는 말한다'가 현존재의 실존성과 현사실성을 대변하는 진리 명제이다. 그리고 이 명제는 영원불변의 진리일지도 모른다. 인간이 로고스를 박탈당하지 않는 한 말이다. 게다가, 현존재 분석론의 차원에서 보면, '나는 존재하고, 나는 생각한다'는 여전히 관념론의 흔적이 남아 있으므로, 그보다는 '나는 존재하고, 나는 말한다'를 으뜸 진리로 삼아야 한다. 이해 존재론으로서의 해석학은 생각을 이해함으로써 존재를 이해하는 게 아니라, 말(언어)을 이해해야 존재를 이해할 수 있다는 으뜸 원리에 기초하기 때문이다. 말하는 동물인 인간에게 말은 존재 양식 그 자체이다.

하이데거의 현존재 개념이 예시하듯이, 나의 존재가 드러나는 건 나의 삶에 대한 표현을 통해서이다. 나의 삶을 표현한다는 건, 곧 나의 삶을 해석하는 것이다. 그래서 리쾨르는 해석된–존재가 현존재의 실존 양식이라고 역설한다. 나의 삶을 해석할 때, 비로소 자기 이해의 길로 나아갈 수 있다. 나의 삶을 해석한다는 건, 나의 삶에 대한 비판이자 반성이다. 이런 의미에서 반성은 "기호 이해와 자기 이해의 연결자"(CI, 20)이다. "반성이란 자기에 의한 자기에 대한 직관이 아니기에, 반성은 해석학이 될 수 있고 해석학이 되어야만 한다."(CI, 221) 반성적 해석학에 따르면, "기호 세계를 이해하는 것이 곧 자기를 이해하는 수단이다."(CI, 260) 그 이유는 다음과 같다. "자기에 의한 자기 직관이라는 가까운 길은 막혀 있다. 나의 실존 욕망의 자기화는 의식의 가까운 길을 통해선 불가능하다. 오로지 기호 해석이라는 먼 길만이 열려 있다."(CI, 260) 리쾨르는 이 기호 해석의 먼 길을 "나의 철학 작업의 가설"이라고 명시하면서, "나는 이 작업을 **구체적인 반성**, 즉 **모든 기호 세계의 매개를 거친 코기토**라 부른다"(CI, 260)라고 했다. 기호 우회를 거치는 먼 길의 코기토는 초월적 코기토가 아니라 해석학적 코기토이다.

이 해석학적 코기토가 기호 세계의 매개를 거쳐 발견한 자기는 해석된-존재이고, 이 해석된-존재는 해석학적 주체로 거듭난 "각성한 코기토Cogito désabusé"(HS, 299)이다.

결국, 정신분석학과 반성적 해석학이 밝혀낸 것은 "다친 코기토Cogito blessé"(CI, 239)이다. 이 부서지고 망가진 코기토를 리쾨르는 다음과 같이 규정한다. "자기 정립은 하지만, 자기의 주인이 되지 못하는 코기토이고, 직접 의식의 부실과 환상과 거짓을 고백함으로써만 원초적 진리를 깨닫는 코기토이다."(CI, 239) 직접 의식의 망상을 고백한다는 건, 곧 '생각하는 나'의 생각의 날개가 부러진 날개임을 인정하는 것이다. 리쾨르가 초월적 코기토를 '다친 코기토'라 부르는 이유이다. 반성하는 동물인 인간에겐, 이제 부러진 날개에 매달린 '다친 코기토'의 상처와 상실감을 치유할 사고가 절실히 필요하다. 즉, 초월적이고 관념론적인 직접 의식을 포기하고서, 그 자리에 반성적이고 존재론적인 간접 의식을 실천하는 사고 주체가 출현해야 한다. 자기 이해의 에움길을 선택하는 주체이다. 자기 이해를 위해 머나먼 우회를 마다하지 않는 주체이다. 해석학적 코기토라 부르는 주체이다. 우회 철학으로서의 자기 해석학에서 탄생한 주체이다. 리쾨르가 "코기토의 직접성 주장과는 반대로 자기 해석학의 간접성"(SA, 29)을 역설하는 이유이다.

해석학적 주체의 나와-다른-자기

리쾨르는 「해석에 대하여」라는 글에서 "기호, 상징, 텍스트에 의해 **매개되지** 않는 자기 이해란 없다. 자기 이해는 궁극적으로 이 매개어들에 대한 해석과 일치한다"(TA, 29)라고 했다. 자기에게 투명한 직접적인 코기토의 환상을 비판하는 동시에, 자기 이해의 간접성과 매개성을 강조하는 자기 해석학의 기본 원리이다. 이 원리에 따르면, 자기 이해의 매개자는 기호와 상징 그리고 텍스트이다. 그렇다면, 이 세 가지 매개는 구체적으로 어떻게 이루어지는가?

첫째로, 기호에 의한 매개는 인간의 모든 경험이 언어로 표현될 수 있다는 사실에 기초한다. 헤겔이 『정신 현상학』에서 말했듯이, 우리의 욕망이나 지각은 모두 언어 기호로 표현된다. 프로이트는 언어 영역에 다다를 수 없을 만큼 깊이 묻혀있거나 숨겨진 감성 체험이란 없다고 했다. 이처럼, 인간은 삶의 경험을 언어 기호로 표현하므로, 이 기호들을 해독함으로써 이해의 길을 개척할 수 있다. "기호 세계를 이해하는 것이 곧 자기 자신을 이해하는 수단이다."(CI, 260) 딜타이도 삶의 기호들을 통해서 타자의 내면을 이해할 수 있다고 했지만, 타자 이해를 통한 자기 이해의 경로에 대해선 언급하지 않는다는 점에서 리쾨르와는 궤를 달리한다.

둘째로, 상징에 의한 매개라고 할 때의 상징은 겹뜻을 가진 표현, 즉 일차 의미 또는 문자적 의미 외에, 이차 의미 또는 비유적 의미가 담긴 표현을 일컫는다. 그러므로 모든 상징 표현엔 겉뜻과 속뜻이 있다. 이를테면, 얼룩/오점souillure, 추락/타락chute, 이탈/탈선déviation과 같은 표현들이다. 해석학은 단순히 문자적 의미 뒤에 숨겨진 비유적 의미를 해독해내는 상징 해석 차원에 머물러선 안 된다. 해석학의 과제는 삶이 표현된 상징을 해석하고 자기화하는 과정을 통해 자기 이해에 도달하는 데에 있다. "상징 해석이 해석학이라 불릴 수 있는 까닭은 상징 해석이 자기 이해와 존재 이해의 한 부분이기 때문이다."(CI, 33)

상징은 존재를 표현하는 하나의 수단이므로, 상징을 해석하는 주체는 존재와의 관계에서 자기를 이해하려는 주체이다. 이렇듯, 리쾨르의 자기 해석학이 데카르트나 후설의 주체 철학과 다른 점은 "직접 철학 philosophie de l'immédiat"(DI, 51)이 아니라 "우회 철학philosophie du détour"(SA, 28)이라는 데에 있다.

셋째로, 텍스트에 의한 매개는 위에 언급된 기호와 상징에 의한 매개를 아우르는 차원으로, 리쾨르의 자기 이해의 해석학을 구성하는 주춧돌에 해당한다. 하지만 이에 대해선 굳이 언급할 필요가 없을 뿐만 아니라, 굳이 해석학 이론을 거론할 필요조차 없을지도 모른다. 왜냐하면 텍스트에 의한 매개는 누구나 우리의 삶에서 몸소 체화한 실천지에 속하기 때문이다. 현재의 나는 나와의 대면에서 나 스스로 정립한 나가 아니라, 그와는 정반대로 무언가의 매개를 통해서 정립된 나이기 때문이다. 일테면, 부모의 가르침을 통해서, 친구와의 대화를 통해서, 영화나 드라마를 통해서, 교육의 장에서 습득한 지식을 통해서, 그리고 특히 철학이나 문학 작품을 통해서, 등등. 하지만 그 경로가 여하하건, 공통점은 단 하나이고, 배움이라는 행위로 수렴된다. 그리고 이 배움은 나와 나의 맞대면에서 얻은 게 아니라는 걸, 나의 의식 안에서 캐낸 보물이 아니라는 걸, 우리는 알고 있다. 다시 말해서, 나의 에피스테메는 나의 영혼에서 캐낸 앎이 아니라, 나의 외부에서 습득한 앎, 특히 온갖 문화 텍스트들을 통해 얻은 앎이다. 이러한 우리의 실존 경험은 직접 의식이 내세우는 초월적 코기토의 허구성을 입증하고도 남는다. 물론, 우리가 실제로 초월적 코기토의 직접 의식에서 벗어난 사고를 실천하는지는 별개의 문제이긴 하지만.

이를테면, 흔히 불가에서 말하는 견성성불見性成佛의 이치만 하더라도, 물론 가능하다는 전제 아래 이론상으로만 보면, 부처의 말씀인 불경이라는 텍스트가 있기에 가능한 것이지, 이 텍스트가 없다면 그리고 이 텍스트에 대한 심오하고 온전한 이해가 없으면 애초부터 불가능한 일이다. 불경을 읽지도 않고서, 어찌 부처의 마음속을 들여다볼 수 있을까? 공염불이 아닌 한 말이다. 기독교의 가르침도 마찬가지다. 목자들의 말에 의하면, 예수를 만나기 위해선 성경을 읽고 이해해야 한다고 한다. 거꾸로 말해서, 성경 텍스트의 매개를 거치지 않으면, 예수를 만날 수 없다는 것이다. 그리고 예수를 만난다는 건, 나를 버리고서 성경의 말씀을 따른다는 것이고, 그때 비로소 나는 나를 알게 되고, 무엇보다도 이전의 나를 버리고 '다른 나'가 되었음을 뜻한다. 요컨대, 불교에서나 기독교에서나, 자기 인식은 간접적인 이해이지, 결코 직접적인 이해가 아니라는 말이다. 『언어와 진리』의 저자 가다머의 표현을 빌리면, "영적 직관의 자기 확신의 허풍"(LV, 136)은 통하지 않는다.

한편, 고집불통이란 말도 있다. 남의 말을 듣지 않는 사람을 일컫는 표현이다. 남의 말을 듣지 않는다는 건, 남의 말을 듣지 않아도 스스로 자기 정립을 하기에, 남의 말이 필요가 없을 뿐만 아니라 귀에 들어오지도 않는다는 것이다. 데카르트적 코기토의 전형이 바로 고집불통이다. 외부 세계가 없는 코기토, 조금 더 정확하게 말하자면, 소위 "악령malin génie"(SA, 28)의 개입이 없는 외부 세계의 존재를 모르는 코기토이기 때문이다. 「실존주의와 실존철학」의 필자인 가다머에 따르면, 맑스와 니체 그리고 프로이트의 의식에 대한 비판을 수용해서 주체 개념을 처음으로 존재론적 비판에 부쳤던 하이데거에게 현존재의 의미는 다음과 같다. "현존재는 애초 본래부터 함께-존재être-avec인데, 이 함께-존재는 두 주체의 더불어-존재être-ensemble를 의미하는 게 아니라, 우리들-존재être-nous의 본래 양식을 의미한다."[4](AC2, 119-20) 그리고 「인간과 언어」의 필자에 의하면, 언어 존재의 특성 중의 하나는 "나$_{je}$와의 무-관계non-liaison"이고, "말하기는 '나'의 영역이 아니라 '우리들'의 영역에 속한다."(AC2, 64) 그래서 가다머는 "로고스라는 개념과 밀접하게 연결된 핵심 낱말이 바로 **우리들**이라는 낱말"(AC2, 90)이라고 강조했다. "인간은 로고스 안에 살고, 세계-내-존재의 언어적 특성인 로고스의 소명은 무엇인가를 보이게 함으로써 타자가 그것을 보도록 하는 데에 있다."(AC2, 155) 이런 의미에서, 언어 존재로서의 현존재는 "우리들-존재"로서의 실존자이다. 반면에, 오로지 나와만 관계를 맺고 있는 데카르트의 코기토는 우리들의 영역에 속하지 않으므로, 그런 코기토에겐 로고스(언어)가 없는 것이나 다름없다. 결국, 데카르트의 '나'는 언어 존재가 아니기에 '우리들-존재'의 영역에 속하지 않는다.

또 한편, 이심전심이란 말도 있다. 굳이 말이 없어도, 서로 뜻이 통하는 현상을 일컫는다. 석가모니가 내민 연꽃 한 송이의 뜻을 알고서 염화미소를 지었다는 마하가섭의 이야기는 전설이지 현실의 이야기가 아니다. 물론 어쩌다 눈이 마주쳐 뜻이 통할 때도 있기야 하겠지만, 그건 상수가 아니라 예외로 쳐야 할 것이다. 이심전심으로 통하기만 한다면야, 인간에게 로고스(말)가 무슨 쓸모가 있을까? 말 없이도

---

4) 모리스 블랑쇼는 『무한 대담』에서 하이데거의 개념 '함께-존재'를 다음과 같이 풀이했다. "하이데거에게 함께-존재는 오로지 **존재**Etre와의 관계로만 접근된다. 왜냐하면 함께-존재의 양식 그대로 **존재** 물음을 담고 있기 때문이다. 내 기억이 정확하다면, 후설에겐 오로지 에고의 영역만이 본래적이다."(EI, 74) 블랑쇼에 의하면, 후설을 포함해서 "거의 모든 서구의 철학들"은, "타인과의 관계"(EI, 74)를 우선시하는 레비나스의 타자 철학과는 달리, 전통적 코기토의 '나'를 중시하는 "분리의 철학, 유아론의 철학"(EI, 75)이라는 것이다.

살 수만 있다면야, 그처럼 편한 세상살이가 있을까? 인식론적 차원의
반론들은 얼마든지 제기할 수 있지만, 여기에서도 우리의 실존 경험이
길잡이 역할을 한다. 이심전심의 미덕을 순진하게 믿었다가 낭패를 본
경우가 한두 번이 아니기 때문이다. 타자의 심리 속으로 전입할 수 있
다는 낭만주의 해석학의 한계는 바로 이 이심전심의 미덕에, 즉 낭만
주의적 자아(데카르트적 코기토)의 환상에 있음을 알게 된다. 반면에, 텍
스트에 의한 매개의 원리는 결코 이론상의 담론이 아니라, 현존재의
자기 심려가 실존에서 추구하는 하나의 실천지이다. 『되돌아보니, 지
적 자서전』의 저자는 텍스트의 매개에 대한 해석학적 함의를 다음과
같이 아주 구체적으로 설명하고 있다.

> 글에 의한 매개를 그토록 누누이 역설했던 점에 대해선, 적어도 내가
> 보기엔, 데카르트와 피히테의 이상을 결정적으로 허물었다는, 그리
> 고 또한 부분적으론, 주체가 자기 자신에 대해 투명하다는 후설의 이
> 상을 허물었다는 공로를 인정받을 만할 것이다. 이런 점에서 볼 때,
> 텍스트 의미의 주인은 독자의 주체가 아닌 만큼이나 저자의 주체도
> 아니다. 텍스트의 의미 자립은 저자에게나 독자에게나 동등하다. 독
> 자에겐 자기를 이해한다는 것은 곧 텍스트 앞에서devant le texte 자기
> 를 이해하는 것이고, 그 텍스트로부터 나와 다른 자기un soi autre que
> le moi, 즉 독서가 부추기는 나와 다른 자기의 출현 조건들을 받아들
> 이는 것이다.(RF, 59-60)

위 인용문엔 세 가지 메시지가 담겨 있다. 첫째로, 자신의 "지적 자서
전"(RF, 9)의 저자인 리쾨르는 본인의 철학적 공로에 대해서 자평하고

있다. 즉, 데카르트와 피히테를 거쳐 후설에까지 이어진 서구의 유구한 주체 철학의 주체 문제에 대해, 초월적 코기토의 직접 의식의 헛됨을 철학적으로 입증하고 간접 의식의 코기토인 해석학적 주체를 내세움으로써, 결정적인 해결책을 제시한 공로는 인정받아 마땅하다는 자평이다. 순진한 철학자의 자화자찬일까? 물론, 여전히 데카르트의 코기토를 신봉하고 추종하는 이들이 있는 한, 리쾨르의 바람은 지금도 현재진행형이긴 하지만. 둘째로, 텍스트의 주체는 저자도 독자도 아니라 텍스트 자체이다. 텍스트 해석학의 기본 원리이다. 셋째로, 해석학적 코기토의 자기 이해는 텍스트의 매개를 거친 간접적인 이해이고, 이 간접 이해의 산물이 '나와 다른 자기'이고, 이 나와-다른-자기는 각성한 코기토로 거듭난 해석학적 주체이다.

그렇다면, 텍스트의 매개에 의한 자기 이해 과정은 구체적으로 어떻게 이루어지는가? 즉, 독자의 주체는 어떻게 형성되는가? 독자의 자기 이해에 대해서 『텍스트에서 행동으로』의 저자는 다음과 같이 우아한 표현으로 설명한다. "독자의 주체로 말하자면, 독자는 어떤 기대를 품고서 텍스트를 맞이해서 받아들이는 만큼, 그런 독자의 주체는 독서의 산물œuvre이자 텍스트의 선물don이다."(TA, 31) 독자의 주체는 행동의 주체이고 실천의 주체이지, 무위 의식의 코기토가 아니다. 독자의 주체는 독자 스스로 아무런 도움도 없이 스스로 자가 정립하는 코기토가 아니다. 우리는 독서 경험을 통해서 쥘리앙 소렐이나 마담 보바리, 로미오나 줄리엣이 되는 상상을 하거나, 심지어 그런 인물로 착각하는 사태를 수없이 겪곤 한다. 그러나 이러한 상상이나 착각은 헛된 꿈이 아니다. 독서 이전에는 결코 꿈꿀 수 없었던 '자기'를 만날 수 있기 때문이다. 적어도 '나는 누구인가?'에 대한 하나의 답을 찾은 것이다. 이렇게 발견된 '자기'는 '독서의 산물'이자 '텍스트의 선물'이다. 또한, 독자가 소설을 읽으면서 자신을 쥘리앙 소렐이나 마담 보바리에 견주는 건, 독서 행위 자체가 하나의 자기 해석 행위라는 사실을 입증하는 예이기도 하다.

「이야기 정체성」의 필자에 따르면, "독자가 허구 인물의 정체성을 자기 것으로 만드는 건, 자기 해석의 형식들 가운데 하나이다."(IN, 304) 아마도 까막눈이 아닌 한, 이런 독서 경험을 해보지 않은 독자는 없을 터이다. "독서는 에고의 상상적 변이형들 속으로 나를 끌어들인다"(TA, 117)는 사실을 알고 있는 독자는 기꺼이 독서의 유희에 빠져들어 일종의 역할 놀이에 탐닉하기 때문이다. 이를테면, 최인훈의 『광장』을 읽을 때, 우리는 비극적이고 숙명적인 삶에 맞선 이명준을 나의 경우에 대입하거나, 아니면 나 자신을 이명준으로 간주하면서, 삶과 인간에 대해, 부조리한 세계에 대해, 나 자신에 대해 이전보다 더 많이 그리고 더 깊이 알게 된다. 한마디로, 이전과는 다른 나를 발견한다. 적어도 우리는 『광장』을 읽고 나서, 비록 막연하게나마 "무엇인가 달라졌다"(LV, 145)라고 짐짓 느끼고선 기꺼이 『광장』 속으로 다시 들어가곤 한다. "자기를 이해한다는 건, 곧 **텍스트 앞에서** 자기를 이해하는 것이고, 그 텍스트로부터 독서 시에 내게 찾아오는 나와 다른 자기un soi autre que le moi의 조건들을 받아들이는 것이다."(TA, 31) 해석학적 주체가 기꺼이 수용해서 실천하는 지혜이다. 물론, 데카르트적 코기토에게 '나와 다른 자기'는 말 그대로 '상상적 변이형'에 지나지 않을 테지만 말이다.

이러한 일상의 독서 경험에 비추어보면, 독서는 나를 들여다보는 거울이고, 나에게 삶의 방향을 제시해주는 길잡이라 할 수 있다. 달리 말해서, 독서 행위의 본질은 텍스트의 매개로 자기를 발견하고 자기를 이해하면서 자신의 주체를 세우려는 데에 있다. "텍스트는 우리가 우리 자신을 이해하게 해주는 매개물이다."(TA, 115) 해석학적 관점에서 보면, 헤겔이 말하는 자기 자신에 대한 투명성, 즉 절대자의 고유한 속성이자 존재의 가장 고귀한 양식으로서의 자기 투명성이나, 신학에서 말하는 영적 체험을 통한 자기 내적 이해는 불가해한 현상일 뿐이다. 하기야 영적 체험만 하더라도, 성경을 읽지 않고서야, 진리의 말씀의 깊은 뜻을 터득하지 않고서야, 어디 가능한 일이나 하겠는가? 소크라테스의 다이모니온도 아무에게나 찾아오는 게 아니다. 거듭 강조하지만, 텍스트라는 매개자를 거치지 않는 한, 나는 나의 '자기'를 만날 수 없다. 그래서 리쾨르는 "자기에게서 자기에게로 가는 지름길은 타자의 말, 즉 기호들이 열어젖힌 공간을 편력하는 것"(TA, 29)이라고 했다. 직접적인 자기 인식이란 불가능하기에, 즉 자기에게서 자기에게로 가는 곧은길 자체가 없기에, 텍스트라는 에움길이 곧 지름길이다. 이런 점에서 리쾨르의 자기 해석학은 우회 철학의 전범이다. 우회 철학이란, 리쾨르 자신의 표현을 빌리면, "'간접'이 직접의 유일한 길임을 주장하는 철학"(EPR, 228)이다.

이야기와 자기 이해

리쾨르 해석학의 중핵이 텍스트의 매개를 통한 자기 이해에 있다는 사실은 아무리 강조해도 지나치지 않을 터이다. 리쾨르는 『타자처럼 자기자신』의 출간에 즈음하여 가진 대담에서 다음과 같이 실토한 바 있다. "직접적인 자기 인식이란 없다. 내가 누차 말했듯이, 우리는 기호들을 통해서, 작품들을 통해서, 우리가 이해하고 좋아했던 텍스트들을 통해서 우리 자신을 인식한다. 바로 이것이 내 해석학의 노선이다."(EPR, 226) 리쾨르 자신이 인정하듯이, 『해석에 대하여』, 『해석의 갈등』, 『텍스트에서 행동으로』, 『타자처럼 자기자신』 등 그의 주요 저작들은, 어찌 보면 너무나 진부하다시피 느껴질 정도로, 그것도 거의 같은 표현을 되풀이하면서, 줄기차게 자기 이해의 간접성을 역설하고 또 역설했다. 그만큼, 코기토의 유구한 전통을 따르는 사고가 철학 분야에서도 끈질기게 버티고 있음을 인식했기에, 광야에서 외치는 세례자 요한의 목소리를 자처했는지도 모른다.

리쾨르의 철학 전반에 대해 방대한 실증 자료에 근거해서 문헌학적 연구를 실행한 알랭 토마세는 다음과 같이 지적한 바 있다. "리쾨르의 작품 전체가 명백하게 보여주듯이, 기호와 텍스트 그리고 이야기에 관한 연구는 그 자체가 목적이 아니라, 현실에 대한 더 나은 이해, 특히 자기 이해를 지향하고 있다."(AT, 149-50) 철학 행위의 궁극적인 목적이 나와 세계에 대한 이해에 있다는 점에서 볼 때, 리쾨르의 자기 이해의 해석학은 단지 해석의 이론에 그치는 게 아니라, 이해의 예술로서의 실천 철학이라 할 수 있다. 장 그롱댕이 리쾨르의 해석학을 "실증 해석학"(HH, 180)이라 부른 이유도 같은 맥락이다. 왜냐하면 『시간과 이야기』의 저자는 인간 경험의 시간성이 이야기와 밀접한 관계를 맺고 있다는 사실에 근거해서, 전형상화-형상화-재형상화라는 "삼중의 미메시스"(TR1, 85)의 단계마다 "이야기와 시간의 해석학적 순환"(TR1, 116)이 나타나고 있음을 규명했기 때문이다. 물론, 이것은 "현존재의 시간성에 근거한 이해의 순환성"(VM, 103)을 역설한 하이데거의 존재론에서 출발했기에 가능한 일이었다. 리쾨르의 실증 해석학은 아래에 인용하는 글 「이야기 정체성」[5]의 두 구절에도 잘 나타나 있다.

> 자기 인식은 하나의 해석이다. 자기 해석은 여타 많은 기호들과 상징들 가운데서도 이야기를 특권적인 매개자로 삼는다.(IN, 295)

> 자기는 직접 자기를 인식하는 게 아니라, 온갖 종류의 문화 기호들을 거쳐, 오로지 간접적으로만 자기를 인식한다. 이야기에 의한 매개는 자기 인식이란 곧 자기 해석이라는 현저한 특성을 부각한다. 독자가 허구 인물의 정체성을 자기 것으로 만드는 건 자기 해석의 형식들 가운데 하나이다.(IN, 304)

위 인용문에는 자기 해석학의 두 가지 핵심 내용이 담겨 있다. 첫째로, 모든 자기 인식은 간접적인 인식이고, 이 간접적인 인식은 자기 해석의 한 형식이다. 『되돌아보니, 지적 자서전』의 저자는 데카르트와 후설이 주장하는 "코기토의 직접성, 투명성, 당위성"(RF, 30)이나 "자기에게 투명한 직접적인 자기 인식"(RF, 34)을 철저하게 부정한다. "코기토의 전통에 맞서, 그리고 주체가 직접적인 직관으로 자기 자신을 인식한다는 주장에 맞서, 우리는 문화 작품들에 담긴 인간의 기호들을 거친 머나먼 우회에서만 우리 자신을 이해한다고 말해야 한다."(TA, 116) 자기

---

5) '이야기 정체성identité narrative'이라는 개념은 『시간과 이야기』 제3권의 결론에서 리쾨르가 처음으로 제시했고, 『타자처럼 자기자신』에서 본격적으로 다뤄진 새로운 개념으로, '동일-정체성identité-idem'과 '자기-정체성identité-ipse'과 더불어 '자기 해석학herméneutique du soi'의 핵심 요소이다.(참조 TR3, 355)

이해의 간접성에 관한 리쾨르의 입장은 한결같다. 데카르트의 직접적인 코기토는 타자 이해의 우회를 거친 해석학적 코기토로 거듭나야 한다는 것이다. 독자가 소설 속의 허구 인물을 통해서 자신의 정체성을 정립하는 반성 행위는 해석학적 코기토의 대표적인 사례이다. 소설의 인물이 마르셀의 돋보기 역할을 한다는 말이다.

둘째로, 자기 인식의 특권적 매개자는 이야기récit인데, 이 이야기는 나의 이야기일 수도 있고, 남의 이야기일 수도 있다. 하지만 나의 이야기이든 남의 이야기이든, 텍스트의 매개를 통한 이해라는 원리에서 보면, 자기 이해의 매개 경로는 다를 게 없다. 내가 나를 이야기한다는 것 자체가 나에 대한 해석이고, 이 해석을 통해 나는 나를 이해하는 것이라고 한다면, 나는 곧 나의 이야기를 통해서 나를 이해하는 것이다. 바로 이것이 리쾨르의 고유 개념인 이야기 정체성identité narrative의 핵심 내용이다. 이를테면, 자서전이라는 건 나의 삶의 이야기인데, 나를 이야기하면서 나의 정체성을 정립하려는 하나의 방편이다. 그런데 나는 내가 겪은 모든 것들을 다 이야기할 수 없기에, "자서전은 다른 모든 이야기 작품들과 마찬가지로 선택적인 이야기"일 수밖에 없고, 따라서 "엄밀한 의미에서 자서전은 한 편의 문학 작품이다"(RF, 11)라고 리쾨르는 진단한다.

나의 이야기가 한 편의 문학 작품이라는 건, 이 작품이 나로부터 자립한 텍스트이고, 이 텍스트는 다른 모든 텍스트와 같은 위상에 있다는 말이다. 중요한 건, 이 텍스트 속에 표현된 나는 해석된 나, 즉 객체화되고 대상화된 자기이고, 이 텍스트는 자기 이해의 매개 역할을 충분히 다했다는 사실이다. 리쾨르의 설명을 들어보자.

나 자신에게 있어서도, 나라는 건 나만의 삶의 표현들을 통해서만 파악될 수 있다. 자기 자신에 대한 인식은 이미 하나의 해석인데, 타자들에 대한 해석만큼이나 쉽지 않다. 어쩌면, 훨씬 더 어려울는지도 모른다. 왜냐하면 나는 나만의 삶을 표현한 기호들을 통해서만 나 자신을 이해하기 때문이다. 그런데 이 기호들은 남들이 내게 되돌려 보낸 기호들이기도 하다. 모든 자기 인식은 기호들과 작품들을 거친 간접적인 인식이다.(TA, 85)

나의 삶을 표현한 기호들은 나의 삶에 대한 나의 해석만이 아니라 남들의 해석을 거친 우회 과정 끝에 내게 되돌아온 삶의 기호들이다. 나의 삶의 표현엔 이미 타자의 해석이 들어 있다는 것이다. 그런데 중요한 건, 나를 알기 위해선 나의 내면을 밖으로 표출해서 객관화하고 대상화해야 한다. 왜냐하면 세계-내-존재로서의 현존재인 인간은 오로지 "자신의 행위들을 통해서, 자기 삶의 표현을 통해서 그리고 이 삶의 표현이 남들에게 끼치는 영향들을 통해서"(TA, 86)만 자기 인식에 이를 수 있기 때문이다. "'나'는 나를 객체화시킨 삶의 표현을 통해서만 파악될 수 있다."(CI, 22) 내적 추론의 악순환에 빠진 직접 의식의 관념론적 코기토와는 달리, 해석학적 코기토는 객체화된 나를 통해 해석된-존재로 거듭나는 '자기'이다. 이렇듯, 리쾨르의 주체 철학은 '나'의 해석학이 아니라, '자기'의 해석학이다. 한마디로, 자기 이해의 매개적이고 간접적인 특성을 역설하는 리쾨르의 자기 해석학은 서구의 유구한 주체 철학의 전통을 혁신한 주체 철학의 새로운 모델이다.

텍스트의 제자인 자기

리쾨르 해석학의 중심엔 텍스트가 자리하는데, 텍스트는 자기 이해의 에움길이자 지름길로 통한다. 『텍스트에서 행동으로』의 저자는 "텍스트란 우리가 우리 자신을 이해하게 해주는 매개물"이라고 정의하면서, 텍스트의 이러한 속성으로 인해 "독자의 주체가 무대 위에 오른다"(TA, 115)라고 지적한다. 글쓰기로 고정된 담화인 텍스트 개념엔 "모든 담화가 누군가에게 말해진 것이라는 근본적인 속성"(TA, 116)이 내포되어 있어서, 이 누군가에게 말해진 담화의 상대인 독자를 배제할 수 없기 때문이다. "하지만 대화와는 달리, 이 누군가라는 상대자는 담화 상황에 주어져 있지 않다. 이 상대자는 작품 자체에 의해 선택되고, 설정되고, 지명된다고 할 수 있다. 작품은 스스로 자신의 독자들을 개척하고, 그러면서 자신의 고유한 주관적 상대를 만들어낸다."(TA, 116) 리쾨르가 텍스트의 이런 속성을 굳이 강조하는 이유는, 앞에서도 언급한 바 있듯이, 글쓰기로 인해 텍스트가 말(파롤)과는 다른 위상을 확보하기 때문이다.

글쓰기 덕분에 텍스트가 "삼중의 이미 자립"(TA, 31)을 확보한다는 사실은 이미 여러 차례 강조한 바 있다. 이 삼중의 자립 가운데서도 저자의 의도로부터의 독립은 텍스트의 위상뿐만 아니라 독자의 위상도 달라지게 한다. 즉, 텍스트의 의미가 저자의 의도로부터 독립되어 있다는 사실은 텍스트의 의미가 텍스트 자체가 말하는 의미임을 뜻하는데, 이제 이 텍스트 자체의 의미를 풀이하는 일은 오롯이 독자의 몫이다. 따라서 독자의 역할은, 가다머의 표현을 빌리면, "말해진 것을 자신의 고유한 재산이 되도록 자기 것으로 만드는 것"(VM, 246)인데, 이 자기화는 글쓰기로 인해 발생한 거리두기의 반대급부이다. 「거리두기의 해석학적 기능」의 필자인 리쾨르는 "글쓰기에 의한 거리두기 덕분에, 이제 자기화는 저자의 의도와의 감성적 결합의 속성을 모두 배제한다"(TA, 116)라고 지적한다.

그렇다면, 독자가 자기화하는 텍스트의 구체적인 내용은 무엇이고, 자기화의 궁극적 목적은 무엇인가? 리쾨르의 대답은 이렇다.

> 자기화의 대상은 가다머가 '**텍스트의 그것**'이라 부르고, 내가 '**텍스트의 세계**'라 부르는 것이다. 결국, 내가 자기화하는 건 텍스트가 제안하는 세계이다. 그런데 이 세계는 작가의 숨겨진 의도처럼 텍스트 **뒤에** 있는 게 아니라, 작품이 펼치고, 드러내고, 내보이는 것으로서 텍스트 **앞에** 있다. 그러므로 이해한다는 건, 곧 **텍스트 앞에서 자기를 이해한다**는 것이다. 독자 자신의 제한된 이해력을 텍스트에다 억지로 들이대는 게 아니라, 독자가 텍스트에 자기를 맡기고서 텍스트로부터 더 원대한 자기un soi plus vaste를 받아내는 것이다. 그때, 이해는 독자의 주체가 열쇠를 쥐고 구성해내는 것과는 전혀 다른 것이다. 이런 점에서 볼 때, **자기**soi는 텍스트의 '그것'에 의해 형성된다고 말하는 게 훨씬 더 적확할 것이다.(TA, 116-7)

위 인용문에는 리쾨르의 텍스트 해석학의 두 가지 핵심 논지가 들어있다. 첫째로, 텍스트에서 해석의 대상은 저자가 말하고 싶었던 것, 혹은 저자가 말하고자 했을지도 모르는 것처럼, 텍스트 뒤에 은밀하게 숨겨져 있는 저자의 의도가 아니라, 텍스트 자체가 전개하고 현시하는 것, 즉 '텍스트의 그것' 또는 '텍스트의 세계'이다. 텍스트는 저자의 것도 독자의 것도 아니라, 텍스트 자체가 그 주인이다. 따라서 텍스트의 의미는 저자의 의미 지평에 의해서도 독자의 의미 지평에 의해서도 제한될 수 없는 것으로 텍스트 자체가 말하고자 하는 것이다. 그러므로 텍스트의 매개에 의한 자기 이해는 텍스트의 그것 또는 텍스트의 세계를 자기화하는 과정에서 탄생하는 산물이다. 그렇다면, 리쾨르가 말하는 텍스트의 세계란 구체적으로 무엇인가? 리쾨르는 "그 하나뿐인 텍스트의 고유한 세계"(TA, 115)로서 "내가 거기에 거주할 수도 있고, 나만의 가능성들을 펼칠 수도 있는 세계"(RF, 57)라고 대답한다.

둘째로, 자기화라는 개념은 가다머와 리쾨르 해석학의 핵심 개념들 가운데 하나로 다분히 오해의 소지가 있는 개념인데, 독자의 주체가 텍스트의 주체나 저자의 주체를 지워버리거나 능가하는 절대적 주체의 월권행위를 의미하는 용어가 아니다. 독자가 텍스트의 그것을 자기화하기 위해선, 무엇보다도 텍스트의 타자성을 인정해야 한다. 다시 말해서, 독자가 텍스트에 자기를 맡길 때, 비로소 독자는 텍스트로부터 '더 원대한 자기'를 맞아들인다. 독자가 나를 버리고, 텍스트가 제안하는 '다른 나'를 입양한다는 말이다. 이것은 곧 독자의 '자기'는 '텍스트의 그것'에 의해 형성되는 것임을 입증한다.

가다머는 「그렇긴 하지만 : 선의의 힘」이라는 "자크 데리다에게 보내는 반박문"(AC2, 235)에서, "예술 작품은 우리에게 충격으로 다가와서 한 방 먹인다"라고 하면서, 이 충격에서 헤어나기 위해선 "자기를 버려야, 자기를 만난다"(AC2, 238)라고 했다. 다시 말해서, "문학 텍스트, 일테면 시 작품은 우리에게 충격으로 다가올 뿐만 아니라, 우리에게 그 시를 받아들이라고 한다"(AC2, 238)는 것이다. 문학 텍스트를 "우리 경험의 행로나 기대 지평과의 단절"(AC2, 238)로 간주하는 데리다에 대한 반론이었다. 데리다는 "이해하는 자와 그가 이해하는 것의 순환성은 진정한 보편성을 요구할 권리가 있다"(AC2, 200)라는 가다머의 진리를 간과했을는지도 모른다. 아무튼, 「자기 이해의 문제」의 필자인 가다머는 "이해에는 자기 상실의 순간"(LV, 138)이 있으며, "이 이해라는 개념은 이해하는 의식의 단순한 활동으로서가 아니라, 존재 생성 자체의 양식으로서 파악되어야 한다"(LV, 137)라고 역설했다.

　리쾨르도 같은 생각이다. "독자인 나는 나를 버려야만 나를 만난다."(TA, 117) 『타자처럼 자기자신』의 저자는 이렇게 반문하기도 한다. "자기 상실의 순간은 진정한 자기성에 절대적으로 필요한 게 아닐까?"(SA, 166) 앞서도 보았듯이, 정신분석학은 에고가 나를 상실해야만 나를 만난다는 진리를 발견했다. 정신분석학을 거친 리쾨르의 해석학은 이렇게 말한다. "에고이스트인 나가 지워져야, 독서의 산물인 자기가 탄생한다."(RF, 76) 에고 코기토의 에고를 버려야만, 나는 텍스트의 선물인 '더 원대한 자기', 즉 나와-다른-자기를 만날 수 있다. 그때, "나는 나 자신의 주인인 나를 텍스트의 제자인 자기와 교환한다."(RF, 57) 즉, 데카르트적 코기토로서의 '나 자신의 주인인 나'의 자리를 해석학적 주체로서의 '텍스트의 제자인 자기'가 차지한다는 말이다. 이것은 직접적인 의식과 투명한 직관의 환상을 버린 해석학적 코기토만이 텍스트의 매개를 통한 우회 끝에 얻을 수 있는 보상이다.

　이처럼 "자기는 머나먼 여행 끝에서야 비로소 자기 집으로 되돌아오는데, 그때 자기는 타자처럼 돌아온다."[6](RF, 77) 머나먼 여행 끝에

---

6) 리쾨르 자신이 『타자처럼 자기자신Soi-même comme un autre』의 서문에서 명시했듯이, 책 제목의 "타자처럼comme un autre"이라는 표현에는 프랑스어 전치사 'comme'의 두 가지의 의

'타자처럼' 돌아온 자기는 나의 주인인 '나'가 아니라, 텍스트의 제자인 '자기'이다. 바로 이것이 자기화의 산물이다. "해석자는 남의 것을 자기 것으로 만들고자 한다. 따라서 타자 이해를 통해서 해석자가 추구하고자 하는 건, 자기 자신에 대한 자신의 이해를 확장하는 일이다. 그러므로 모든 해석학은, 명시적으로든 암묵적으로든, 타자 이해의 우회를 거치는 자기 자신에 대한 이해이다."(CI, 20) 독자가 텍스트의 그것을 자기화한다는 건, 곧 나를 버리고 텍스트로부터 나와-다른-자기를 받는 것이다. 텍스트가 나의 '자기'를 탄생시키는데, 즉 '자기'는 '텍스트의 그것'에 의해 형성되는데, 이것이 텍스트의 매개를 통한 자기 이해의 소산이다. 텍스트 해석학의 관점에선, 하이데거식으로 풀이하면, 인간은 죽음을-향한-존재라기보다는 텍스트를-향한-존재이다. 결국, 텍스트 앞에서 자기를 이해한다는 건 타자를 이해하면서 다른 나를 발견하는 것인데, 해석학적 주체의 직무는 바로 타자 이해와 자기 이해를 동시에 수행하는 데에 있다. 해석학은 실천적 사고이지, 결코 관념의 유희가 아니다.

미, 즉 '-와 같은semblable à'과 '-로서en tant que'(SA, 14)라는 의미가 동시에 들어 있다. 리쾨르의 주문에 따르자면, "comme un autre"라는 표현은 "타자와 같은/타자로서"라고 옮기는 게 마땅하다. 하지만 다행하게도, 우리말의 '-처럼'은 위의 두 의미를 동시에 담고 있기에, "타자처럼"이라고만 표기해도 무방하다. 이를테면, 우리말의 '-처럼'은 "저 친구, 아버지처럼 행세하네"라는 용례에서 보듯이, '아버지같이'라는 의미와 '아버지로서'의 의미가 중첩되어 있어서, 프랑스어 'comme'이 가진 두 가지 의미를 동시에 표현할 수 있다.

오르페우스-리쾨르의 에우리디케

지금까지 보았듯이, 리쾨르의 자기 해석학은 "직접적인 나와 반성적인 자기의 불가피한 구분"(RF, 76)에 인식론적 토대를 두고 있다. 리쾨르 가 '나'와 '자기'를 구분하는 이유는 존재론적으로 서로 다른 주체이기 때문이다. 에고 코기토의 '나'는 직접 의식의 환상에서 벗어나지 못한 채 여전히 일인칭 주체로 머물러 있는 반면에, 머나먼 우회 끝에 타자 처럼 돌아온 '자기'는 해석된-존재로서의 삼인칭 주체, 즉 나와-다른- 자기이다. 즉, 이 '자기'는 '텍스트의 그것'에 의해 형성된 주체로서 독 서의 산물이자 텍스트의 선물이다. 그러므로 이 자기는 데카르트의 관 념론적 주체(나의 나)가 아니라, 각성한 코기토로 거듭난 해석학적 주 체(나의 자기)이다.

이미 누차 언급했듯이, 리쾨르는 이야기에 의한 매개를 자기 이해 의 지름길로 간주한다. 이야기에는 여러 가지 형식이 있지만, 이야기 작품 가운데서도 리쾨르가 특히 관심을 가졌던 건 소설이었다. 리쾨르 자신의 설명을 들어보자.

사실, 자기 인식은 무엇보다도 삼인칭의 인식이다. 나는 이 점을 매 우 강조하고자 한다. […] 내가 늘 '나Ich'라 하지 않고, '자기Selbst'라 고 말하는 이유는 '당신'일 수도, '그'일 수도, '그녀'일 수도 있기 때문 이다. 사실, 소설 속의 인물은 삼인칭이다. 그러니까 내가 소설에 관 심을 가지는 이유는 바로 삼인칭의 자기 인식이 우선하기 때문이다. […] 그러기에 나는 데카르트의 코기토나 후설의 코기토에 맞서, 직 접적인 자기 인식이란 없다는 생각에 더 빠지게 된다. 자기 인식은 간접적인 인식이고, 그 매개물이 바로 삼인칭 자기이다. 나는 무엇보다도 삼인칭 자기에서 나를 인식한다.(VA, 29-30)

나는 나의 거울이 될 수 없다. 흔히, 나의 거울로 다가오는 게 소설이다. 소설의 인물은 "우리와 같은 인간"으로서, 이 "상상적 변이형들"은 "자기와 이 자기의 자기성에 관한 변이형들"(SA, 178)이다. 그리고 이 변이형들은 나의 '나'가 아니라, 누군가의 나인 '그'이다. 바로 이 '그'가 독자 나의 거울이다. '삼인칭 자기로서의 그'이다. 이 '그'를 통해 나를 읽는다. '그'가 나의 '누구' 물음에 답을 제시한다. '그'의 답을 받아들인 나는 이전의 '나'가 아니다. 이제 '그'는 나의 일부이다. 리쾨르 식으로 표현하면, '그'가 나에게 접목된 것이다. 이 '그'가 나를 바꾼다. "접가지가 접그루를 바꾼다!"(CI, 20-1) 이제, 나는 일인칭 주체로서의 '나'가 아니라, 삼인칭 주체로서의 나와-다른-자기이다. 리쾨르는 이러한 과정을 삼인칭의 자기 인식이라 부른다. 삼인칭의 자기 인식이란, 나의 거울인 그의 시각에서 나를 바라보는 반성 행위이다. 그러므로 삼인칭의 자기 인식은 반성철학의 반성 행위가 아니라, 반성적 해석학이 실천하는 해석학적 반성 행위이다. 리쾨르가 데카르트에서 출발해서 칸트와 피히테를 거쳐 장 나베르에 이르는 전통적인 반성철학에 "문화 기호들이 전하는 상징들과 신화들을 거치는 머나먼 우회"(RF, 30)를 도입해야 한다고 그토록 역설하는 이유도 바로 여기에 있다.

　　리쾨르 자신이 여러 차례 밝힌 바 있듯이, 그가 소설에 관심을 기울이게 된 근본적인 동기는 데카르트의 '나'와 칸트의 '나'가 대표하는 코기토의 관념론에서 벗어난 주체 철학을 세우기 위해서였다. 그의 관심이 빚어낸 결실이 1985년에 완성된 『시간과 이야기』 3부작이었다.

이 책의 출간에 즈음하여 가진 대담 「의지에서 행동으로」에서, 리쾨르는 자신의 철학 여정에 대해 다음과 같이 설명했다. "나의 첫 번째 문제였던 주체의 문제에 대한 일종의 재개라고 할까. 그런 역정 끝에 주체 철학은 어떻게 되었는가? 단연코 이제 더는 후설의 주체도 투명한 주체도 아니다. 모든 기호 체계, 상징 체계, 글쓰기 체계의 강력한 매개를 거친 주체이다. 그러니까 현재 나의 주제는 타인의 타자성과 관계를 맺는 매개되고 직접적이지 않은 코기토 개념이다."(VA, 21) 철학자 리쾨르에게 주체 철학은 "첫 번째 문제"이자 지속적이고 영원한 문제였다. 1990년에 출간한 『타자처럼 자기자신』은 타인의 타자성을 설파하고, 간접적 코기토를 정립한 주체 철학의 결정판이었다. 마침내, 자기 해석학을 세움으로써 리쾨르는 서구의 관념론적 주체 철학과의 단절을 완성했다. 또한, 구조주의의 쇠퇴 이후 다시 데카르트의 코기토로 회귀하려는 "순진한 나르시시즘"(VA, 29)에 경종을 울린 것이기도 했다. 해석학자 리쾨르는 실천적 사고의 수행자였다.

리쾨르의 철학과 줄곧 동행했다고 자부하는 알렉상드르 데르크잔스키는 「폴 리쾨르 작품의 통일성」이라는 글에서, 리쾨르의 작품들 하나하나가 "최초의 입장에 대한 충실성"(AD, 103)을 보여준다고 평가하면서, 다음과 같은 비유를 들고 있다. "폴 리쾨르에겐 오르페우스적인 면이 있다. 에우리디케에게 너무나도 충실한 오르페우스 말이다."(AD, 103) 리쾨르 자신이 기꺼이 인정했을지도 모를 "생생한 은유"(MV, 325)이다. 그렇다. 철학자 리쾨르는 자신의 에우리디케에게 너무나도 충실한 오르페우스였다. 그는 관념적인 인간이 아니라 실존적인 인간이었다. 그는 "니체의 안티-코기토"(SA, 25)였다. '인간적인, 너무나 인간적인' 인간이었다.

유구한 주체 철학의 역사에서 관념의 주체(아리스토크라시)를 해체하고 실존의 주체(데모크라시)를 그토록 주창했던 철학자는 없다. 그래서 그는 타자에 무관심한 데카르트의 '나'에서 벗어나 타인의 타자성을 인정하는 주체의 '자기'를 "인간의 자질"(EPR, 229)이라고 했다. 『폴 리쾨르』의 저자 장 그롱댕은 "그의 사상 전체가 인간의 가능성을 기꺼이 맞이하는 철학이었다"(PR, 6)라고 적시한 바 있다. 그의 주체 철학은 타자 이해를 통한 자기 이해의 문제를 테제로 설정한 자기 해석학이었다. 다시 말해서, 나와 타자의 공존을, 타자와 나의 공존을 위한 주체 철학이었다. 그리고 이 주체 철학은 단순한 개념 놀이가 아니라, 인간의 인간성을 위한 철학, 즉 "인간 조건의 해석학"이자 "실존의 해석학"(HCH, 5)이었다. 한마디로, 주체 철학은 오르페우스-리쾨르의 에우리디케였다. 그리고 오르페우스-리쾨르에게 자기 이해의 문제는 영원한 문제였다. 우리에게도 자기 이해의 문제는 오르페우스-리쾨르의 에우리디케가 아닐까?

5장 자기 해석학의 실천지

20세기 철학자들 가운데 폴 리쾨르만큼 학문의 경계를 넘나들며, 당대의 '정신'들과 대화를 시도했던 철학자도 흔치 않다. 현상학에서 실존주의, 정신분석학에서 구조주의, 반성철학에서 분석철학, 하이데거에서 하버마스에 이르기까지, 그는 끊임없는 대화와 논쟁을 통해 해석학의 지평을 넓히려고 노력했다. 찰스 테일러에 의하면, "다양한 철학 학파들(분석학파를 포함해서)뿐만 아니라, 또한 역사학, 신학, 인류학, 문학등의 다른 분야들도 어마어마하게 통독한" 철학자 리쾨르는 "경계 없는 철학의 실천"(CT, 30)과 "열린 철학의 모범적인 사례"(CT, 31)이다. 하지만 "해석 철학의 옹호자"로서 그가 선택한 대화 상대자들이 "해석학에 완강하게 적대적인 정신분석학, 구조주의, 기호학"(HH, 179)과 같은 학문인 탓에, 때론 치열한 논쟁을 마다하지 않았고, 때론 고립의 시간을 곱씹어야 하기도 했다. 자크 데리다와 움베르토 에코가 이끄는 세계철학회가 1991년 4월에 창간한 철학 계간지 『데카르트 길』의 창간호 대담에서 『타자처럼 자기자신』의 저자는 이렇게 고백한 바 있다. "내게 친구가 몇 안 되는 걸 불평하진 않는다"(EPR, 233)라고. 그도 그럴 것이, "사적인 만남보다 독서의 만남에 훨씬 더 민감했던" 철학자에 겐, 자신의 서가와 도서관의 서적에서 만난 대화 상대자들이 "무한히 더 많았으니"(EPR, 231) 말이다. 사생활에선 "비교적 고립된"(EPR, 231) 삶이긴 했지만, 책 속의 친구들과 함께 광활한 지적 모험의 세계를 탐험하기 위해, "언제든지 머나먼 여행에 나설 채비가 된" 철학자 리쾨르는 외롭지만 외롭지 않은 "여행자"(AD, 103)였다.

리쾨르 철학의 고유 특질인 "이런 다중적 면면들"(EPR, 233)에 대해, 장 그롱댕은 다음과 같이 평가했다. "이런 풍부함의 이면엔, 때로 그의 해석학 구상의 구심을 파악하기 어려운 점도 있다. 이 해석학적 사고가 제기하는 유일한 문제는 통일성이다. 하지만 지극히 상대적인 문제인데, 풍부의 실상이기 때문이다."(HER, 77) 과유불급이라기보단 다다익선이라는 말이다. 하기야, 장 그롱댕 자신이 리쾨르 철학의 통일성은 "프랑스 반성철학의 위대한 전통"(PR, 7)을 계승한 데에 있고, 이 반성철학을 통해서 "'초월적 에고'에 기울어진 후설의 현상학"(HER, 77)에 관심을 기울이게 된 것이라고 강조했다. 알렉상드르 데르크잔스키는 「폴 리쾨르 작품의 통일성」이라는 글에서, "그의 홀로서기, 더 나아가 그의 따로서기를 여실히 보여주는 주체 철학"(AD, 130)이야말로 리쾨르 철학의 독자성과 일체성의 표상이라 했다. 장 그레쉬는 「자기 해석학을 향하여, 가까운 길과 먼 길」이라는 글에서, "자신의 가슴에 현전하는 타자에 대한 근원적인 경험들"(VH, 157)을 통해 주체의 문제를 다루는 "리쾨르의 해석학은 '우회 철학philosophie du détour'임이 자명하다"(VH, 164)라고 평하기도 했다. 리쾨르 자신의 표현대로 "비싼 대가를 치르는 우회"(EPR, 228)이긴 하지만.

우회 철학이란 표현만큼 리쾨르의 철학을 오롯이 대변하는 용어도 없을 듯싶다. 그가 즐겨 쓰는 "머나먼 우회"(TA, 32)나 "나의 우회 이론"(EPR, 231)이라는 표현은 그의 사고 틀과 철학 여정 그리고 그의 전 작품을 관통하는 일종의 패스워드이다. 『타자처럼 자기자신』의 저자는 자신의 철학을 **"자기 정립의 간접적 위상에 의해 특성화된 해석학"**이라 규정하면서, 바로 이러한 특성으로 인해 "해석학은 우회 철학임이 밝혀진다"(SA, 28)라고 자평했다. 우회 철학이란, 리쾨르의 표현을 빌리면, "'간접'이 직접의 유일한 길임을 주장하는 철학"(EPR, 228)이다. 어설픈 말놀이도 현학적 역설의 유희도 아니다. 그렇게 표현할 수밖에 없다. 왜냐하면 그의 주체 철학은 "코기토의 직접성 주장과는 반대로 자기 해석학의 간접 특성"(SA, 29)을 주창하기 때문이다. 특히, 소설 속의 "상상적인 삶들을 통해서도 열리는 수많은 우회로"(EPR, 231)를 편력하는 리쾨르의 자기 해석학에선 먼 길이 곧 가장 가까운 길이다. "직접 의식의 불확실성, 게다가 직접 의식의 자기 환상과 자기 착각"(CI, 262)을 철저하게 인식하기 때문이다. 그래서 리쾨르는 "자기에게서 자기에게로 가는 지름길은 타자의 말이다"(TA, 29)라고 했다. 타자 이해의 에움길이 곧 자기 이해의 지름길이라는 말이다.

"자신의 지적 여정의 출발부터, 자기에 의한 자기 직관의 모든 희망을 버렸던"(PPR, 3) 해석학자 리쾨르는 이렇게 설명한다. "직접적인 자기 인식의 단자가 차단되었기 때문에, 우리에게 남은 거라곤 오로지 '**자기**Soi'의 표현들을 통한 머나먼 우회를 택하는 길밖에 없다."(EPR, 228) 리쾨르의 자기 해석학은 "'**자기**'의 문제를 통해 주체의 문제"(EPR, 228)를 다루는 주체 철학이다. 1990년에 출간된 『타자처럼 자기자신』은, 리쾨르 자신의 표현에 의하면, "데카르트의 '코기토' 예찬"에 대한 반론을 "나의 기점"(EPR, 227)으로 삼은 결과, "나의 첫 번째 문제였던 주체의 문제"(VA, 21)를 집대성한 자기 해석학의 결정판으로, "내게 일종의 결산을 하게 해준 대괄호"(FE, 23)였다. 대괄호라는 표현이 아주 적절해 보인다. 1960년에 펴낸 『악의 상징』에서 해석학에 접목된 이후, 삼십 년에 걸친 지적 편력과 해석학의 실천 끝에, 마침내 광대한 철학 역정을 일단락 매듭지었으니 말이다. 이 글에선 자기 해석학으로 대변되는 리쾨르의 주체 철학의 뿌리와 줄기와 열매가 무엇인지를 톺아보고자 한다. 아울러, 리쾨르의 자기 이해의 해석학은 "실천 지혜sagesse pratique"(EPR, 230)를 지향하는 실천 철학임을 조명하고자 한다.

리쾨르의 연리목

리쾨르는 1983년에 발표한 글 「해석에 대하여」에서 자신의 철학을 구성하는 세 뿌리를 지명했는데, 반성철학과 현상학 그리고 해석학이다. "내가 속한 철학적 전통을 세 가지 성격으로 규정하고자 한다. 나의 철학 전통은 **반성철학**의 노선에 있고, 후설 **현상학**의 영향권에 있으며, 이 현상학의 **해석학적** 변이형이고자 한다."(TA, 25) 실제로, 리쾨르가 맨드 비랑(1766-1824)에서 장 나베르(1881-1960)에 이르는 프랑스 반성철학의 전통을 계승하고 있는 건 사실이고, 또한 에마뉘엘 마크롱이 지적했듯이, "현상학이 폴 리쾨르 철학의 핵심 요소"(EM, 42)인 것도 사실이다. 단, 위 선언은 리쾨르 철학의 몸통이 해석학이 아니라, 마치 현상학인 것처럼 보일 수도 있는 문제의 소지가 없지 않다. 하지만 더 큰 문제는 "현상학의 **해석학적** 변이형"이라는 표현이 구체적으로 무엇을 뜻하는지 선뜻 와닿지 않는 데에 있다. 이 물음에 대해선, 충분한 논거를 확보한 다음에 답을 제시하기로 하겠다.

반성철학-현상학-해석학. 리쾨르 철학의 삼각대이다. 삼각대가 그렇듯이, 위 세 가지 철학은 하나의 연리목連理木과도 같다. 그렇다면, 다음과 같은 질문이 제기될 수 있다. 이 세 가지 철학들, 즉 반성철학-현상학-해석학을 접목하는 어떤 철학적 주제나 문제의식이 있는가? 거시적인 차원에선 주체 철학이고, 미시적인 차원에선 '자기 이해compréhension de soi' 또는 '자기 인식connaissance de soi'의 문제이다. 리쾨르에 의하면, 데카르트의 코기토에서 출발해서 칸트와 프랑스의 후기 칸트학파를 계승한 프랑스 반성철학의 중심 주제는 **"자기 이해의 가능성"**(TA, 25)이다. 즉, 인식 행위의 주체로서 코기토가 수행하는 자기 인식의 자율성이다. 문제는 어떻게 코기토가 자기를 인식하는가에 있는데, 리쾨르는 "바로 여기에서 현상학, 그리고 더더욱 해석학이 개입해서 반성철학의 프로그램 자체를 근본적으로 변화시키는 동시에 실행에 옮긴다"(TA, 25-6)라고 대답한다. 이 대답에서도 보듯이, 리쾨르 연리목의 밑그루는 반성철학이고, 이 밑나무에 현상학의 나무가 접목되었고, 이어서 반성철학-현상학이라는 연리목에 다시 해석학의 나무가 접목된 것이라 할 수 있다. 장 그롱댕은 리쾨르의 철학 여정을 "나무 형상의 노정parcours arborescent"(HER, 75)이라 지칭했는데, 아주 적절한 표현이다.

그런데 반성철학-현상학-해석학이라는 리쾨르의 연리목에 빠져 있는 거대한 나무 한 그루가 있다. 하이데거의 존재론이다. 리쾨르는 1975년에 발표한 「현상학과 해석학 : 후설로부터」라는 글의 첫머리에서 자신의 철학 작업에 대해 다음과 같이 자평했다. "이어지는 성찰이 하이데거, 특히 가다머에게 의존하는 바가 여하하건, 관건은 그들과 더

불어 그리고 그들 이후에도 계속해서 철학을 할 수 있다는 가능성이다. 후설도 포함해서 말이다."(TA 39) 위의 글이『악의 상징』과『타자처럼 자기자신』의 중간 지점인 1975년에 발표되었음을 감안하면, 철학자 리쾨르의 과거와 현재와 미래가 읽히는 진술이다. 후설, 하이데거, 가다머. 리쾨르 해석학의 버팀목인 세 철학자. 그가 이 철학자들을 거명하고 있다는 사실만으로도, 왜 그의 철학을 흔히 현상학적 해석학 또는 존재론적 해석학이라 지칭하는지를 어렵지 않게 짐작할 수 있다. 그리고 위 인용문의 바로 다음 문장에서도 거듭 강조하고 있듯이, 세 철학자를 넘어서서 "철학을 할 수 있는, 그리고 계속해서 철학을 할 수 있다는 가능성"(TA, 39)에 리쾨르가 방점을 두고 있다는 건, 곧 우리의 우회 철학자가 다르고 새로운 사유 지평을 제시할 수 있다는 자신감의 표현임을 기억해두기로 하자.

하이데거의『존재와 시간』은 리쾨르의 연리목에 자양분을 공급하는 옥토이다. 리쾨르의 자기 이해의 해석학은 하이데거의 이해 존재론에 튼실한 뿌리를 내리고 있다는 말이다. 그러니까 리쾨르 연리목의 정확한 명칭은 반성적-현상학적인-존재론적-해석학이다. 다시 말해서, 존재론적 해석학의 관점에서 반성철학의 반성에 대한 비판과 후설 현상학의 관념론적 코기토 해석에 대한 비판을 통해, 주체의 자기 이해의 문제를 핵심 주제로 삼은 것이 리쾨르의 자기 해석학이다. 리쾨르는 "접가지가 접그루를 바꾼다"(CI, 20-1)라고 했다. 따라서 존재론적 해석학이 반성철학과 현상학의 코기토 문제를 어떻게 바꾸고 있는지를 고찰하면, 리쾨르가 언급한 '현상학의 해석학적 변이형'의 실체를 파악하게 될 것이다. 이를 위해선, 반성철학과 현상학 그리고 존재론을 거쳐 가는 머나먼 에움길에 나서지 않을 수 없다.

반성철학과 렘브란트의 삼각형

리쾨르 자신이 누차 인정했듯이, 그의 주체 철학의 기원은 반성철학의 자기 인식의 문제이다. 하지만 프랑스의 전통적 반성철학은 자기 인식의 자율성을 인정하기에, 즉 데카르트의 투명하고 직접적인 코기토의 전통을 이어받는 주체 철학이기에, 리쾨르는 해석학에 의한 반성철학의 혁신을 주장한다. 『해석에 대하여, 프로이트에 관한 시론』의 저자는 다음과 같이 묻는다.

> 반성이란, 에고 코기토의 에고를 에고의 대상들과 에고의 작품들 그리고 에고의 행위들이 비친 거울 속에서 다시 포착하려는 노력이다. 그런데 왜 에고의 정립은 반드시 이 행위들을 통해서 재인되어야 하는가?(DI, 51)

리쾨르의 대답은 명료하다. "왜냐하면 에고의 정립은 심리적 명증이나 지적 직관이나 신비적인 투시력에 의해 이루어지는 게 아니기 때문이다."(DI, 51) 자기 인식은 직관적 사고가 아니라 반성적 사고를 통해서 이루어지는 것인데, 에고 코기토의 에고는 반성을 거치지 않으므로, 자기 인식을 하지 못하는 에고에 머무는 주체일 수밖에 없다. 그런 주체는 리쾨르의 표현대로 "헛 코기토"이거나 "가짜 코기토"(CI, 239)이다. "니체가 망했다고 선언한 코기토"(SA, 35)이다. 이렇듯, 리쾨르의 주체 철학에선 데카르트의 코기토가 "찬양된 코기토*Cogito* exalté"(SA, 35)에서 "모욕된 코기토*Cogito* humilié"(SA, 34)로 몰락한다. 이런 의미에서 리쾨르의 코기토는 데카르트의 코기토를 대체한 "니체의 안티-코기토"(SA, 25)이다. 『타자처럼 자기자신』의 저자는 "극단적으로 과장된 니체의 회의에선 '나'가 코기토와 단절된 것으로 나타난다"(SA, 27)라고 했다.

데카르트의 『형이상학적 성찰』의 코기토는 '나는 무엇인가?'라는 물음에 열아홉 차례에 걸쳐 "나는 생각하는 어떤 것이다" 또는 "나는 생각하는 어떤 것일 뿐이다"라고 대답한다. 아니면, 「네 번째 성찰」에서처럼 "나는 생각하는 무엇이다"(RD2, 59)라고 대답한다. 말하자면, 나의 '무엇quoi'은 나의 '무엇quelque chose'이라는 것이다. 의문사와 중성대명사의 차이일 뿐, 도돌이표나 다름없다. 물론, 후자의 '무엇'은 '생각하는 무엇'이긴 하지만 말이다. 그리고 「네 번째 성찰」에서 나의 생각하는 "본성"에 따라 "나는 존재하는 나이다"(RD2, 59)라고 단언했던 코기토는 「여섯 번째 성찰」에선 나의 "영혼"의 명에 따라 "나는 존재하는 나일 뿐이다"(RD2, 77)라고 선언한다. 그렇다. 데카르트의 코기토에게 '생각하는 나'는 '존재하는 나'일 뿐이다. 이게 전부다. 그 이상 단 한 발짝도 더 나아가지 못한다. '존재하는 나는 누구인가?'라는 물음을 묻기도 전에 다시 '생각하는 나'로 회귀해버린다. '존재하는 나'의 실체가 없다. 데카르트의 '존재하는 나'는 실존의 땅을 밟고 있는 게 아니라, 생각의 뜬구름 위에서 홀로 유유자적하고 있을 뿐이다. 결국, 데카르트의 코기토는 '무엇'이거나 '어떤 것'이고, 기껏해야 '나는 나다'를 외치는 코기토일 뿐이다. 코기토의 직접 의식이라는 게, "자칭 코기토의 직접적인 자기 확신"(SA, 27)이라는 게 바로 이런 거다. 우회 철학자 리쾨르가 "후설과 데카르트에게 공통적인 전제인 코기토의 직접성, 투명성, 당위성"(RF, 30)을 비판할 수밖에 없는 까닭이다.

사실, 데카르트의 코기토는 나의 '누구qui'라는 주체 물음엔 아예 관심이 없다. 리쾨르의 개념을 빌리면, 에고 코기토의 에고는 직접적인 자기 인식에서 에고의 "동일성mêmeté"을 확인하는 주체, 즉 "동일-정체성identité-idem"의 주체일 뿐, 반성의 거울에 비친 에고의 행위들을 통해 에고의 "자기성ipséité"을 인식하는 주체, 즉 "자기-정체성 identité-ipse"(SA, 13)의 주체가 아니다.『타자처럼 자기자신』의 저자는 주체의 주체성을 동일성과 자기성, 동일-정체성과 자기-정체성으로 구분하는데, 바로 여기에 서구의 전통적 주체 철학과 리쾨르의 자기 해석학이 주장하는 주체 철학의 근본적인 차이가 있다. 리쾨르의 자기 해석학에 따르면, 동일성의 주체인 '나'와 자기성의 주체인 '자기'는 서로 다른 주체성을 가진 주체 개념이긴 하지만, 모든 주체가 동시에 두 주체성을 가지고 있다는 점에서, '나'와 '자기'는 한 주체가 가진 두 주체성의 표현이다. 리쾨르가 "나와 다른 자기"(RF, 60)라는 주체 표현을 사용할 수 있는 것도 바로 이런 이유에서다. 데카르트의 코기토에 대입하면, '나'는 '나는 무엇인가?'를, '자기'는 '나는 누구인가?'를 묻는 주체이다. 물론, 데카르트의 코기토엔 '자기'가 없긴 하지만. 한마디로, 동일성은 나의 '무엇'을, 자기성은 나의 '누구'를 표상하는 개념이다.

그렇다면 '나'와 '자기'는 어떻게 다른가? 기호론 차원에선 쉬운 듯 보이지만, 의미론 차원에선 반드시 그렇지만도 않다.『타자처럼 자기자신』의 저자는 이렇게 구분한다. "**자기**soi라고 말하는 건 **나**je라고 말하는 게 아니다. **나**는 스스로 정립하거나, 아니면 기정되어 있다. **자기**는 반성 차원의 여러 활동에 관련되어 있는데, 이 활동들에 대한 분석은 자기 자신으로 돌아오기 이전에 실행된다."(SA, 30) 이 인용문이 대표적으로 예시하듯이, '나'와 '자기'의 구분에 대해선, 리쾨르 자신도 구체적이고 실증적인 예를 제시하는 대신에, 문법 차원의 분석이나 인식론적 고찰에 그치곤 했다.[1] 그러나 다행히도 우리는 리쾨르의 한 글에서 해결의 실마리를 찾을 수 있다. 『시간과 이야기』와 『타자처럼 자기자신』의 중간에 발표된 「렘브란트의 한 자화상에 관하여」(1987)라는 글이다. 글 제목이 예시하듯이, 이 글은 자화상의 화가로 정평이 난 렘브란트(1606-1669)의 수십 편의 자화상들 가운데 1660년에 그린 한 자화상에 대한 리쾨르의 해석이다.

이 글이 관심을 끄는 이유는, 화가 렘브란트에 관한 성찰(화가의 사생활에 대한 언급이 있긴 하지만)이 아니라, 자화상이라는 장르 자체에 대한 현상학적-존재론적 해석을 제시하고 있기 때문이다. 세 쪽이 채 안되는 아주 짧은 글이지만, 고밀도의 상징과 은유의 표현으로 자화상에 대한 치밀한 분석을 제시하고 있어서, 섬세와 초정밀의 읽기가 요구되는 텍스트이다. 게다가 주체의 자기표현의 한 양식인 자화상의 문제를 천착하고 있다는 점에서, 리쾨르의 주체 철학인 자기 해석학을 이해하는 데에 더없이 훌륭한 길라잡이가 되는 글이다. 필자가 '렘브란트의 삼각형'이란 별칭을 붙인 글이기도 하다. 특히, 이 렘브란트의 삼각형에 대한 심층 분석을 통해 반성 행위의 간접성을 구체적이고 실증적으

---

1) 하나의 개념을 제시하면서, 구체적이고 실증적인 예를 제시하기보다는 종종 추상적이고 이론적인 설명에 그치는 게, 리쾨르 철학의 고질적인 문제이긴 하다. 그런데 자신의 회고록인 『비판과 확신』에 따르면, 1933-1934년에 파리에 체류할 당시, 리쾨르는 매주 금요일에 가브리엘 마르셀의 집에서 후설과 야스퍼스에 관해 "소크라테스적인 교육"을 받았는데, 가브리엘 마르셀이 요구한 "단 하나의 철칙"은 "절대 저자들을 인용하지 말고, 반드시 여러 가지 예들을 제시하면서 자기 자신이 스스로 성찰할 것"(CC, 21)이었다고 한다. 그리고 보니, 스승의 가르침에 조금 더 충실했더라면 하는 아쉬움이 있다. 기독교 실존주의를 대표하는 철학자 가브리엘 마르셀은 리쾨르에게 단순한 스승이 아니라 평생의 은인이었고, 리쾨르가 1945년에 포로수용소에서 풀려나 파리로 귀환했을 때, "두 팔을 벌리고 자기 아들처럼"(CC, 35) 맞아주기도 했다. 리쾨르는 1948년에 『가브리엘 마르셀과 칼 야스퍼스, 신비의 철학과 역설의 철학』을, 1949년에는 가브리엘 마르셀에게 헌정한 『의지의 철학』을 출간했다.

로 확인할 수 있다는 점에서, 리쾨르의 다른 어떤 텍스트보다 더욱 핵심적인 글이다. 그리고 적어도 필자가 아는 한, 지금까지 전 세계 리쾨르 연구자들 가운데 누구도, 이 글에 대한 심층적인 분석에 기초해서 해석학적 반성의 구체성을 설명하지 못했다는 점도 밝혀둔다. 간략하게 내용을 요약하면 다음과 같다.

자화상autoportrait이란, 거울 앞에 앉은 화가 '나'가 거울에 비친 나를 바라보며, 이 거울에 비친 나의 모습을 나의 붓놀림으로 화포 위에다 옮기는 작업 끝에 탄생한 그림이다. 자화상에 대한 현상학적 인식을 위해 약간의 상상력을 동원해보기로 하자. 자 이제, 거울 앞에 앉아서, 거울 속의 나를 바라보며, 화포 위에 붓질하는 렘브란트를 상상해보자. 자화상을 그리는 렘브란트에겐 세 '나'가 있다. 첫째로 거울 앞에 앉은 나이고, 둘째로 거울 속에 비친 나이고, 셋째로 화포 위의 초상인 나이다. 이렇듯, 자화상은 '거울 앞의 나'와 '거울 속의 나' 그리고 '화포 위의 나'라는 세 개의 '나'로 구성된 그림이다. 필자가 렘브란트의 삼각형이라 부르는 근거이다. 그런데 이 세 '나'는 각각 다른 성격을 지닌 세 주체이다. 이를테면, 거울-앞의-나는 현실 공간 속의 나로서 '실존적' 주체이고, 거울-속의-나는 거울 속에 나타났다가 사라지는 허상이라는 점에서 '허구적' 주체이고, 화포-위의-나는 화가가 거울-속의-나를 그린 작품이라는 점에서 '예술적' 주체이다. 자화상이 세 개의 '나'로 구성된 그림이라는 사실은 다음의 분석을 추동한다.

우선, 화포-위의-나는 거울-앞의-나가 아니라 거울-속의-나를 그린 나의 초상이라는 것이다. 자화상의 모든 비밀은 바로 여기에 있다. 즉, 거울-앞의-나와 화포-위의-나 사이엔 직접적인 연관성이 없다는 것이다. 거울-속의-나를 거치지 않고서 거울-앞의-나를 직접 인식한다는 데카르트적 코기토의 직접 의식과 자기 투명성의 원리를 부정하는 알레고리이다. 다시 말해서, 렘브란트의 삼각형이 예시하듯이, 거울-앞의-나와 화포-위의-나 사이엔 지름길이 없고, 오로지 거울-속의-나를 거쳐야 하는 에움길만이 있을 뿐이다. 달리 말하면, 거울-앞의-나와 화포-위의-나 사이엔 닮은꼴의 법칙이 성립하지 않을 수도 있다는 말이다. 렘브란트의 사실적 자화상과 피카소의 입체적 자화상(1972년에 그린 해골 형상의 마지막 자화상)을 떠올리면, 어렵지 않게 감지할 수 있을 것이다. 게다가 애호가들이 그린 자화상도 있다. 대개 애호가의 자화상은 렘브란트의 자화상과 피카소의 자화상 중간 지점에 있는데, 닮은꼴이면서도 다른 꼴이 있기 때문이다. 우리는 렘브란트의 1660년 작 자화상을 보면서 렘브란트의 얼굴을 그림 속의 모습과 닮은 형상으로 상상할 수 있지만, 피카소의 입체 자화상을 보면서는 아예 상상력조차 발동하지 않는다.[2] 그렇다고 해서, 렘브란트의 그림은 자화상이고, 피카소의 그림은 자화상이 아닌 건 결코 아니다. 피카소의 자화상은 전통적 코기토의 절대적 투명성을 부정하는 훌륭한 반면교사이긴 하지만, 피카소의 친필 서명으로 인해 누구도 피카소의 자화상임을 부정하지 못한다는 것이다.

거듭 강조하지만, 자화상은 화가가 거울-앞의-나를 직접 화포 위에다 그린 게 아니다. 따라서 거울-앞의-나와 화포-위의-나 사이엔

---

2) 혹자는 피카소에겐 렘브란트의 거울이 없다는 반론을 제기할 수도 있을 것이다. 즉, 피카소는 렘브란트처럼 거울 앞에 앉아 자화상을 그린 게 아니라고 주장할 수도 있다. 하지만 설령 그렇다 치더라도, 마음속에서든 머릿속에서든, 자신의 이미지를 연상하지 않고선 피카소가 자화상을 그릴 수 없다는 점에서, 피카소의 머릿속은 렘브란트의 거울과 다를 바 없다. 자화상의 현상학에선, 실물의 거울이든 양심의 거울이든, 나의 모습이 투영된 이미지를 반사한다는 점에서 같은 기능을 한다.

직접적인 연관성이 없다. 이것은 화포-위의-나가 거울-앞의-나의 모습 그대로가 아닐 가능성도 있음을 의미한다. 피카소의 자화상처럼 말이다. 그렇다면, 거울-속의-나와 화포-위의-나는 어떤 관계인가? 화가는 거울-속의-나, 즉 거울에 비친 나의 이미지를 화포 위에 그린다. 렘브란트처럼 그릴 수도 있고, 피카소처럼 그릴 수도 있다. 자화상의 창조 행위에선 렘브란트의 붓이냐, 아니면 피카소의 붓이냐가 중요한 게 아니다. 리쾨르의 통찰을 들어보자.

> 렘브란트는 거울 속의 자신의 이미지를 해석해서, 그 이미지를 화포 위에 재창조한다.(L3, 15)

자화상의 현상학이다. 자화상의 현상학적 본질은 거울-속의-나를 해석해서 화포-위의-나로 재창조하는 데에 있다. 즉, 자화상은 **해석**과 **재창조**의 산물이다. 렘브란트식의 해석과 재창조가 있고, 피카소식의 해석과 재창조가 있다. 자화상의 현상학적 진리이다. 다시 말해서, 화가의 "창조 행위"(L3, 15)가 개입해서 탄생한 화포-위의-나는 거울-앞의-나의 모습이 투영된 거울-속의-나를 해석한 재창조의 산물이다. 이어지는 리쾨르의 설명엔 자기 해석학의 근본 원리가 담겨 있다.

> 거울에 비친 나moi와 그림 속에 해석된 자기soi 사이에, 예술이 그리고 그림을 그리는, 자기를 표현하는 행위가 개입한다.(L3, 15)

리쾨르의 주체 철학이 구분하는 '나'와 '자기'의 차이를 극명하게 드러내는 압축적인 분석이다. "거울에 비친 나"는 렘브란트의 붓놀림에 의해 "그림 속에 해석된 자기"로 변신한다. 달리 말하면, 화가의 창조 행위가 렘브란트-나를 렘브란트-자기로 재탄생시킨다. 즉, 렘브란트-자기는 렘브란트-나를 해석한 창조 행위의 산물이다. 따라서 렘브란트-나와 렘브란트-자기는 주체성의 내용이 서로 다른 두 주체이다. 전자는 현실 공간의 거울에 투영된 모습의 '나'이고, 후자는 자화상의 주체인 해석된-존재로서의 '자기'이다. 전자는 동일-정체성의 주체이고, 후자는 자기-정체성의 주체이다.[3]

---

3) 『타자처럼 자기자신』의 저자는 동일성/동일-정체성의 근거로 "**성격**_caractère_"을, 자기성/자기-정체성의 근거로 "**약속 이행**_parole tenue_"(SA, 143)을 제시한다. 우선, 동일성의 근거를 "성격의 동일성"이나 "성격의 지속성"(SA, 148)으로 규정하는 데엔 별 문제가 없다. 왜냐하면 인간에겐 소위 천성이라는 게 있기에, 시간이 흘러 아무리 변한다 해도, 세 살 버릇 여든까지 가는 게 일반 진리이기 때문이다. 반면에, 자기성의 근거인 "약속 이행"에 대해선 커다란 의문부호를 달 수밖에 없다. 인식론적 차원에서도 그렇고, 실천론적 차원에서도 그렇다. 왜냐하면 리쾨르는 주체의 문제를 현상학적-존재론적 해석학의 차원에서 다루다가, "약속 지키기의 자기 충실성"(SA, 143)의 주체를 강조하기 위해서, "자기 고수"(SA, 148)의 "윤리적 정당화"(SA, 149)를 내세우는 윤리적 주체를 끌어들이기 때문이다. 약속 이행의 윤리적 주체로서의 윤리적 코기토와 간접적 자기 이해의 주체인 해석학적 코기토 사이엔 아무런 연관성이 없는데도 말이다. 물론, 『타자처럼 자기자신』의 후반부에서 다루고자 하는 "자기성의 윤리적이고 도덕적인 새로운 차원"(SA, 199)을 거론하기 위한 징검다리로 삼고 있긴 하지만 말이다. 여기에서 다음의 물음이 제기된다. 모든 개인이 모든 약속을 다 지킬 수 있는 것일까? 어느 개인도 온전한 약속 이행의 주체가 될 수 없는 이상, 이 '약속 이행'이라는 개념 자체가 "공허하고 추상적인"(CI, 240) 개념에 불과하다. 더욱이 자기성이라는 개념은, 리쾨르 자신이 그토록 강조하듯이, 타자 이해를 통해 자기를 이해하는 간접적인 자기 이해의 산물인 나와-다른-자기, 즉 해석된-존재로서의 주체성을 말한다. 그러므로 이 나와-다른-자기를 자기성의 준거로 삼는다면, 모든 개인이 누구든지 자기성의 주체로 설 수 있기에, 이론적 차원에서나 실천적 차원에서나 자기 해석학의 보편성을 입증할 수 있는 개념이다. 요컨대, 약속 이행은 이따금 반성의 거울은 될 수 있을지언정, 해석된-존재의 자질과 무관할 뿐만 아니라, 리쾨르 자신이 그토록 주창하는 삼인칭의 자기 인식의 주체로서의 해석학적 코기토의 자질과도 아무런 관계가 없다. 그리고 이 나와-다른-자기는 문학 작품, 특히 소설에서 "상상적 변이형들"(TA, 53)로 만날 수 있는데, 각각 그 양상이 다르게 나타나므로, 이 양상들을 심층 의미론 차원에서 분석하면, 자기성 개념은 실증적인 준거로 무장한 "반박할 수 없는"(CI, 21) 철학 개념으로 정립될 것이다. 리쾨르 연구의 과제이다.

위의 분석에 의하면, 화가 렘브란트는 '거울에 비친 나'에서 동일성을 확인하고, '그림 속에 해석된 자기'에서 자기성을 인식한다. 즉, 거울-속의-나엔 동일-정체성이, 화포-위의-나엔 자기-정체성이 투영되어 있다는 것이다.[4] 그런데 전자와 후자는 두 주체가 아니라, 두 주체성을 가진 하나의 주체이다. 그래서 나와-다른-자기라는 주체 표현이 가능한 것인데, 나와-다른-자기란, 현존재인 나(거울-앞의-나)가 투영된 텍스트(거울-속의-나)의 매개로 해석된-존재(화포-위의-나)로 거듭난 주체이다. 여기에서의 핵심은, 거울(텍스트)의 매개가 없다면, 거울에 비친 **나**가 그림 속에 해석된 **자기**로 거듭날 수 없다는 진리 현상이다. 리쾨르가 그토록 직접 의식의 코기토를 비판하는 이유도 바로 이러한 진리 현상 때문이다. 즉, 데카르트의 코기토는 텍스트의 매개를 통해 탄생하는 "해석된 존재"(CI, 27)를 애초부터 상정하지 않기 때문이다. 자화상에 대한 현상학적 분석의 결론은 다음과 같다. 렘브란트의

---

4) 리쾨르는 '동일성' 개념과 '자기성' 개념을 구분하고 특징짓는 게 무엇인지를 설명하기 위해, 『타자처럼 자기자신』에서 렘브란트의 초상화를 거론하면서 다음과 같은 분석을 제시하고 있다. "몸이라는 기준은 애초부터 자기성의 문제와 무관하지 않다. 나 자신에게 귀속된 내 몸은 자기성이 동일성으로 환원될 수 없음을 입증하는 너무나도 묵직한 증거라는 한에서 말이다. 따라서 몸이 그 몸 자체와 아무리 닮은 채로 남아 있다고 해도(거듭 말하지만, 렘브란트의 여러 자화상을 비교해보는 것만으로도 충분하듯이), 자기성을 형성하는 건 동일성이 아니라, 자기 몸을 가진 자로서 스스로 자기를 자기라고 지명할 수 있는 누군가의 속성이다."(SA, 154-5) 리쾨르는 세 가지 쟁점을 명확히 짚고 있다. 첫째, 동일성과 자기성은 서로 환원될 수 없는 주체성의 표현이다. 둘째, 몸은 동일성의 기준일 순 있지만, 자기성을 형성하는 기준은 아니다. 셋째, 자기성은 "자기 몸을 가진 자로서 스스로 자기를 자기라고 지명할 수 있는 누군가의 속성"이다. 「렘브란트의 한 자화상에 관하여」의 필자가 강조했듯이, "그림 속에 해석된 자기"를 나라고 지명하는 렘브란트의 "서명과 날짜"(L3, 13)가 자화상 안에 명시되어 있기에, 우리는 렘브란트의 자화상이라고 인정하는 것이다. 다시 말해서, 렘브란트는 자신의 그림 위에 자신의 서명과 날짜를 명기함으로써 자화상 속의 인물이 '자기'임을 인정하는데, 바로 이 "스스로 자기를 자기라고 지명할 수 있는" 인식 행위 주체의 주체성이 곧 자기성이다. 이것은 곧 렘브란트가 "그림 속에 해석된 자기"를 자기로 인정하는 것으로, 바로 이 해석된-존재가 자기성의 표상이다.

삼각형이 보여주듯이, '나'와 '자기' 사이엔 거울이라는 매개체가 있는데, 바로 이 거울이 해석학적 반성의 매개자이다.

한편, 존재론적 차원에서 자화상의 문제에 접근하면, 렘브란트와 나르시스는 다르다고 리쾨르는 지적한다. "나르시스는 물속에 비친 자신의 이미지를 에로틱한 사랑으로 좋아한다. 물속의 자기 이미지를 포옹함으로써, 나르시스는 그 이미지를 파괴해버린다."(L3, 15) 직접 의식의 코기토가 투명한 의식 안에서 자기를 인식하려다가 그 의식 자체마저 파괴해버린다는 비유이다. 반성철학의 코기토도 마찬가지이다. 직접적인 반성의 환상에 빠진 반성철학의 코기토는 자기애에 빠진 나머지, 직접 의식의 거울을 부숴버리는 나르시스나 다름없다. 요컨대, 나르시스는 물속에 비친 자신의 이미지를 바라보긴 하지만, 그 이미지 자체를 파괴해버림으로써 거울을 통한 반성 행위 자체가 성립되지 않기에, 간접적인 자기 인식의 과정을 거치지 못한 채, 직접적인 자기 인식의 주체인 데카르트의 코기토에 머무를 수밖에 없다.

반면에, 렘브란트는 거울에 비친 자신의 이미지를 해석해서 재창조하는 주체인데, 이 해석과 재창조 과정 자체가 반성 행위이기에, 반성의 과정을 생략해버린 나르시스와는 전혀 다른 코기토의 주체이다. 왜냐하면 렘브란트는 반성을 통해 그림 속에 해석된 자기를 발견하는 간접 의식의 코기토이기 때문이다. 리쾨르의 설명을 들어보자.

> 그와 반대로[나르시스처럼 물속의 자기 이미지를 포옹하는 게 아니라], 렘브란트는 거리를 유지한 채, 아마도 아무런 증오나 사심도 없이, **자성하기**s'examiner를 택한다.(L3, 15)

위 인용문의 필자 자신이 이탤릭체로 강조하고 있듯이, 렘브란트의 붓놀림은 **"자성하기"**, 즉 자기반성의 수단이다. 리쾨르는 렘브란트의 자성 행위를 더욱 강조하기 위해서, "양심 비판examen de conscience"이라는 말 대신에 "그림 비판examen de peinture"(L3, 15)이라는 신조어로 불러야 한다고 덧붙인다. 상징 언어이다. 프랑스어에선 양심conscience이 곧 의식conscience이다. 시니피앙은 같은데, 시니피에가 다를 뿐이다. 굳이 공통점을 찾는다면, 둘 다 우리의 영혼을 구성하는 내면의 '무엇'으로, 우리 눈엔 보이지 않는 일종의 허상이다. 양심의 거울을 들여다보라는 말도 하긴 하지만, 아마도 그 거울은 렘브란트의 거울이라기보다는 피카소의 거울에 가까울지도 모른다. 그래서 리쾨르는 자서전도 한 편의 문학 작품이라고 했다. 왜냐하면 자서전이란 우리의 기억과 양심의 거울에 비친 나를 그린 것인데, 그 기억의 왜곡과 그 거울의 굴절을 피할 수 없기 때문이다. 이와 같이 양심(의식)과 그림의 차이는 근본적으로 허상이냐 실상이냐에 있다. 이러한 상징 풀이만 보더라도, 리쾨르가 그토록 코기토의 의식을 '가짜 의식'이라 주장하는 이유를 충분히 짐작할 수 있을 것이다. 그러니, '가짜 의식'의 주체를 어찌 '가짜 코기토'라 부르지 않을 수 있으랴.

한 가지 사실만은 분명하다. 즉, 그 누구도 양심(의식)을 그릴 순 없지만(심지어 피카소의 붓으로도), 누구든지 자화상을 그릴 수 있고, 이 그림은 물질substance이자 실체substance(프랑스어에선 이 두 낱말의 시니피앙도 같다)라는 것이다. 반성의 흔적이 실물로 남는다는 말이다. 코기토의 직접 의식엔 생각의 흔적이 남지 않지만, 렘브란트의 자화상엔 자성하기의 흔적, 즉 그림 비판의 흔적이 해석된-존재로 남아 있다. 『존재와 시간』의 저자는 제25절에서 현존재를 "거기-앞의 존재자étant là-devant"로 규정하면서, "실체성substantialité은 존재자를 결정하는 근거로서의 존재론의 주개념이고, 이 존재자로부터 '누구?' 물음에 대한 답이 나온다"(ET, 156)라고 했는데, 렘브란트의 실체성은 바로 자화상에 있고, 이 자화상이 해석된-존재로서의 "거기-앞의 존재자"이고, 렘브란트는 이 존재자로부터 '누구?' 물음에 대한 답을 얻은 것이다. 리쾨르가 '양심 비판'이라는 용어 대신에 '그림 비판'이라는 신조어를 강조한 건 이런 이유에서다. 「렘브란트의 한 자화상에 관하여」의 필자는 "그에게 자성한다는 건, 곧 자기를 표현하는 것이다"라고 설명하면서, 반드시 "자기를 표현하는 것이다"(L3, 15)라는 의미로 이해해야 한다고 두 번에 걸쳐 거듭 강조했다. "자기를 표현한다는 것, 바로 이게 창조행위이다."(L3, 15) 리쾨르의 개념을 빌리면, "표현된 존재"(CI, 262)의 탄생이다. 해석과 재창조의 산물이다. 리쾨르의 분석을 조금 더 깊숙이 따라가 보자.

> 그러니까 자 여기, 자기 자신과 마주하고서, 그 얼굴에다 자신이 어떤 인간인지를 묻는 렘브란트가 있다. 늙어가는 걸 걱정하기보다는 자기 자신을 더 알고 싶은 렘브란트 말이다.(L3, 15)

사망하기 아홉 해 전인 쉰넷에 그린 이 자화상은 거울 속의 자기 얼굴을 보면서 '나는 누구인가?'를 묻는 렘브란트의 자성 행위의 산물이다. "자기 자신에 관해 제기하는 물음들에 대한 유일한 대답으로, 그는 바로 이 그림을 내놓는다."(L3, 15) 렘브란트의 주체 물음, 즉 '나는 누구인가?'에 대한 유일한 대답은 바로 이 자화상이다. 그리고 이 자화상엔, 그 대답이 반성한 존재, 즉 해석된-존재로 남아 있다. 렘브란트가 나르시스와 다른 점은 바로 여기에 있다. 즉, 나르시스에겐 반성 행위 자체가 없는 반면에, 렘브란트는 그림 비판을 통한 자성 행위의 결과, 그림 속에 해석된 자기로 재탄생하고, 이 재탄생한 자기가 곧 화가의 자기성의 표상이다.

리쾨르는 1994년 7월 13일 자 르 피가로와의 인터뷰 「폴 리쾨르, 금세기를 바라보는 다른 시선」에서도 렘브란트의 자화상을 언급하면서 다음과 같은 분석을 제시했다. "어떤 그림이 렘브란트의 자화상이라고 말하는 건 이지적으로 미묘한 행위이다. 그림을 그리는 사람은 거울 속에서만 자기 자신을 보는데, 이 거울이 그림엔 없다. 그가 찾는 자기 자신에 대한 진실은 오로지 그려진 작품 속에만 있고, 바로 이 작품만이 남는다."(PRA, 9) 여기에도 상징 언어가 있다. 거울과 그림이다. "이 거울이 그림엔 없다"라는 짧은 한마디에 자화상의 상징성이 있다. 리쾨르의 분석에 따르면, 거울 속에서만 자신의 모습을 확인하는 동일성의 주체로서의 렘브란트는 자화상엔 없다. 거울이 자화상엔 없기 때문이다. 반면에, 화가가 찾는 진실은 오로지 그려진 작품 속에만 표현되어 있는데, 바로 이 그림 속에 표현된 진실이 말하는 건 렘브란트의 자기성이다. 위 인용문의 바로 다음에 이어지는 문장에서, 리쾨르는 자화상에 대한 깊은 관심의 사유를 실토하고 있다.

이와 같은 복합성이 강력하게 나의 관심을 끌고, 또한 나와 직결된 문제이기도 하다. 우리가 쓰는 모든 글은 일종의 자화상으로 여길 수 있다는 점에서 말이다. 나는 '나는 누구인가?'라는 물음에 대한 대답의 어려움을 지적하고 싶었다. 그런데 이 물음은 내가 나의 글쓰기 작업에서 내내 줄곧 마주했던 물음이기도 하다.(PRA, 9)

자기 해석학의 철학자인 리쾨르는 "나는 누구인가?"라는 물음을 묻지 않는 관념 철학의 데카르트가 아니었다. 그는 동일성의 주체에 머문 관념론적 코기토의 주체가 아니라, 자기성을 찾으려는 해석학적 코기토의 주체였다. 『폴 리쾨르』의 저자인 장 그롱댕이 "리쾨르에겐 모든 철학이 '나는 누구인가?'라는 물음에서 탄생한다"(PR, 7)라고 적시했듯이, 리쾨르는 몸소 자기 이해의 해석학을 실천하는 철학자였다. 그래서 『타자처럼 자기자신』의 저자는 자신의 철학을 "자기성의 철학philosophie de l'ipséité"(SA, 198)이라 자평했다. 이런 점에서 보면, 1995년에 펴낸 『되돌아보니, 지적 자서전』은 리쾨르의 자기성이 각인된 작품이다. 저자 자신이 책머리에서 "지적 자서전"이라는 부제를 단 이유를 "자기 이해의 시도"라고 밝히고 있을 뿐만 아니라, "게다가 엄밀한 의미에서 자서전은 한 편의 문학 작품이다"(RF, 11)라고 적시하고 있는데, 이야기의 매개에 의한 자기 인식의 간접성을 주장하는 자신의 이론을 충실하게 실천한다는 증언이다. 참고로, 렘브란트의 전문가로 알려진 네덜란드 미술사학자 미셸 로스캠 애빙은 그의 저서 『렘브란트의 유산』에서 "오랫동안 미술사에 특별하게 남을 이 자화상 시리즈는 자신의 정체성을 찾기 위한 렘브란트의 탐색으로 해석되었다"(김지원, 24)라고 지적했다.

「렘브란트의 한 자화상에 관하여」의 마지막 문장을 인용한다.

거울 속의 이미지는 사라지고, 이제 던 화가가 쳐다보지 않는 초상화portrait는 남아 있다. 하지만 이 초상화는 영원히 우리를 쳐다보는 힘을 가지고 있다.(L3, 15)

저 자화상 속의 렘브란트는 지금도 우리를 쳐다보고 있다. 우리를 쳐다보는 그의 저 두 눈은 우리에게 뭐라고 말하는 것일까? 아마도 우리에게 자성하기를 바라는 건 아닐까? 리쾨르가 그토록 좋아하는 프루스트의 초대에, 즉 "자기 자신의 독자가 되라는 텍스트의 초대"(RF, 74)에 응하라는 게 아닐까? 렘브란트의 저 두 눈은 우리에게 마르셀의 돋보기가 아닐까?

렘브란트의 자화상에 관한 해석학적 성찰은 다음과 같은 결론에 이른다. 반성철학의 코기토는 나르시스이다. 나르시스는 에고이스트 주체이다. 에고이스트 주체는 직접적인 반성을 통해서 나의 동일성(동일-정체성)을 확인하는 코기토일 뿐이다. 이와는 반대로, 렘브란트의 주체는 해석학적 코기토이다. 해석학적 코기토는 간접적인 반성의 주체이다. 이 반성적 주체는 자성하기(거울에 비친 나를 해석해서 재창조하는 행위)를 통해 자기성을 인식하는 코기토이다. 그리고 이 코기토는 화포-위의-나가 해석된-존재임을 인식하는 해석학적 주체이다. 요약하자면, 나르시스는 자기파괴를 통해 '나의 나'라는 동일-정체성을 확인할 뿐인 데에 반해서, 렘브란트는 자기반성을 통해 해석된-존재로서의 '나의 자기'라는 자기-정체성을 정립한다. 리쾨르의 자기 해석학이 반성철학의 직접적인 반성을 반성적 해석학의 간접적인 반성으로 대체해야 한다고 주장하는 이유도 바로 여기에 있다.

렘브란트의 삼각형에서도 보듯이, 반성이란 자기를 되돌아보는 성찰 행위인데, 즉 거울 속의 나를 통한 자성 행위인데, 반성철학의 반성엔 거울 자체가 없는 것이나 다름없다. 반성철학의 코기토에겐 거울이 없으니, 반성 행위 자체가 성립될 수 없다. 프루스트의 표현을 빌리면, "콩브래의 안경사가 구매자에게 내민 돋보기"와 같은 거울이 없기에 "자기를 읽어내는 수단"(LTR, 338) 자체가 없다. "반성의 철학은 의식의 철학이 아니다. 만일 의식이 자기 자신에 대한 직접 의식을 뜻한다면 말이다."(DI, 51) 반성철학의 코기토에게 직접 의식의 환상에서 벗어나라는 해석학자 리쾨르의 주문이다. 데카르트의 코기토와 마찬가지로 반쪽짜리 코기토에 머물러 있기 때문이다.『타자처럼 자기자신』의 저자는 이렇게 말했다. "우리는 영영 자기*ipse* 없는 개인의 동일*idem*은 생각할 순 없다."(SA, 147) 직접 의식의 코기토에게 내리꽂는 일침이다.

　『해석에 대하여』의 저자 리쾨르는 "직접적인 자각은 단지 느낌일 뿐이다"(DI, 51)라고 단정한다. "나는 단지 내가 존재한다는 걸, 그리고 내가 생각한다는 걸 느낄 뿐이다."(DI, 51) 이게 코기토의 직접 의식의 전부다. 느낌은 감각이지 언어 행위가 아니다. 데카르트의 '나는 생각한다'엔 렘브란트의 붓놀림이 빠져있다. 언어를 통한 반성 행위가 없다. 인간의 사고 행위는 언어에 의해, 언어를 통해, 언어 안에서 이루어지는데, '생각하는 나'의 사고엔 바로 언어, 즉 그 사고를 주도하고 사고를 표현하는 언어가 빠져있다. 렘브란트의 붓이 없다는 말이다. 대화의 철학자 플라톤이 "영혼의 자신과의 내적 대화도 언어 사건의 범주에 속한다"(LV, 146-7)고 했듯이, 렘브란트에겐 붓놀림이 곧 자기를 표현하는 언어 행위이다. 반면에, 회의의 주체인 데카르트의 코기토에겐 이 붓이 없다. 언어 행위가 없다는 말이다. 리쾨르의 코기토 비판을 들어보자. "회의의 주체가 모든 근거를 상실하고서 주고받는 말의 대화 상황에서 벗어나 있다. 그가 독백한다고 말할 수조차 없다."(SA, 16) 정곡을 찌르는 지적이다. 데카르트의 코기토에겐 대화 상대자가 없을 뿐만 아니라, 심지어 독백이라는 언어 행위조차 없다. 언어 행위가 없으므로, '존재의 집'에서 추방된 꼴이나 다름없다. 존재의 집이 아니라면, 어디에서 존재하는 것일까? 생각의 집이라고 할 수도 없다. 생각을 주도하는 건 바로 언어이니 말이다.

군이 비유하자면, 데카르트의 코기토는 불가에서 말하는 불립문자의 코기토와 일맥상통하는 주체인데, 그런 직지인심 견성성불의 주체는 인간 차원의 주체가 아니라, 보리달마와 같은 신의 경지에 도달한 주체일 뿐이다. 어느 인간도 불립문자의 깨달음으로 견성성불에 이르지 못했다는 사실은 투명하고 직접적인 코기토의 환상을 입증하고도 남는다. 반성철학의 주체도 마찬가지다. 데카르트의 코기토와 마찬가지로, 반성철학의 '나'는 직접적인 반성을 통해 '반성하는 나'를 확인할 뿐이기에, 반성철학의 주체는 나르시스의 '나'에 머무를 수밖에 없다. 결국, 성찰 주체의 내적 인식과 자아의식의 절대적 투명성에 기반한 반성철학의 주체는 데카르트의 코기토에서 한 발짝도 앞으로 더 나아가지 못한 코키토이다.[5] 리쾨르는 반성철학이 해석학을 거쳐야 하는 이유를 다음과 같이 구체적으로 설명한다.

우리가 그 모든 걸 말하는 게 바로 언어의 품 안에서라는 건 정녕 사실이다. 그런데 언어의 능력이라는 건, 그 언어가 발원한 실존의 땅을

---

[5] 윤성우는 「리쾨르와 주체 물음」이라는 글에서 반성철학에 대한 리쾨르의 비판을 다음과 같이 요약했다. "주체의 자기 이해라는 반성철학의 목표는 리쾨르 철학의 모태origine와 같은 것이라고 우리는 이미 살펴보았다. 그럼에도 리쾨르는 그 "반성"이 더이상 의식이 자기 자신을 직접적으로 그리고 직관적으로 파악하거나 포착하는 것이어서는 안 된다고 본다. 이런 점에서 리쾨르는 데카르트적 코기토가 가지는 '자기-정립l'auto-position'의 경향성을 줄곧 비판적으로 문제시해왔다."(윤성우, 65-6) 자기 이해의 문제에 관한 한, 반성철학은 데카르트적 사고에 머물러 있다는 게, 리쾨르의 비판 요지이다.

명시할 수 있고, 또한 언어 자체가 하나의 존재 양식임을 인정할 수 있고, 그리고 언어가 이 존재 양식에 대해 말한다는 데 있다. **나는 말한다**와 **나는 존재한다**의 순환성으로 인해, 상징 기능과 상징의 뿌리(충동과 실존)가 번갈아 주도권을 쥐게 된다. 하지만 이 순환은 악순환이 아니라, 표현과 표현된 존재의 진정 생생한 순환이다.

      그렇다면, 반성철학은 해석학을 거쳐 가야 하는데, 해석학은 뜻과 겹뜻의 효과에만 갇혀선 안 된다. 해석학은 담대하게 **나는 존재한다**의 해석학이 되어야 한다. 그런 해석학만이 관념론적이고, 주관론적이고, 유아론적인 코기토의 환상과 허풍을 무너뜨릴 수 있다. 오로지 이 **나는 존재한다**의 해석학만이 데카르트의 **나는 생각한다**의 당위론적 확신을 그리고 직접 의식의 불확실성과 거짓과 자기 환상들을 한꺼번에 뒤덮어버릴 수 있다.(CI, 261-2)

『해석의 갈등』의 저자에 의하면, '나는 생각한다'와 '나는 존재한다' 사이를 무한 왕복하는 데카르트의 코기토는 악순환에 빠져있는 반면에, 실존을 표현할 수 있는 언어 존재로서의 코기토에겐 '나는 존재한다'와 '나는 말한다' 사이의 왕복운동이 선순환이라는 것이다. 왜냐하면 **"나는 존재한다의 해석학"**에선 코기토가 '존재하는 나'인 동시에 '말하는 나'이기에, 이 '말하는 나'는 "실존의 땅"을 표현할 수 있을 뿐만 아니라, 또한 자신의 "존재 양식"에 대해서도 말할 수 있는 언어 존재이기 때문이다. 그리고 언어 존재로서의 '말하는 나'의 코기토는 "충동과 실존"의 상징 표현을 통해 "표현된 존재", 즉 해석된-존재로 거듭나기에, 실존 존재로서의 현존재의 해석학적 코기토임이 밝혀진다.

      이렇듯, 말하는 코기토는 해석된-존재라는 실존의 흔적을 남기지만, '나는 존재한다'를 확인한 뒤 곧장 '나는 생각한다'로 회귀하는 데카르트의 코기토는 생각의 흔적만 남길 뿐 실존의 흔적을 남기지 않기에, 리쾨르의 표현대로 "그런 코기토는 사실상 아무도 아니다."(SA, 16). 실존론적으로 볼 때, '나는 생각한다'의 코기토는 존재하지 않는 코기토나 다름없다. 상징 언어를 통한 실존의 표현이 없기에, 표현되지 않은 코기토는 존재하지 않는 코기토나 다름없기 때문이다. 결국, 언어행위가 없는 코기토는 존재론적으로 아무도 아닐 수밖에 없다. 하이데거식으로 풀이하면, 존재-론onto-logie이란 개념 자체가 존재ontos와 언어logos의 합성어인데, 존재에 관한 사유도 언어에 관한 사유도 없는 데카르트의 그런 성찰은 형이상학에 머무를 수밖에 없다.

반성철학의 코기토 역시 마찬가지다. 왜냐하면 생각하는 코기토와 마찬가지로 여전히 "관념론적이고, 주관론적이고, 유아론적인 코기토의 환상과 허풍"에 갇혀 있기 때문이다. 그러므로 반성하는 코기토는 "직접 의식의 불확실성과 거짓과 자기 환상"으로부터 벗어나, '나는 말한다'와 '나는 존재한다'의 선순환 구조, 즉 존재 표현과 표현된 존재 사이의 선순환 구조 속에 자리해야 한다. 그때 비로소, 반성하는 코기토는 반성의 표현을 통해 표현된 존재로 거듭날 수 있고, 이 반성한 코기토는 해석된-존재가 되어 언어 존재로서의 위상을 다 가지게 된다. 반성철학이 상징의 해석학을 넘어 **나는 존재한다의 해석학**으로 나아가야 한다고 리쾨르가 주장하는 이유도 바로 여기에 있다. '**나는 존재한다의 해석학**'이란 곧 '존재하는 나에 대한 해석학'으로 '나는 말한다의 해석학'이라 할 수 있다. 왜냐하면 '존재하는 나'는 다름 아닌 언어 존재, 즉 실존을 언어로 표현하는 '현존재의 나'이기 때문이다.

리쾨르는 이렇게 말한다. "그러므로 철학은 **나는 존재한다**의 지점에서 출발해서 **나는 말한다**를 향해 길을 나서야 한다. 하이데거가 주문하듯이, 철학은 언어의 품 자체에서 나와 '언어를 향한 길로' 나서야 한다."(CI, 261) 보다시피, 하이데거와 리쾨르의 만남은 존재와 언어의 관계에 대한 사유에서 이루어지고 있다. 두 철학자에게 언어는 하나의 존재 양식일 뿐만 아니라, 이 존재 양식에 대해 말할 수 있는 존재이다. 한마디로, 언어 자체가 "존재 내 존재 양식"(CI, 261)이다. 따라서 언어를 향한 길로 나서야 한다는 말은, 곧 어떤 존재 구조 안에서 언어가 발현하는지를 밝혀내는 것이고, 세계-내-존재의 구조에서 출발해서 실존을 표현하는 언어와 해석의 문제를 향해 나아가는 것이다. 이렇듯, 철학이 언어의 품에서 나와 실존을 말할 때, 비로소 철학은 뜬구름이 아니라 실존의 땅을 상징 언어로 표현함으로써, "**나는 말한다**와 **나는 존재한다**"의 "생생한 선순환" 속에서 현존재의 존재 의미를 밝혀낼 수 있고, 그와 동시에 현존재의 해석학적 코기토가 탄생한다.

결론적으로, '나는 생각한다'의 코기토에 머물러 있는 반성철학의 코기토는 '나는 말한다'의 코기토로 거듭나야 하는데, 그러기 위해선 로고스를 '이성적' 반성 행위가 아니라 '언어적' 반성 행위를 실천하는 데에 활용해야 한다. 그때 비로소, 반성하는 코기토가 자기 존재를 표현하고 해석하는 간접적인 자기 이해의 길에 접어들 수 있다. 달리 표현하면, 반성철학의 반성 주체(나르시스)는 반성적 해석학의 반성 주체(렘브란트)로 거듭나야 한다. 바로 이것이 리쾨르의 자기 해석학이 전통적인 반성철학에 가하는 비판이다.

리쾨르의 후설 비판과 해석학적 코기토

리쾨르는 「현상학과 해석학 : 후설로부터」라는 글의 첫머리에서, 글 제목 자체가 암시하듯이, 후설의 현상학과 해석학의 관계에 대해 두 가지 쟁점을 거론하고 있다. 첫째로, 철학적 차원에서 해석학이 무너뜨린 건 현상학 그 자체가 아니라 현상학의 한 해석, 즉 현상학에 관한 "후설 자신의 **관념론적** 해석"(TA, 39)이다. 둘째로, 현상학과 해석학은 상호의존 관계에 있는데, "해석학은 현상학의 토대 위에 있고", 그와 반대로 "현상학은 **해석학적 전제** 없인 그 자체가 성립할 수 없다."(TA, 40) 요컨대, 현상학과 해석학은 각각 서로의 철학적 전제 조건이므로, 둘이면서 하나일 수밖에 없다는 것이다. 가다머와 리쾨르의 철학을 현상학적 해석학 또는 해석학적 현상학이라 부르는 것도 이런 이유에서다.

리쾨르는 『해석의 갈등, 해석학 시론』의 첫 글인 「실존과 해석학」의 글머리에서 "여기에서 내 관심사는 소위 **현상학적 방법에 해석학 문제의 접목**을 통해서 현대 철학에 열린 길들을 탐사하는 데 있다"(CI, 7)고 선언했다. 저자 자신이 이텔릭체로 강조하고 있듯이, 해석학에 의한 현상학의 혁신은 "**접목**_greffe_"이라는 표현 자체에서도 드러나는데, 이 용어는 리쾨르가 즐겨 쓰는 낱말이기도 하다. 프랑스어의 'greffe'는 원예용어론 '접붙이기'를, 의학용어론 '장기 이식'을 뜻한다. 그런데 접목이든 이식이든, 두 개의 서로 다른 개체 중 어느 하나가 다른 하나에 삽입되었기에, 이물질성 자체가 사라지진 않는다. 그러므로 현상학과 해석학은 하나이면서 둘일 수밖에 없는 일종의 연리목으로서 '타자처럼 자기자신'일 수밖에 없는 관계에 있다.

리쾨르가 즐겨 쓰는 접목이라는 상징 표현엔 속뜻이 들어 있다.

"접가지가 접그루를 바꾼다!"(CI, 20-1) 따라서 '현상학적 방법에 해석학 문제의 접목'이라는 표현을 풀이하면, 현상학이 접그루이고 해석학이 접가지인데, 그렇다면 접가지는 접그루의 무엇을 바꾼다는 것일까? 리쾨르의 대답은 이렇다. "『논리 탐구』의 의미 이론 차원뿐만 아니라, 『이념들 I』에서 『데카르트적 성찰』까지 전개된 그대로의 코기토 문제 차원에서도 해석학은 현상학에 접목되어야 한다."(CI, 20) 다시 말해서, 『논리 탐구』에서 주창했던 "단일 의미의 이상론"(CI, 21)을 의미론 차원에서 비판하는 동시에, 데카르트의 코기토에 대한 후설의 관념론적 해석을 비판한다는 말이다. 그렇다면, 해석학이 현상학을 혁신할 수 있는 해결책은 무엇일까? 리쾨르의 대답을 들어보자. "자기 인식과 다중 의미들을 연계함으로써, 우리는 코기토의 문제를 심층적으로 변화시킨다는 사실을 이제 깨달아야 한다."(CI, 21) 뜻과 겹뜻의 해석학으로서의 상징 해석학과 자기 이해의 해석학을 후설의 관념론적 현상학에 접목할 때, "유아론적인 코기토의 환상과 허풍"을 그리고 "직접 의식의 불확실성과 거짓과 자기 환상"(CI, 262)을 타파함으로써 코기토의 문제를 근본적으로 해결할 수 있다는 게 리쾨르의 주장이다.

우선, 후설의 현상학에 대한 리쾨르의 개괄적인 입장을 살펴보기 위해, 『텍스트에서 행동으로』의 첫 글인 「해석에 대하여」에서 전개하는 논지를 간략하게 언급하기로 하자. 후설에 따르면, 현상학은 지각적, 상상적, 지성적, 의지적 경험에 대한 기본적인 기술 방법일 뿐만 아니라, 가장 명쾌한 지성에 뿌리내려 자가 정립한 학문이다. 현상학적 경험 영역은 무엇보다도 직관의 영역이므로, 모든 초월적 이해는 의심스러울 수밖에 없는 반면에, "자기 내재성immanence à soi"(TA, 26)은 의심할 여지가 없다. 이처럼, 인식 주체의 자기 자신에 대한 투명성을 확신하기 때문에, 리쾨르는 현상학이 여전히 반성적 직관의 영역에 머물러 있다고 비판한다. 현상학적 환원이 분명 현상학의 위대한 발견이긴 하지만, 현상학의 실제 작업인 사태 구성에 관련된 탐구들은 "역행 질문들의 끝없는 계기"(TA, 27)로 인해 더욱더 근원적인 지층, 하지만 결코 닿을 수 없는 지층으로 내려가다 보니, 현상학이 애초에 설정했던 자가 정립이나 의식의 지향성은 사라지고 만다. 후설의 후기 철학에 등장하는 생활세계*Lebenswelt*도 "영원히 닿을 수 없는"(TA, 27) 지평선 상에 있다. 리쾨르는 이 생활세계를 "현상학의 실낙원"이라 부르면서, "바로 이런 의미에서, 현상학은 자신의 지도 이념을 실천하려 애쓰다 보니, 실제로는 이 지도 이념을 변질시켜 버렸다. 바로 이것이 후설 작품의 비극적 위대함이다"(TA, 27)라고 지적한다.

리쾨르는 『텍스트에서 행동으로』의 두 번째 글인 「현상학과 해석학 : 후설로부터」에서도 『이념들』의 「후기」에서 다섯 가지 문제점을 추출해서 후설의 관념론을 해석학적 비판에 부치고 있는데, 이 중에서 자기 이해의 문제와 관련된 네 가지 쟁점을 논의하고자 한다. 리쾨르가 해석학의 반대 명제로 내세운 건 현상학 그 자체가 아니라, 코기토에 대한 후설의 관념론적 해석이라는 사실을 상기하면서 그의 비판을 따라가 보기로 하자.

첫째로, **"모든 이해가 해석에 의해 매개되어야 하는 필연성은 직관으로 돌아가라는 후설의 요구와 대립한다."**(TA, 46) 리쾨르에 의하면, 후설이 내세운 직관의 원리는 슐라이어마허와 딜타이의 심리주의 해석학, 즉 "타인 속으로의 전이"(TA, 84)에 기초한 해석학의 원리를 빌리고 있다. 이러한 후설의 입장은 낭만주의 사고의 유산이고 데카르트의 코기토를 그대로 수용하는 것으로, 맑스와 니체 그리고 정신분석학과 이데올로기 비판을 거친 인식론적이고 존재론적인 해석학에선 용인할 수 없다. 해석학은 해석의 이론 또는 이해의 예술이므로, 인식론적 차원에서 볼 때, 무엇을 어떻게 이해하고 해석하는가가 중요하다.

그래서 리쾨르는 하이데거의 해석 개념을 빌려 이해 과정과 이해 구조를 기술한다. 『존재와 시간』의 저자가 말했듯이, "해석에서 이해는 이해하면서 자신이 이해한 것을 자기화한다. 해석에서 이해는 다른 어떤 것이 되는 게 아니라, 오히려 이해 그 자체가 된다. 실존론적 차원에서 해석은 이해에 기초하는 게 아니라, 해석에서 탄생한 것이 바로 이해이다."(ET, 194) 해석을 통해서 이해가 이루어지므로, 해석의 산물이 곧 이해이다. 이를테면, 수학 언어나 기계 언어가 아닌 자연 언어의 낱말들은 다의성을 가지고 있는데, 이 낱말들의 잠재력이 지닌 의미 영역이 발화 행위에서 모두 표출되는 게 아니라, 문맥에 따라 하나의 의미가 결정되기를 요구하기 때문에, 해석이 그 의미를 결정해야 한다. "단일 의미의 이상론"(CI, 21)을 주창했던 『논리 탐구』의 저자에 대한 비판이다.

해석은 "문답 놀이를 통해 대화 상대자들이 함께 참여해 문맥의 의미치를 결정하는 과정"(TA, 47)이다. 그리고 해석은 글쓰기로 고정되어 전승된 텍스트와 관련될 때 더욱 보편성을 띠게 되는데, "텍스트로서의 텍스트를 구성하는 공통적 특질은 이 텍스트에 포함된 의미가 저자의 의도, 이야기의 원래 상황 그리고 원 수신자로부터 **독립해** 있다는 데 있다."(TA, 48) 따라서 탄생지에서 벗어나 삼중으로 자립한 텍스트는 수많은 해석의 가능성을 열어놓는다. 바로 이 다양한 해석의 가능성 때문에 "독자가 실행하는 이해와 텍스트 자체가 열어놓은 의미 제안 사이의 해석학적 순환"(TA, 48)이 이루어진다. 후설의 직관적 이해가 비판을 당하는 것은 바로 이 지점이다. 왜냐하면 "해석은 어떤 직관에 의해서도 도출될 수 없는 열린 과정이라는 게 철학적 해석학의 가설 자체"(TA, 49)이기 때문이다. 즉, 해석학적 순환의 가장 기본적인 조건은 이해의 예견 구도에 입각한 "선이해 구조"(TA, 48)에 있기 때문이다. 한마디로, 해석학적 이해는 후설이 내세우는 직관적 이해가 아니라, 하이데거가 말하는 "이해의 선 구조"(ET, 196) 안에서 이루어진다는 것이다.

둘째로, **"현상학이 모든 나타남에 가하는 철저한 비판에 코기토 역시 회부될 수 있다는 사실이 드러날 때, 최종적 기초의 터가 주체라는 것, 그리고 모든 초월은 의심스럽고 오직 내재성만이 의심이 여지가 없다는 것 역시 근본적으로 의심스럽다."**[6](TA, 49) 여기에서도 리쾨르는 『존재와 시간』의 25절에서 '현존재는 누구인가?'라는 질문에 대한 하이데거의 답을 길게 인용하면서, 실존의 사태를 인식하는 데 있어서의 "자아의식의 교활함"(TA, 49)을 지적한다. 또한, 리쾨르는 이데올로기 비판의 소통 이론을 근거로 직접적인 자기 인식의 망상을 비판한다. "자기 인식이라는 게 영혼의 자기 자신과의 대화인 한, 이 대화가 폭력에 의해서 체계적으로 왜곡될 수 있는 한, 그리고 지배 구조가 소통 구조에 침입해서 이 대화를 왜곡할 수 있는 한, 비록 그 이유는 다르고 특별하다고 할지라도, 내면화된 소통으로서의 자기 인식 역시 대상 인식만큼이나 의심스러울 수 있다."(TA, 50) 따라서 현상학에서 말하는 '성찰

---

6) 직관적 인식을 주장하는 후설이 모든 초월적 인식을 거부하는 건 당연한 이치로 보인다. 그런데 문제는, 초월적 인식을 부정하면서도 데카르트의 초월적 코기토를 받아들이는 데 있다. 또한, "내재성" 개념도 "의식의 지향성"과 배치되는 개념이다. 후설 현상학의 내적인 논리 모순이다.

하는 에고ego meditans'는 비록 현상학적 환원을 거친다고 해도, 에고 자신에 대한 경험적 인식의 왜곡에서 벗어날 수 없다. 사태를 인지하는 데 있어서 지각의 착각을 고려해야 하듯이, 후설이 현상학에 접목하고자 했던 에고론égologie도 자기와의 직접 소통에서 빚어지는 근본적인 왜곡을 피할 수 없다.

리쾨르에 의하면, 소통의 해석학만이 이데올로기 비판을 자기 이해에 접목하는 과제를 담당할 수 있으며, 이 이데올로기 비판은 소통과 자기 이해를 확장하고 복원하는 계획에 객관적이고 설명적인 요소를 제시한다. 다른 한편으로, 해석은 시간적, 지리적, 문화적, 정신적으로 멀리 있는 것을 가깝게 하는 작업이다. 이런 점에서 거리두기 모델로서의 텍스트에 의한 매개는 혁신적이고 창조적인 발상이다. 무엇보다도 텍스트는 "거리 속에서, 거리에 의한 소통 매체"(TA, 51)이기 때문이다. 후설의 관념론적 현상학의 주체와는 달리, 해석학적 주체는 언제나 늘 "영향사Wirkungsgeschichte"(VM, 185), 즉 "역사의 작용travail de l'histoire"(HH, 213)에 노출된 주체이고, 거리두기를 인지하는 동시에 실천하는 주체이다. 그러므로 "텍스트 해석에 의한 이해의 확장과 이데올로기 비판에 의한 끊임없는 이해의 수정은 당연히 해석 과정에 포함된다."(TA, 52) 한마디로, 해석을 통해 자기 이해를 확장하는 게, 텍스트 이론과 이데올로기 비판이 열어놓은 길이다. 이러한 해석 과정을 거치지 않은 채 오로지 자기 내재성에 근거해서 자가 정립한다는 후설의 관념론적 코기토에 대한 비판이다.

셋째로, "**주체의 우월성을 문제 삼는 근본적인 방법은 텍스트 이론을 해석학의 축으로 삼는 것이다. 텍스트의 의미가 그 저자의 주관적 의도에서 자립해 있는 한, 본질적인 문제는, 텍스트 뒤에서 헤매는 의도를**

되찾는 게 아니라, 텍스트 앞에 그 텍스트가 열고 드러내는 '세계'를 펼치는 것이다."(TA, 52) 후설은 인식 주체가 스스로 자기를 인식한다고 주장하는데, 리쾨르는 바로 이 인식 주체의 자가 인식을 근본적으로 문제 삼고서, 해석학의 텍스트 이론을 근거로 후설의 관념론적 코기토를 비판한다. 그러기 위해선 텍스트 이론을 해석학의 축으로 삼아야 하는데, 텍스트 이론에 따르면, "해석학의 사명은 저자의 심리가 아니라 텍스트의 '그것'(가다머)을 파악하는 데에 있다. 텍스트의 그것과 텍스트의 구조와의 관계는 명제에서 의향référence과 의미sens와의 관계(프레게)와 같다."(TA, 52) 보다시피, 리쾨르는 가다머의 개념인 '텍스트의 그것'을 빌려 텍스트의 속성을 '의미'와 '의향'으로 구분하고 있는데, '의향'에 해당하는 '텍스트의 그것'은 텍스트의 의미 사슬에 매여있는 게 아니라, "텍스트가 기투하는 세계"(TA, 52)를 일컫는다. 그러므로 해석학의 궁극적인 과제는 텍스트의 사슬에 엮인 '의미'를 풀어내는 게 아니라, 텍스트의 기투에 실린 '의향'을 밝히는 데에 있다. 리쾨르는 이 텍스트가 기투하는 세계를 '텍스트의 세계'라 부르는데, 구체적으론 "우리의 삶과 기투의 지평"을 제시하는 세계로 "문학이 현실에 가한 수술에서 나온 '상상적 변이형들'"(TA, 53)을 만날 수 있는 곳이다. 이런 의미에서 해석학은 "텍스트가 보여주는 세계-내-존재를 밝히는 작업"(TA, 53)이다.

그렇다면, 이러한 리쾨르의 자기 해석학이 후설의 관념론적 현상학을 비판하는 근거는 무엇인가? 의식의 지향성이 보편성을 띠고 있다는 발견에서 출발한 현상학은 역설적이게도 이러한 발견이 주는 가르침을 따르지 않았다는 것, 즉 의식은 자기 자신의 외부에서 그 의미를 찾는다는 지향성의 원리를 따르지 않았다는 것이다. 그 결과, 의식 안에서 의미가 구성된다는 후설의 관념론적 시각은 코기토의 실체를 인정하기에 이르렀다. 그런 까닭에, 현상학은 항상 초월적 주관주의로 환원될 위험에 처해 있다. 이러한 위험을 피할 수 있는 길은 해석의 축을 주체의 문제에서 세계의 문제로 옮기는 데에 있다. 텍스트 이론이 저자의 의도 문제를 텍스트의 의도(텍스트의 세계) 문제에 종속시키라고 요구하는 건 바로 이러한 이유에서다. 이런 점에서 보면, 텍스트 이론이 가져온 가장 중대한 결과는 주체가 자기 자신에게 투명하다고 주장하는 후설의 관념론에 종지부를 찍었다는 데에 있다.

마지막으로, "**해석학은 성찰하는 주체가 궁극적으로 자기를 책임져야 한다는 관념론적 주장에 반대한다. 그래서 해석학은 주체를 이해 이론의 첫 번째 범주가 아니라 마지막 범주에 넣는다. 주체가 근원적 뿌리의 역할보다 더 겸허한 역할에서 재발견되어야 한다면, 주체는 뿌리의 역할을 포기해야 한다.**"(TA, 53) 여기에서도 리쾨르는 텍스트 이론을 훌륭한 길라잡이로 삼는다. 왜냐하면 텍스트 이론은 주체의 성찰 행위가 이해의 시작이라기보다는 이해의 완성임을 입증하기 때문이다. 이해를 완성하는 행위가 바로 자기화이다. 자기화란, 슐라이어마허와 딜타이의 낭만주의 해석학에서와는 달리, 텍스트의 의미를 탄생시킨 근원적 주체에 합류하는 게 아니라, 텍스트의 의향을 이해하고 해석해서 자기화함으로써 나의 존재 가능성으로 만드는 것이다.

여기에서 명심해야 할 점은 자기화를 수행하는 주체가 전통적 코기토가 아니라는 사실이다. 자기화의 주체는 스스로 자기를 이해하는 코기토가 아니라, 텍스트 읽기를 통해 자기 이해를 추구하는 주체이다. "**자기**를 이해한다는 건 텍스트 **앞에서 자기**를 이해하는 것이다."(TA, 54) 단, 한 가지 조건이 있다. "에고이스트인 나가 지워져야, 독서의 산물인 자기가 탄생한다."(RF, 76) 에고 코기토의 에고를 버려야, 텍스트의 선물인 자기를 만날 수 있다. 한 편에서 보기엔 자기화이지만, 다른 편에서 보기엔 탈-자기화, 즉 "자기 것을 버리기désappropriation"(TA, 117)이다. 이렇듯, 텍스트 앞에서 자기 이해를 추구하는 주체는 "자기 소유와 자기 상실의, 자기 심려와 자기 무심의, 자기 확인과 자기 소멸의 변증법"에 자신을 내맡기는 주체이고, "상상 속의 자기 소멸이 자신의 실존 '위기'"(SA, 198)임을 자각하는 주체이다. "자기화는 절대적 주체의 은밀한 귀환을 함의하지 않는다. 이것은 자기 자신의 것을 버려야만 하는 필연성, 즉 텍스트 앞에서의 자기 이해라는 필연성에 의해 입증될 수 있다."(RF, 57) 요약하자면, 데카르트와 후설의 초월적 코기토와 리쾨르의 해석학적 코기토의 차이는 자기 이해의 주체가 '탈-자기화' 과정을 거치느냐 아니냐에 있다. 해석학적 주체만이 탈-자기화를 거쳐 자기화에 이른다는 건 굳이 강조하지 않아도 될 터이다. 결국, 리쾨르의 후설 비판은 탈-자기화라는 에움길을 거치지 않는 관념론적 코기토를 겨냥하고 있다.

이어지는 몇 단락은 괄호로 묶어둔다. 관념론적 코기토에 대한 리쾨르의 비판은 이 책의 4장에서도 충분히 언급됐다고 생각해서다.

(『되돌아보니, 지적 자서전』의 저자 리쾨르가 누차 강조하듯이, "에고이스트 나moi égoïste"(RF, 76)를 버리지 않고선, 텍스트 앞에서 자기를 이해한다는 게 불가능하다. 그리고 텍스트 앞에서 자기를 이해한다는 건 텍스트의 그것을 자기화하는 것이다. "자기화한다는 건 남의 것이던 걸 나의 것으로 만드는 것이다. 자기화된 건 정녕 텍스트의 그것이다. 하지만 텍스트의 그것이 나의 것이 되기 위해선, 반드시 내

가 나의 것을 버리고서, 내가 텍스트의 그것이 되도록 할 때만 가능하다."(TA, 54) 리쾨르의 텍스트 해석학이 발견해낸 진리이다. 하지만 진리다운 진리는 이어지는 한 문장에 들어 있다.

그때, 나는 나 자신의 **주인**인 **나**를 텍스트의 **제자**인 **그**와 교환한다."(TA, 54)

생생한 메타포이다. 데리다가 "메타포는 인간의 특성이다"(MAR, 293)라고 했듯이, 진리는 종종 은유로 표현되기도 한다. '나는 길이요, 진리요, 생명이다.' 인류 역사상 이보다 더한 은유는 없다. 이보다 더한 상징은 없다. 예수가 곧 진리의 언어이고 진리의 상징이다. 성경의 말씀이 곧 진리이다. 진리는 말씀에 있다. 말씀을 따르는 게 곧 진리의 길이다. 말씀의 진리는 단순하다. 리쾨르의 진리 문장도 단순하다. 문장의 겉뜻sens은 명확하다. 독자들도 다 안다. 어려운 말이 없다. 하지만 속뜻signification에 담긴 의향référence이 선뜻 와닿지 않는다. 와닿는다고 해도, 그 의향의 진리를 순순히 받아들이기엔 여전히 코기토가 걸림돌이다. 코기토가 주권을 포기하지 않는 한. 리쾨르의 진리는 그림의 떡일 뿐이다.

그런데 리쾨르의 진리 문장을 이해하기 위해선, 이 문장의 첫 낱말인 "그때"가 지시하는 단서를 먼저 떠올려야 한다. 그러니, 바로 앞 문장을 다시 읽어봐야 한다. "텍스트의 그것이 나의 것이 되기 위해선, 반드시 내가 나의 것을 버리고서, 내가 텍스트의 그것이 되도록 할 때만 가능하다." 나의 것을 버리고, 그 자리에 텍스트의 그것을 앉히라는 말이다. 즉시 코기토가 꿈틀댄다. 나의 것을 버리고, 기껏해야 텍스트의 그것이 되라니? 이게 뭔 말인가? 말이 되는 말인가? 그런데 이게 전부가 아니다. 여기까진 조건일 뿐이다. 이 조건을 받아들여야 "그때" 이후에 나오는 진리의 참 말씀을 받아들일 수 있다. "그때, 나는 나 자신의 **주인**인 **나**를 텍스트의 **제자**인 **그**와 교환한다." 끝내, 코기토가 자리를 털고 일어난다. 나의 것을 버리고, 그 자리에 텍스트의 그것을 앉힌 것만도 그런데, 이젠 아예 절대 주체인 나를 헌신짝처럼 버리고, "텍스트의 **제자**인 **그**"를 "나 자신의 **주인**"으로 삼으라고? 도대체, 이게 말이 되나?

이런 말이 있다. '말로는 쉬워도, 그게 되냐?' 소위, 만고의 진리이다. 진리의 말씀은 그만큼 실천하기가 어려운 법이다. 성경의 말씀도 실천의 문제이지, 말씀을 몰라서가 아니다. 만고의 진리도 말을 몰라서가 아니라, 실천이 어렵기에 나오는 말이다. 그러기에 진리이다. 말(언어)을 중시하는 해석학의 입장에선 더욱 소중한 진리이다. 해석학의 시각에서 풀이하면 이렇다. '말로는 쉬워도'를 그대로 받아들이는 주체가 있고, '그게 되냐?'를 외치는 주체가 있다. 전자는 해석학적 코기토이고, 후자는 데카르트적 코기토이다. 전자는 말 자체를, 특히 남의 말 그 자체를 존중하고, 후자는 말보다 절대 주체인 나를 더 아낀다. 전자는 말(언어)이 나의 주인임을 인정하고, 후자는 나의 주인은 어디까지나 나임을 주장한다. 전자는 나를 "텍스트의 **제자**인 **그**"와 교환하는 주체이고, 후자는 "나 자신의 **주인**인 **나**"를 포기하지 않는 주체이다. 바로 이것이 리쾨르의 진리 문장에 담긴 "은유의 진리"(MV, 310)이다. 어쩌면, 해석학적 코기토만이 수용할 수 있는 진리인지도 모른다. "독자인 나는 나를 버려야만 나를 만난다"(TA, 117)라는 진리를 체득하고 있어서다. 이런 점에서 리쾨르의 진리 말씀은 실천지이다. 아리스토텔레스의 실천지 말이다.

실천지와 관련해서 가다머의 일화를 소개한다. 가다머는 1923년에 프라이부르크 대학에서 하이데거의 강의를 들었는데, 강의 주제는아리스토텔레스의 『니코마코스의 윤리』의 제6권에 관해서였다고 한다. 가다머의 고백에 의하면, 이 강의에서 "가장 중요한 것"을 배웠는데, "당시, '실천 이성'의 덕목인 '다른 눈으로*Allo eidos gnoseos*'라는 실천지*phronésis*는 내게 정말이지 마법의 말이었다."(PH, 20) 훗날, 가다머가 이 실천지 덕분에 해석학의 대부가 된 것인지는 모르지만, 적어도 가다머의 해석학이 실천 철학을 추구하는 건 사실이고, 이 해석학의 실천지가 바로 '다른 눈으로'이다. 가다머는 하이델베르크 대학의철학 교수 시절을 회고하면서 이런 말도 했다. "내가 가르치던 건, 특히해석학의 실천이었다. 해석학은 무엇보다도 하나의 실천, 즉 이해하고이해시키는 예술이다. 해석학은 철학하기를 가르치고자 하는 모든 교육의 영혼이다."(PH, 32) 철학을 하려거든, 해석학을 실천하라는 주문처럼 들린다.)

그렇다면, 해석학적 코기토란 무엇인가? 해석학적 코기토란, 리쾨르의 표현을 빌리면, "텍스트에 자기를 맡기고서, 텍스트로부터 더 원대한 자기*un soi plus vaste*를 받아내는"(TA, 117) 독자의 주체를 일컫는다. 해석학적 주체의 관점에서 보면, 리쾨르의 진리는 단순하다. 왜냐하면 일상의 독서 경험을 통해 몸소 체득하고 실천하는 진리이기 때문이다. 우리는 윤동주의 시 「하늘과 바람과 별과 시」를 읽고선 '하늘을우러러 한 점 부끄럼 없는' 진리를 자기 것으로 삼으려고 노력한다. 성경의 말씀에 자기를 맡기고서, 그 말씀으로부터 "더 원대한 자기"를 발견하는 독자도 마찬가지이다. 그러기에 해석학적 주체는 '나'를 '텍스트의 제자인 그'로 대체한다. '나'를 대체한 이 '그'가 바로 '더 원대한 자기'인데, 이 '자기'는 텍스트의 매개를 통한 우회 끝에 발견하는 나와-다른-자기이다. 리쾨르의 표현대로, 머나먼 여행 끝에 '타자처럼 자기자신'으로 돌아온 주체이다. 한마디로, 해석학적 코기토란 "**자기** *soi*는 텍스트의 '그것'에 의해 형성된다"(TA, 117)라는 진리를 실천하는 주체, 즉 탈-자기화를 거친 끝에 자기화에 이르는 주체이다.

이상에서 보듯이, 후설 현상학의 관념론을 비판하는 리쾨르의 요지는 주체의 직접적인 자기 인식의 불가능성이다. 해석학적 관점에서 볼 때, 자기 이해는 타자와 세계의 매개, 특히 텍스트의 매개를 통한 간접적인 인식 양식이기 때문이다. 그리고 낭만주의 해석학과는 달리, 텍스트 이해의 사명은 저자의 숨은 의도가 아니라, 텍스트 자체가 말하고자 하는 것, 즉 텍스트의 의향을 파악하는 데 있다. 그런데 이 텍스트의 의도를 파악하는 주체는 직관의 원리를 따르는 코기토가 아니라, "**자기가 자기에게 거리두기**_distanciation de soi à soi_"(TA, 54)를 하는 주체로서 "이 해석학적 거리를 준수할 줄 아는"(VM, 178) 주체이다. "오로지 한발 비켜설 줄 아는 자만이 이해한다."(VM, 178) 자기가 자기에게 거리두기는 "자기화 자체에 내재한"(TA, 54) 속성으로 해석학적 코기토의 존재 양식이다. 삼인칭으로서의 자기를 바라보는 존재 양식이다. 텍스트를 이해하면서 자기를 이해하고, 텍스트의 그것을 자기화함으로써 주체의 자기성이 정립되는 존재 양식이다. 바로 이것이 리쾨르의 자기 이해의 해석학이다. 그러므로 텍스트 앞에서 이해한 '자기'는 텍스트 이해를 통해 탄생한 해석된-존재일 수밖에 없다. 이 해석된-존재는 "문화 작품들을 자기 자신에게 적용함으로써 깨달은 자기_soi_ instruit"(AD, 124)이다. 그리고 이 "깨달은 자기"가 해석학적 주체로서의 "각성한 코기토Cogito désabusé"(HS, 299)이다.

하이데거의 이해 존재론과 존재론적 해석학

하이데거는 『존재와 시간』의 7절에서 "현상학의 원래 개념"(ET, 61)을 설명하면서, 철학을 다음과 같이 한 문장으로 정의했다. "철학이란 현존재의 해석학에서 나온 보편적인 현상학적 존재론인데, **실존**에 대한 분석론으로서의 이 해석학은 모든 철학적 물음 과정의 종지부를 그 물음이 **발원하는** 곳이자 그 물음이 **거슬러 올라가는** 그곳에 찍어놓았다."(ET, 66) 『현상학의 해석학적 전환』의 저자 장 그롱댕이 지적했듯이, 『존재와 시간』 전체를 아우르는 이 "가장 중대한 문장"이자 "결정적인 문장"(TH, 38)엔, 저 유명한 하이데거의 난해한 글쓰기를 차치하면, 해석학의 성격을 밝혀주는 몇 가지 개념들이 촘촘히 얽혀 있다. 현존재, 해석학, 현존재의 해석학, 보편성, 현상학, 존재론, 현상학적 존재론, 실존, 실존 분석론, 철학적 물음, 등등. 하이데거의 개념 놀이가 시사하는 바는, 현상학-존재론-해석학이라는 세 개념이 서로 얽혀 있어서, 어느 하나를 빼고선 철학이 성립될 수 없다는 점이다. 예컨대, 철학이 현상학적 존재론이 되려면, 현존재의 해석학으로부터 출발해야 한다. 거꾸로 말하면, 해석학을 철학의 토대로 삼지 않는다면, 현상학과 존재론은 유명무실하다는 말이다. 현상학과 존재론의 대상인 존재가 스스로 자신을 다 현시하지 못하므로, 해석학이 개입해서 존재의 의미를 밝혀내야 하기 때문이다.

하이데거가 지적하듯이, "사태 자체로!"라는 기치를 내건 현상학은 일차적으로 **"현상에 대한 학문"**(ET, 54)이라 할 수 있다. 『존재와 시간』의 저자에 의하면, 현상학$_{phénoménologie}$이라는 용어는 '현상 phénoméno-'과 '로고스$_{-logie}$'라는 두 가지 요소의 합성어이므로, 이 두 요소가 각각 무엇을 의미하는지, 그리고 이 두 요소의 합성 의미가 무엇인지를 먼저 규명해야 한다. 그래서 하이데거는 현상학 개념을 규정하기에 앞서 현상 개념과 로고스 개념을 풀이한다.

우선, 현상이라는 개념의 뿌리말은 희랍어 파이노메논$_{phaino-}$ $_{menon}$인데, 파이노메논은 '자신을 보여주다'를 의미하는 동사 파이네 스타이$_{phainestai}$에서 파생한 말이므로, 현상은 '자신을 보여주는 그것', '자신을-보여주는 것', '드러난 것'을 뜻한다. 따라서 어원적 의미에서의 현상은 **"스스로-자신을-보여주는** 것, 드러난 것"(ET, 55)을 의미한다. 그런데 존재자는 다양한 방식으로 자기를 보여줄 수 있으므로, "존재자는 스스로 존재자가 **아닌** 것처럼 자기를 보여줄 가능성도 있다."(ET, 55) 그렇게 자기를 보여주는 존재자는 '-인 것처럼' 보이는 존재자인데, 희랍어 파이노메논에는 '-인 것처럼 보이는 것', '비슷한 것', '비슷하게 보이는 것'의 의미도 담겨 있다. 그러므로 현상 개념엔 '자신을-보여주는 현상'과 '비슷하게 보이는 현상'도 들어 있다. 현상은 "어떤 것이 그것이 **아닌** 무엇**처럼** 자신을 보여줄 **수도** 있고, '단지 -인 것처럼 보일' **수도** 있다."(ET, 55) 하지만 이 현상 개념은 현상학의 현상 개념이 아니라, **"통속적 개념"**이자 **"형식적 개념"**(ET, 58)에 불과하다고 하이데거는 지적한다. 그렇다고 해서, 이 통속적인 현상 개념이 현상학적 현상 개념과 전혀 무관한 건 아니라고 하이데거가 덧붙이고 있다는 사실은 기억해두기로 하자.

그렇다면, 현상학적 현상이란 무엇인가? 다음의 인용문에서 추론할 수 있다. "현상학의 현상들의 '배후에는' 근본적으로 아무것도 없으나, 현상이 되려는 것이 전적으로 은신해 있을 수 있다. 그리고 현상학이 필요한 이유는, 현상들이 원래 그리고 거의 대개 드러나 있지 **않다**는, 바로 그런 이유 때문이다. 은폐된-존재라는 개념은 '현상' 개념의 맞상대다."(ET, 63) 현상에는 현시된 것 못지않게 은폐된 것도 있는데, 하이데거의 존재론적 현상학이 문제 삼는 건 존재자의 존재이므로, 현상학적 현상은 존재자의 존재와 관련된 현상이다. "현상학적으로 이해할 때의 현상은 늘 오로지 존재를 구성하는 것이기에, 그리고 존재는 매번 존재자의 존재이기에, 존재를 드러내는 데에 이르기 위해선, 우선 존재자 자체가 잘 보이게 해야 한다. 어떻든지 간에, 이 존재자는 자기에게 다가가는 전형적인 자기 방식에 따라 자기를 보여주어야만 한다. 그래서 통속적인 현상 개념이 현상학적 의미를 다 가지게 된다."(ET, 64) 하이데거가 말하는 현상이란 "자기-자신에-의해-자기를-보여주는 것"(ET, 58)인데, 통속적인 현상 개념이 현상학적 의미를 다 가지게 된다는 건, 존재자의 존재가 다 드러나지 않고, 가려져 있거나 은폐되어 있을 가능성, 위장되어 있거나 감춰져 있을 가능성을 현상학적으로 고려해야 함을 말한다. 따라서 현상학적 현상 개념엔 존재자의 존재가 자신을 그 자체에서 보여주면서도 드러내지 않는 무엇인가가 있음이 함의되어 있다.

　　로고스 개념으로 말하자면, 서양 철학에서 오랫동안 로고스가 말(언어)이 아니라 이성, 판단, 개념, 정의, 이유 등으로 번역되어온 사실을 상기시키면서, 로고스의 본래 의미는 말, 즉 파롤로 이해해야 한다고 하이데거는 역설한다. "로고스의 근본 의미는 파롤이다."(ET, 59)

『존재와 시간』의 저자에 의하면, 파롤의 의미에서의 로고스는 "파롤이 '말하는' 그것을 현시하다"(ET, 59)라는 뜻이다. 아리스토텔레스는 파롤의 이러한 기능을 아포파이네스타이*apophainestai*로 설명했는데, 다음과 같은 의미에서다. "로고스는 무엇인가를 보게 하고, 이 무엇인가는 말해진 바로 그것인데, 로고스는 말하는 자(전달자)는 물론이고, 함께 말하는 이들에게도 그것을 보게 한다."(ET, 59) 그러므로 파롤의 의미에서의 로고스에선 "말해진 그것은 그것이 언송된 것으로부터 파악되어야 한다."(ET, 59) 파롤은 누군가에게 무엇인가에 대한 말을 하는 것이므로, 이 무엇인가에 대한 말도 말해진 그것 자체에 함의되어 있다. "따라서 파롤에 의한 소통은 파롤이 말하는 것 안에서 파롤이 언송하는 것을 현시하고, 그렇게 타인에게 그것을 이해할 수 있게 해준다. 바로 이것이 아포판시스*apophansis*로서의 로고스의 구조이다."(ET, 59) 이러한 하이데거의 로고스 개념 풀이에 의하면, 파롤에는 두 가지 속성이 있는데, '말하는 것'과 '언송하는 것'이다. 리쾨르의 용어론 전자가 파롤의 '의미'에, 후자가 파롤의 '의향'에 해당한다. 이런 점에서 보면, 가다머의 개념인 '텍스트의 그것'이나, 리쾨르가 구분하는 '의미' 개념과 '의향' 개념도 하이데거의 로고스 개념 풀이와 무관치 않다.

『존재와 시간』의 저자에 따르면, "로고스가 보게 함이기 때문에, 바로 **이런 이유로 해서**, 로고스는 참이거나 거짓일 수 있다."(ET, 60) 이를테면, 진리라는 뜻의 알레테이아*alétheia*라는 개념에서, 알레테우에인*alétheuein*으로서의 로고스의 참은, 말이 숨기는 것을 숨겨진 그것으로부터 끌어내어 숨겨지지 않은 것으로 보게 한다는 의미에서, 즉 "**가려진 것을 드러내다**"*dévoiler*"(ET, 60)라는 의미에서의 진실을 말한다. 마찬가지로 거짓은, 어떤 것을 앞에 놓고서 그것이 아닌 것으로 여기도

록 한다는 점에서, **"덮어 감추다**_voiler_"(ET, 60)라는 의미에서의 속임이다. 그러므로 매번 다른 무엇을 빌려 "무엇을 무엇**처럼** 그렇게 보게 하는" 보여주기엔 늘 "덮어 감출 가능성"(ET, 61)이 있다. 이처럼, 로고스개념 자체에 드러내기와 감추기 기능이 있기에, 언어 역시 이 두 가지기능을 수행할 수밖에 없다. 하이데거의 제자인 가다머는 로고스와 언어와의 관계를 분석하면서, "참이거나 거짓일 수 있는 기능을 가진 로고스"이기 때문에, 즉 로고스가 "진리의 담지자"인 동시에 "비−진리의 담지자"(VM, 262)이기 때문에, 언어를 "위험천만한 모호함의 담지자"(VM, 256)라 했다. 해석학이 필요한 이유는 바로 이런 언어의 본성때문이다.

현상 개념과 로고스 개념 분석을 통해서, 하이데거는 두 개념의 합성 의미로서의 현상학을 아포파이네스타이 타 파이노메나_apophainestai ta phainoména_로 정의한다. 이 합성 의미의 현상학은"자신을 보여주는 것이 그 자신으로부터 자신을 보여주듯이, 그것 자체로부터 그것을 보게 하다"를 의미하는데, "이것은 현상학이라는 이름으로 불리는 탐구의 형식적 의미이다."(ET, 61-2) 이 형식적 의미에서 보면, 현상학이라는 용어는 일차적으로 **"방법 개념"**(ET, 54)으로서,신학이나 법학과 같은 학문의 명칭과는 달리, 학문의 대상(가령, 신 또는 법)과 관련된 게 아니라, "현상학이란 용어는 단지 이 학문에서 다루어져야 할 **그것**을 다루는 방법과 그 현시의 **어떻게**에 관한 정보를 제공할 뿐이다."(ET, 62) 그렇다면, 현상학이 다루어야 할 "**그것**"은 무엇인가? 하이데거의 답은 이렇다. "명백하게도, 원래 그리고 거의 대개,자기를 곧바로 보여주지 **않는** 어떤 것인데, 원래 그리고 거의 대개, 자기를 보여주는 것과는 달리, **숨겨져** 있지만, 그와 동시에, 원래 그리고 거의 대개, 자기를 보여주는 것과 근본적으로 일체를 이루기에, 자기를 보여주는 것의 의미와 근거를 이루는 무엇이다."(ET, 62) 현상학의 탐구 대상은 현시와 은폐의 속성을 가진 현상인데, 해석학적 관점에서 보면 언어 현상이다. 참고로, 질베르 오투아는 하이데거의 현상–학 phénoméno-logie 을 "인간의 언어적 본성의 언어적 발현이라는 의미에서의 현상–학"(GH, 66)이라고 풀이했다.

하이데거의 현상학이 다루고자 하는 현상은 존재자의 존재이다. "예외적인 의미에서 **숨겨져 있는** 것이나, 끊임없이 **은폐** 속으로 떨어지는 것, 또는 오로지 '**가면을 쓰고서**'만 자기를 보여주는 건, 이 존재자도 저 존재자도 아니라, 그와 반대로, 앞의 고찰들이 보여주듯이, 존재자의 **존재**이다."(ET, 62-3) 「『존재와 시간』의 해석학」의 필자인 장 그롱댕의 설명에 의하면, "존재가 자기를 보여주지 못하는 건, 바로 존재가 은폐되어 있고, 숨겨져 있고, 감춰져 있고, 왜곡되어 있기 때문이다."(TH, 49) 이처럼, 존재자의 존재가 너무나 은폐되어 있어서, 존재에 관한 그리고 존재의 의미에 관한 모든 물음이 묻혀 있기에, 현상학은 "현상이 되고자 하는 것"(ET, 63)을 대상으로 삼아야 한다. 이런 점에서 보면, 하이데거의 현상학적 존재론에서 말하는 현존재는 "거기에 있음"이라기보다는, 무엇보다도 "거기에 있을 수 있는 것인데, 대개 거기에 있지 않은 것"(TH, 50)을 지칭한다. "현존재에 대한 해석학이 시급하게 요구되는 까닭은 바로 현존재가 원래 자기 자신에게 감춰져 있기 때문이다."(TH, 54) 그리고 현존재에 대한 해석학이 현상학인 것도 "자기 자신을 감추는 현존재의 본질적 현상을 현상학적으로 밝혀내야 하는 데에 해석학의 시급한 사명이 있기 때문이다."(TH, 55) 다시 말해서, 존재론의 주제인 존재에 접근할 수 있고, 존재의 의미를 풀어낼 수 있는 길을 열어주는 학문이 해석학이라는 말이다.

그렇다면, 현상학과 존재론에 기초한 해석학의 구체적인 대상은 무엇인가? "현상학은 존재자의 존재에 대한 학문, 즉 존재론"(ET, 64)인데, **"존재론은 오직 현상학으로서만 가능하다."**(ET, 63) 이러한 전제를 내세운 『존재와 시간』의 저자는 제7절 「탐구의 현상학적 방법」에서 현상학과 해석학의 관계를 설명하면서, 아래와 같이 해석학을 세 가지로 분류하고 있다.

> 현존재의 현상학의 로고스엔 해석의 천성이 있는데, 그 덕분에 현존재 자체에 내재한 존재 이해에서 존재의 진정한 의미와 현존재 자체의 근본구조들이 **밝혀진다**. 현존재의 현상학은 해석의 사명을 지칭한다는 의미의 해석학, 즉 해석학이라는 낱말의 본래 의미에서의 **해석학**이다. 그런데 존재 의미와 현존재 일반의 근본 구조가 밝혀짐으로 인해, 향후 현존재 계열에 속하지 않은 존재자에 관한 온갖 존재론적 탐구 지평이 열린다는 한에서, 이 해석학은 모든 존재론적 탐구의 가능 조건들이 설정된다는 의미에서의 '해석학'이 된다. 그리고 마지막으로, 실존 가능성에 있는 존재자로서의 현존재가 모든 존재자에 비해 존재론적 우위를 점한다는 한에서, 현존재의 존재에 대한 해석으로서의 해석학은 세 번째의 특별한 의미를 얻는데, 실존의 실존성에 대한 분석론이라는 의미이고, 철학적으로는 **최우선적** 의미로 받아들여야 하는 해석학이다.(ET, 65)

하이데거는 로고스를 가진 현존재의 고유한 속성인 "해석의 천성"에 근거해 해석학을 세 가지로 구분하고 있는데, 간략하게 정리하면 다음과 같다. 첫째, 현존재의 현상학으로서의 해석학, 즉 현상학적 해석학으로 본래 의미의 해석학이다. 둘째, 존재 의미와 현존재의 구조를 밝혀낸 현상학적 해석학에 힘입어, 현존재에 대한 존재론적 탐구의 가능 조건들을 제시하는 해석학으로, 해석의 인식론적 토대를 설정한다는 의미에서의 인식론적 해석학이다. 마지막으로, 실존 가능성의 현존재를 포함해서 현존재의 존재와 실존의 실존성을 분석하는 존재론적 해석학으로, 하이데거 자신이 강조하고 있듯이, **"최우선적"** 의미의 해석학이다. 이 세 가지 해석학을 아우르는 용어가 현존재 분석론으로서의 해석학이다. 이런 의미에서, 하이데거의 현상학적 해석학을 흔히 현존재 분석론으로서의 해석학이라 통칭한다.

　　바로 여기에서 이해 존재론이 개입된다. 하이데거에 의하면, **"이해는 현존재 자체에 고유한 존재-능력의 실존론적 존재이므로, 이 존재는 몸소 그 자신과 함께 있는 존재의 위치를 발견한다."**(ET, 189) 현존재는 실존론적으로 이해 존재이다. 이 이해 존재가 발견해내는 건 현존재를 특징짓는 세계-내-존재이다. 그리고 이 실존론적 이해는 세계-내-존재로서의 현존재의 설여說與에 매번 전적으로 관여하기에 "실존 그 자체에 대한 이해는 늘 세계에 대한 이해이다."(ET, 191) 다시 말해서, 실존의 존재자가 자기 인식에 도달하는 건, 에고이스트적인 에고(에고 코기토의 에고)의 직접 의식에 의해서가 아니라, 에고의 실존을 구성하는 세계 안에 있음과 타인들과 함께 있음을 통해서이다. 즉, 직접적인 자기 인식은 불가능하고, 언제나 세계와 타자의 매개를 통해서만 자기 인식에 도달할 수 있다. 하이데거가 존재자의 세계와의 관계를 투명성에, 존재자의 에고이스트적 사고를 불투명성에 비유하는 것도 이런 연유에서다.

한편, 현존재의 이해에는 그 자체 안에 "**기투**_projection_"[7]라는 실존론적 사고 지평이 있는데, 기투는 세계-내-존재에 내재한 "현사실적 존재-능력"(ET, 190)을 지칭하는 개념이다. 다시 말해서, 현존재의 이해 특성인 "이해의 선 구조"(ET, 196), 즉 현존재의 존재-능력에 내재한 "이해의 기투성"(ET, 190)을 일컫는 하이데거의 용어이다.[8] "기투로서

---

7) '기투'라는 역어는 이미 학계에서 통용되는 개념이긴 하지만, 굳이 독자들을 위해 설명을 덧붙이자면, 하이데거 자신의 지적대로, "기투projection"가 "예단plan prémédité"(ET, 190)을 뜻하는 건 아니다. 『존재와 시간』의 풀이에 따르면, 우리말에선 '예측'이나 '예상', 아니 그보다는 '구상構想'에 더 가까운 의미이다. 일테면, 소설가가 소설을 집필하기 이전에 막연하게나마 어떤 '구상'을 미리 하듯이, 또는 우리가 여행을 떠나기 전에 이번 여행에 대한 어느 정도의 '구상'을 하듯이, 기투라는 개념은 "죽음을 향한 존재l'être vers la mort"(ET, 315)인 모든 존재자가 존재 가능성을 구상하면서, 가능성의 존재를 추구하고자 하는 실존론적인 태도를 일컫는다. 이것은 『존재와 시간』의 제53절의 제목 "죽음을 향한 순수 존재의 실존적 기투"라는 표현에서도 확인되는데, 여기에서 "순수 존재"란 "가능성을 향한 존재로서의 죽음을 향한 존재"(ET, 315)를 뜻한다. 간단히 말해서, 기투는 이해 존재로서 '선 이해 구조'를 가진 현존재의 존재 양식이다. 하이데거의 표현을 빌리면, 기투란 세계-내-존재의 "존재-능력"(ET, 190)으로서의 "무엇인가에-대한-구상l'à-dessein-de-quelque-chose"(ET, 188)이다. 이런 의미에서 보면, 우리말의 '구상'에 가깝긴 하지만, 하이데거 개념의 뜻을 다 포괄할 순 없다. 따라서, 독자들은 '기투' 개념을 '선 이해 구조'에 내재한 속성으로서의 '기획투사projection à-dessein-de'의 줄임말 정도로 이해하는 게 더 나을 것이다.

8) 리쾨르는 '선이해 구조structure de précompréhension'라는 용어를 사용하는데, 물론 이것은 하이데거에게서 빌려온 개념이다. 『존재와 시간』의 저자는 "이해의 선 구조"를 "현존재 그 자체의 실존론적 **선 구조**"(ET, 199)라고 했는데, 이 "**선 구조**"를 설명하기 위해서 신조어로 다음과 같이 풀이했다. "**의미는 선지, 선견, 선해에 의해 구성된 기투가 지향하는 그것이고, 이 기투에 따라 무엇이 무엇으로 이해될 수 있다.**"(ET, 197) 여기에서 저 유명한 개념들, 즉 선지acquis préalable/pré-acquis, 선견visée préalable/pré-visée, 선해saisie préalable/pré-saisie라는 신조어 개념들이 등장했는데, 하이데거의 부연 설명에 따르면, "이러한 선 관념idée préconçue은 필연적으로 그때마다 해석을 위해 이미 채택된 본래 견해에 달려 있다."(ET, 196) 다시 말해서, "선지, 선견, 선해 안에 이미 들어 있는 것에서 나온다"(ET, 196)라는 것이다. 위 인용문에서, 필자가 '선지', '선견', '선해'로 옮긴 용어는 각각 독일어 _Vorhabe_, _Vorsicht_, _Vorgriff_에 해당하고, 기존의 우리말 역어로는 독일어 접두사 _Vor_를 '앞서' 또는 '먼저'로 번역해서, _Vorhabe_를 '앞서 가짐' 또는 '먼저 가짐'으로 표기하고 있다. 그런데 우리말에선 '앞서'와 '먼저'를 아우르는 낱말이 '선先'이고, 뒤에 오는 동사 원형 개념은, 프랑스어 역어의 예시처럼, 한 글자로 표기할 수 있어서 택한 역어들이다. 참고로, 가다머는 해석학적 순환과 이해의 예견 구도를 설명하기 위해서, 하이데거의 개념 대신에 "선판단préjugé"이라는 프랑스어 표현을 사용하는데, "**이해**

의 이해는 현존재의 존재 양식이고, 이 존재 양식 안에서 이해는 현존재의 가능성을 가능성으로 **있게** 만든다."(ET, 190) 이 가능성에 자신의 존재를 기투하는 게 곧 이해 존재로서의 현존재인데, "이해에 내재한 기투는 이해의 확장 가능성을 가지고 있다."(ET, 193) 하이데거는 이 이해의 전개를 해석이라고 부르는데, "해석에서 이해는 이해하면서 이해한 것을 자기 것으로 만든다."(ET, 194) 즉, "이해는 해석의 가능성, 즉 이해된 것의 자기화를 내포한다."(ET, 207) 이처럼, 해석학적 이해는 이해의 자기화이고, 이 자기화의 대상은 실존이다. 그러므로 "실존론적인 의미에서의 이해는 현존재 자체의 존재-능력이다."(ET, 199) 결국, 하이데거가 말하는 해석은 이해 존재인 현존재가 세계와 타자를 이해하면서 얻은 이해를 자기 자신에 적용함으로써, 자기 이해의 길로 나아가는 현존재의 존재-능력으로서의 실천지라 할 수 있다. 이런 의미에서 존재론적 해석학은 실존의 철학이자 실천의 철학이다.

그렇다면, 현존재에게 이해의 길을 열어주는 것은 무엇인가? 말(언어)이다. 『존재와 시간』의 저자는 제34절 「현존재와 말. 언어」에서 언어 존재로서의 현존재를 다음과 같이 분석하고 있다. "언어 현상은 현존재의 열려 있음이라는 실존론적 구성에 그 뿌리를 두고 있다. **언어** *langue***의 실존론적이고 존재론적인 토대는 말***parole***이다.** […] 말은 이해력의 실제적 활동이다. 그러므로 말은 이미 해석과 진술의 밑바탕에 있다."(ET, 207) 언어 행위는 이해 존재로서의 현존재의 실존을 구성하는 가장 기본적인 존재 양식이다. 세계에 대한 모든 경험은 근본적으로 언어적 경험이고, 이 경험을 표현하는 것도 언어이기 때문이다. "말

를 주도하는 **올바른** 선판단"과 "**몰이해**를 낳는 **그릇된** 선판단"(VM, 139)으로 구분한다.

은 근본적으로 **세계와** 특별하게 관련된 존재 양식을 가져야만 한다. 세계-내-존재가 가진 이해력은 **말로 표현된다.** 이해력에 속한 온갖 의미가 다 **낱말들로 표현된다.**"(ET, 207) 현존재의 열려 있음의 특성이 언어 행위, 즉 말(파롤)로 나타난다는 것이다. 하이데거의 설명을 들어보자.

> 무엇인가에 관한 모든 말은 말해진 그것 안에 의사 표현이 들어 있으므로, **자기를 표현한다**s'exprimer는 게 곧 말의 속성이다. 말을 하면서, 현존재는 **자기를 밖으로 표출한다**s'ex-primer. 왜냐하면 현존재는 애초부터 외부와의 관계를 단절하고 틀어박힌 채 '내부자'로서 존재하는 게 아니라, 그와 반대로 이해하는 세계-내-존재로서 이미 '바깥에' 있기 때문이다.(ET, 209)

위 인용문에서 "애초부터 외부와의 관계를 단절하고 틀어박힌 채 '내부자'로서 존재하는" 게 바로 데카르트와 후설이 말하는 직접 의식의 관념론적 코기토이다. 이와는 정반대로, 세계-내-존재로서의 현존재는 "바깥에" 있는 존재로서, 자기를 표현함으로써 세계와 소통하고 세계와의 관계를 맺는다. 언어 존재로서의 현존재이다. 존재론적 해석학의 대상이다. "언어에서 현시되는 건, 바로 세계 자체이다."(VM, 303) 언어는 단지 "세계 안에서 사용 가능한 연장"이 아니라 "현존재의 존재 양식"(ET, 213)이다. "세계와 현존재 자체를 드러내는"(ET, 212) 건 바로 언어이다. 이런 의미에서, 밖으로 표현된 말은 세계-내-존재의 이해력의 표출ex-pression이다. 그래서 장 그롱댕은 "언어는 존재 자체의 빛이다"(HER, 63)라고 했다. 언어는 현존재의 존재 능력 그 자체이다. 존재 이해든, 세계 이해든, 모든 이해는 언어적 이해이다.『언어와 진리』

의 저자인 가다머가 "하이데거 사상에서의 언어와 이해의 우월성"(LV, 137)을 역설한 것도 바로 이런 이유에서다. 이런 점에서 보면, 언어는 존재 이해의 주체이자 이해 존재의 주체이다.

하이데거의 존재론적 해석학의 요지를 정리하면 다음과 같다. 첫째로, 모든 존재자의 존재엔 드러난 것 못지않게 감춰지고 숨겨진 것이 있다. 오히려 감춰지고 숨겨진 것이 드러나 있는 것보다 존재론적으로 우위에 있다. 둘째로, 존재자의 존재가 지닌 이런 특성으로 인해 해석이 요구된다. 해석은 세계와 타자를 이해하면서, 이해한 그것을 자기화하는 작업이다. 이런 점에서, 이해함으로써만 실존하는 현존재인 인간에게 모든 이해는 궁극적으로 자기 이해를 지향한다. 바로 이것이 하이데거의 이해 존재론이다. 그리고 리쾨르의 철학에서 하이데거의 이해 존재론은 실천 철학으로서의 자기 이해의 해석학의 모태가 된다. 『현상학의 해석학적 전환』의 저자 장 그롱댕은 철학을 다음과 같이 아주 간략하게 풀이했다. "현존재의 현존재 자신의 존재에 대한 심려에 결국 철학의 진정한 문제들이 뿌리내려 있다."(TH, 56) 리쾨르가 하이데거의 존재론을 "**'나는 존재한다'의 해석학**"(CI, 222)의 토대로 삼은 것도 같은 맥락에서다. 그리고 리쾨르의 주체 철학이 존재론적 해석학인 것도 이런 근거에서다.

우회 철학으로서의 자기 이해의 해석학

리쾨르는 『해석의 갈등』의 서론에 해당하는 글인 「실존과 해석학」의 글머리에서 "**해석학의 문제를 현상학적 방법에 접목**"하는 절차에 대해,

즉 "해석학에 의한 현상학의 혁신"(CI, 7)이 어떻게 이루어지는지에 대해 자세히 설명하고 있다. 해석학을 현상학 위에 세우는 데에는 가까운 길과 먼 길이 있다. 가까운 길은, 이해를 인식 양식이 아니라 존재 양식 그 자체로 보면서, 해석학이 현존재 분석론의 일부가 되는 하이데거의 이해 존재론을 따라가는 길이다. 그러나 리쾨르가 가고자 하는 길은 가까운 길이 아니라 먼 길이다. 먼 길은 의미론과 반성 차원을 거쳐 가는 길이다. 이 먼 길에선, 현존재 분석론에서 벗어나 "이해가 실행되는 차원, 즉 언어 차원에서 출발한다."(CI, 14) 언어 존재인 인간과 관련된 모든 이해는 언어 안에서 이루어지기 때문이다. 그래서 리쾨르는 의미론을 거쳐 가야 한다고 주장한다. 의미론은 다의성의 문제와 상징 의미의 문제를 다루는 학문인데, 정신분석학이 밝혀낸 바에 따르면, "상징은 감추면서 보여주고, 표현하면서 위장한다"(CI, 220)라는 게 모든 상징의 법칙이다.

『해석의 갈등』의 저자는 상징 의미론의 우회를 거쳐 실존의 문제에 접근하는 경로를 다음과 같이 자세하게 기술하고 있다.

다의적 표현들이나 상징적 표현들에 대한 이해가 **자기** 이해의 한 계기임을 밝히지 않는 한, 단순한 의미론적 해설은 '허공에' 떠 있는 것이다. 그러기에 **의미론적** 접근은 **반성적** 접근으로 이어진다. 하지만 기호들을 해석하면서 자기 자신을 해석하는 주체는 이제 던 코기토가 아니다. 그런 주체는 실존자existant인데, 실존자는 자기를 정립하고 자기의 주인이 되기 이전에도 자기 삶에 대한 해석을 통해 이미 존재 안에 놓여 있음을 발견한다. 그렇게 해석학은 처음부터 끝까지 줄곧 **해석된-존재**être-interprété가 실존 양식임을 발견하게 된다. 반성으로서의 반성이 스스로 해체될 때, 오로지 그런 반성만이 이해의 존재론적 근본으로 되돌아갈 수 있다. 하지만 이것은 늘 언어 안에서 그리고 반성의 운동을 통해서 이루어진다. 바로 이것이 우리가 따라가려는 험난한 길이다.(CI, 15)

리쾨르가 강조하듯이, 현존재의 실존 양식은 다름 아닌 '**해석된-존재**'이다. 즉, 이해함으로써만 실존하는 현존재의 실존론적 존재인 **자기 이해의 존재**이다. 그리고 이 존재는 '실존자'이다. 다시 말해 "주체의 자기 자신에 대한 투명성"(TA, 31)을 주창하는 후설의 코기토, 즉 존재의 '밖'이 아니라 오로지 존재의 '안'에만 기거하는 주체가 아니라는 말이다. 그러므로 이 실존자가 자기 이해의 산물인 해석된-존재를 만나기 위해선, 상징 의미론과 반성적 해석학 또는 해석학적 반성을 거쳐야 하는 "험난한 길"을 가야 하는데, 이 길의 도정에선 처음부터 끝까지 언어가 길라잡이 역할을 한다. 리쾨르는 바로 이 험난한 에움길을 먼 길이라 부른다. 먼 길의 노정은 다음과 같다. 상징 언어를 다루는 의미론에서 출발해 간접적인 자기 이해의 도정인 반성의 문제를 거쳐, 실존 차원에서 주체 문제를 풀어내는 존재론적 해석학에 이르는 길이다.

우선, 의미론의 대상은 언어이다. "존재적 이해든 존재론적 이해든, 모든 이해는 원래 그리고 언제나 언어 안에서 표출된다."(CI, 15) 먼 길을 떠나는 해석자에겐 존재 현상의 표상인 언어가 해석학적 성찰의 길라잡이가 된다. 그래서 리쾨르는 모든 종류의 해석학을 아우르는 기초를 의미론에서 찾는다. 성서 해석학에서 정신분석학에 이르기까지, 어디서나 나타나는 공통 요소는 이중 의미 혹은 다중 의미라고 부를 수 있는 의미 구조인데, 이 구조에 따르면, 매번 "감추면서 보여주는"(CI, 16) 것이 언어 현상이다. 하이데거가 풀이한 현상과 로고스 개념의 특성이기도 하다. 따라서 다의적 표현의 의미론, 즉 "감춤-보여줌의 의미론"(CI, 16)에서 언어에 대한 분석이 강화되어야 한다. 이중 의미가 대표적으로 나타나는 곳이 바로 상징 언어인데, 상징은 직접적, 일차적, 문자적 의미 이외의 다른 의미, 즉 간접적, 이차적, 비유적 의미를 낳는 의미 구조를 품고 있다. 종교 현상학의 우주 상징이든, 정신분석학의 꿈의 상징이든, 또는 시의 상징이든, 모든 상징은 언어로 발현된다. 그러므로 상징 표현의 의미를 풀어내기 위해선 해석이 요구되는데, 해석은 자기화의 구도에 따라 상징의 다의성을 풀어내는 작업을 말한다. "겹뜻이 있는 곳에 해석이 있고, 다중 의미가 밝혀지는 건 바로 해석에서이다."(CI, 16-7) 리쾨르의 상징 해석학이 내건 기치이다.

상징 언어를 다루는 의미론에는 두 가지가 있다. 『구조 인류학』의 저자인 클로드 레비-스트로스의 신화소 이론처럼 신화의 구조 분석에 치중하는 "표층 의미론"이 있는 반면에, 상징 표현의 의미를 분석하는 해석학은 "심층 의미론"(TA, 155)에 해당한다. 그렇다면, 상징 표현을 표층 의미론 차원이 아니라 심층 의미론 차원에서 다룬다는 건 구체적으로 무엇을 말하는가? 『텍스트에서 행동으로』의 저자는 "심층 의미론이란, 내가 감히 말하자면, 신화의 생생한 의미론이다"(TA, 155)라고 설명하면서도 정작 그 구체적인 예는 제시하지 못했는데, 다행하게도 우리는 "신화의 생생한 의미론"의 실증적인 예를 『타자처럼 자기자신』에서 찾아낼 수 있다. 그리고 이 상징 표현은 매우 의미심장한데, 데카르트의 코기토를 시지프에 비유하고 있기 때문이다. 리쾨르는 "상징은 생각할 거리를 준다"(CI, 32)라는 저 유명한 말을 했는데, 이보다 더한 생각거리가 없을 정도로, 그의 상징 표현들 가운데서도 그야말로 상징적인 언어이다.

> 자기 자신에게 내맡겨진 코기토의 나는, 매 순간, 회의의 험준한 사면
> 에서 자기 확신의 바위를 거슬러 올려야 하는 시지프이다.(SA, 20)

『생생한 은유』의 저자다운 언어이다. 말 그대로 "생생한 은유"(MV,
325)이다. 산정에 도달한 순간, "자기 확신의 바위"가 굴러떨어지는 걸
물끄러미 쳐다보아야 하는 시지프의 처지보다 더 허망하고 허무한 신
세가 있을까? '헛 코기토'의 상징으로, 헛일의 대명사인 시지프보다 더
나은 상징이 있을까?

통속적인 해석에 따르면, 바위와 시지프는 한 몸이라고들 한다.
『시지프 신화』의 저자 카뮈가 "그의 바위는 그의 것이다"(MS, 165)라
고 했듯이. 바위가 곧 시지프의 상징이다. 이 시지프의 상징성을 심층
의미론 차원에서 풀이하면 이렇다. 시지프는 바위를 굴리며 산정으로
향하는 동안 내내, '생각하는 나'로서 바위를 굴리는 자신의 존재 노력
을 인식하면서 '나는 존재한다'를 확인한다. 그리고 마침내 산정에 도
달한다. 하지만 곧 "자기 확신의 바위"는 굴러떨어지고, 시지프는 "회
의"가 되어버린 바위를 향해 산 아래로 내려오면서 회의에 빠진다. 그
리고 또다시, 회의의 바위를 존재의 바위로 바꾸는 등정에 나선다. 등
정과 하산의 무한 반복. 회의의 바위와 존재의 바위의 무한 악순환. 바
위는 회의이거나 존재일 뿐, 바위가 회의의 이유나 존재의 의미를 밝
혀주진 못한다. 바위는 바위이고, 시지프는 시지프일 뿐이다. 시지프가
바위를 향해 아무리 소리를 질러도, 돌아오는 건 자기 목소리의 메아
리밖에 없다. 바위와 시지프 사이엔 어떤 언어도 통하지 않는다. 언어

적 소통 자체가 불가능하다. 바위가 반성의 거울이 되진 못한다는 말이다. 데카르트의 코기토가 그런 꼴이다. '생각하는 나'는 생각을 굴림으로써 나의 존재는 확인하지만, 나의 존재 의미는 깨닫지 못한다. 반성의 거울이 없기 때문이다. 이것은 삶이 객관화되어 나타나는 언어적 표현의 매개를 거치지 않은 직접적인 자기반성(반성철학의 반성)이 눈 먼 직관에 머무를 수밖에 없는 것과 같다. 『시지프 신화』의 저자는 "바위는 여전히 구르고 있다"면서, "신들을 부정하고 바위를 들어 올리는 초월적 충실성"의 상징이기에, "행복한 시지프를 상상해야 한다"(MS, 166)고 결론지었지만, 해석학적 코기토에겐 그저 불행한 시지프일 뿐이고, 이젠 바위를 굴리지도 않는다.

　『타자처럼 자기자신』의 저자는 데카르트의 과장된 회의에 대해 극단적으로 회의하는 니체의 철학적 사유를 다음과 같이 아주 적절한 표현으로 풀이했다. **"나는 데카르트보다 더 낫게 회의한다."**(SA, 27) 마치 니체의 언어처럼 들린다. 아무튼, 데카르트보다 더 나은 회의 끝에, 니체는 코기토의 진상을 발견했다. 리쾨르의 표현으로 "니체가 망했다고 선언한 코기토"(SA, 35)이다. 그렇게 니체는 "망가진 코기토*Cogito brisé*"(SA, 15)를, 프로이트는 "다친 코기토*Cogito blessé*"(CI, 239)를 밝혀냈다. 데카르트의 코기토는 "자기 정립은 하지만, 자기의 주인이 되지 못하는 코기토"이고, "직접 의식의 부실과 환상과 거짓을 고백함으로써만 원초적 진리를 깨닫는 코기토"(CI, 239)이기 때문이다. 의구의 철학자들이 발견한 유산을 이어받은 리쾨르의 해석학은 "헛 구체성"(CI, 239)으로 채워진 코기토의 나르시시즘을 비판하고, 반성 과정과 실존의 문제를 거친 후에야 해석학적 코기토를 정립하고자 한다.

　코기토의 직접 의식에 대한 해석학적 분석은 이렇다. '나는 생각한다'의 '나'는 단지 '생각하는 나'로서의 나에 지나지 않기에, 더욱이 그 생각의 대상이 '생각하는 나'에 대한 '생각'에 지나지 않기에, 그리고 그 '생각'의 결과가 '생각하는 나'의 존재 확신에 지나지 않기에, 게다가 '나는 존재한다'를 확인한 후 곧바로 다시 '생각하는 나'로 되돌아가기에, 쳇바퀴를 돌리는 다람쥐나 다름없다. 말하자면, 코기토는 '나는 생각한다'와 '나는 존재한다' 사이의 텅 빈 의식의 공간을 오갈 뿐, 그 과정에서 아무런 존재 의미도 찾지 않는다. 존재의 의미를 찾지 않기에, 의미 없는 존재나 다름없다. 나의 '생각'과 나의 '존재' 사이를 부질없이 왔다 갔다 할 뿐이다. 그래서 하이데거는 "추론 속의 순환"(ET, 31)이라 했고, 리쾨르는 "거대한 악순환"(SA, 21)이라 했다. 그런 까닭에, 프로이트는 데카르트의 코기토를 '가짜 의식'이라 했고, 맑스와 니체는 그 가면을 벗기라고 했다. 왜냐하면 '생각하는 나'의 나는 나의 존재 행위들이 비친 거울에서 파악된 나가 아니라, 회의하는 과정 안에서 나의 존재만을 확인할 뿐, 그 이상의 진리를 깨닫지 못하는 코기토이기 때문이다. 코기토의 진리는 이렇다. "나에게 존재한다는 건, 곧 생각하는 것이고, 나는 내가 생각하기에 존재한다."(CI, 21) 이게 전부다. 생각과 존재의 동시 정립, 아니면 존재와 생각의 동시 정립, 그 이상도 그 이하도 아니다. 리쾨르가 코기토의 정립이 코기코의 위기를 초래한다고 한 이유도 바로 여기에 있다. 왜냐하면 외부 세계가 없는 코기토는 생각이 자기 현실의 전부라고 생각하지만, 생각의 바깥엔, 생각 차원이 아닌 실존 차원에서, 현존재의 존재가 존재하기 때문이다. 한마디로, 코기토의 '생각'은 현존재인 이해 존재의 실존성과 현사실성에 대한 사유가 없는 관념론적 코기토의 진리일 뿐이다.

반면에, 프로이트는 '생각하는 나' 이전에 '욕망하는 나'가 주체의 존재 안에 뿌리내려 있음을 밝혀냄으로써, 직접 의식의 환상과 미망에서 벗어난 '에고'는 '이드'의 자리에서 생기하는 것이라고 선언했다. "주체가 의식적으로 그리고 의지적으로 자기를 정립하기 이전에, 주체는 이미 충동 차원에서 존재 안에 놓여 있다. 자각이나 의지 행위보다 충동이 선행한다는 건, 곧 반성 차원보다 존재 차원이 선행하고, **나는 생각한다**보다 **나는 존재한다**가 선행함을 의미한다."(CI, 240) 그 어떤 주체도, 심지어 신마저도, 존재하지 않고선 생각할 수 없다. 따라서 "**나는 생각한다. 고로, 나는 존재한다**"(RD1, 60)라는 데카르트의 명제는 "**나는 존재하고, 나는 생각한다**"(DI, 51)라는 실존론적 진리 명제로 대체되어야 한다. 바로 이런 의미에서, 리쾨르의 자기 해석학은 "코기토를 대체하는 '나는 존재한다'의 실증 해석학"(CI, 223)이다. 하이데거의 현존재 분석론의 해석학적 변용이다. 즉, 존재 현상('나는 존재한다')을 먼저 직시해야, 존재의 의미와 본질('나는 생각한다')을 각성할 수 있다. 그리고 거꾸로는 아니다.

정신분석학을 거친 존재론적 해석학의 결론은 이렇다. 데카르트의 '고로'는 이제 던 '생각'과 '존재'의 연결자가 될 수 없다. 용도가 폐기되어야 마땅하다. "코기토의 당위성과 코기토의 무한 회의는 동시에 청산되어야 한다."(CI, 240) 코기토에 대한 관념론적 해석은 시효 만기에 도달했다. 코기토의 해석학이 현존재의 해석학이 되기 위해선, 코기토에 대한 관념론적인 해석이 아니라 존재론적인 해석이 절대적으로 필요하다. "스스로 완벽하게 자기를 정립한다는 코기토의 순수 행위는 공허하고 추상적인 진리이고, 확고부동한 만큼이나 허무한 진리이다. 코기토는 모든 기호 세계를 통해서 그리고 이 기호들에 대한 해석을 통해서 매개되어야 한다."(CI, 240) 현존재의 실존성을 증언하는 기호와 그 기호의 의미에 대한 해석을 거쳐야 하는 이유는 인식 주체의 자기 인식의 과정 자체가 언어 안에서 전개되기 때문이다.

『존재와 시간』의 저자는 이렇게 설명한다. "자기 자신의 실존성을 밝히기 위해선, **나라고 말하면서** '자기 자신'에 관해 자기 생각을 표현하는 현존재의 일상적인 자가해명에서 출발하는 건 '당연'하다. […] '나'라고 말하면서, 이 존재자는 스스로 자기 자신을 밝힌다."(ET, 378) 하이데거에 의하면, 자기 자신이 되려는 현존재의 자기 심려는 자기를 말하는 존재자의 언어 행위에 기초하고, 이 존재자의 자기 표현은 자기 찾기, 즉 자기성 탐구의 표현이다. 리쾨르는 하이데거에게 이렇게 응답한다. "**나**의 정립과 **나**의 표현은 동시적이다. […] 세계가 자기를 보여주듯이, 주체는 자기를 정립한다. […] 언어는 매개체이다. 언어는 **중개자**_médium_, 즉 '중개지milieu'인데, 이 중개지 안에서 그리고 이 중개지를 통해서, 주체가 자기를 정립하고 세계가 자신을 보여준다."(CI, 252) 로고스를 가진 인간에게 언어는 나와 세계를 이어주는 중개자이다. 중개자로서의 언어가 존재자의 존재 의미를 밝혀주기 위해선 "의미터로서의 언어 자체가 실존에 연관되어야 마땅하다."(CI, 20) 해석학은 매개자로서의 언어를 다루는 데 그치지 않고, 실존의 의미터로서의 언어를 다룸으로써 주체의 존재 의미를 밝혀내려 한다.

상징의 심층 의미론과 코기토의 반성 행위를 거친 먼 길의 여정 끝에서 실존의 문제와 만난다. 하지만 만남의 장소가 약간 비켜서 있다. 즉, 이해는 주체의 인식 양식이 아니라 현존재의 존재 양식 그 자체라는 코페르니쿠스적인 발상의 전환으로 하이데거가 이해 존재론을 정립한 것과는 달리, 리쾨르의 이해 존재론은 언어의 중개를 통한 간접적이고 매개적인 자기 이해의 길을 열고자 한다. 앞서도 언급했듯이,

리쾨르의 길은 가까운 길이 아니라 먼 길이다. 정신분석학의 가르침은 언어가 욕망, 즉 삶의 충동 속에 뿌리내려 있다는 데에 있다. 정신분석학의 탐구 대상은 "**나는 생각한다**로서가 아니라 **나는 존재한다**"(CI, 224)로서의 '나'의 욕망이다. 프로이트는 의미와 욕망의 관계, 뜻과 힘의 관계, 언어와 삶의 관계를 새로이 정립하라고 요구한다. 바로 이것이 정신분석학이 해석학인 이유이다. 해석학으로서의 정신분석학의 가르침을 반성의 차원에 대입하면, 반성의 주체인 나를 버려야 나를 구할 수 있다. "영혼에 대한 복음의 말을 반성의 주체에도 적용해야만 한다. 즉, 주체를 버려야 주체를 구원할 수 있다."(CI, 24) 잃어버린 것을 상징적으로 되찾는 작업이 정신분석학의 직무인데, 반성철학은 이 정신분석학의 가르침을 수용해야만 한다. 리쾨르에 의하면, 스스로 자기 정립하는 에고(반성철학과 현상학의 에고)의 편견에서 벗어난 해석학을 세우기 위해선, 꿈과 환상, 징후와 상징 해석을 다루는 정신분석학을 반드시 거쳐야만 한다. 정신분석학의 가르침을 수용한다는 건, 곧 반성을 넘어 실존의 문제로 나아가는 것이다.

욕망에 대한 존재론적 성찰은 반성의 문제를 실존의 문제에서 해결하도록 요구한다. 왜냐하면 반성의 뿌리에 자리하고 있는 게 욕망인데, 이 욕망을 해독해내야 존재 이해에 다다를 수 있기 때문이다. 해석학으로서의 정신분석학이 발견해낸 실존은 다름 아닌 욕망의 실존이다. 그래서 리쾨르는 해석학이 "욕망으로서의 실존의 문제"(CI, 24)를 다룰 때, 비로소 직접 의식의 코기토 문제를 해결할 수 있다고 역설한다. 욕망으로서의 코기토는 스스로 자기를 정립한다고 주장하는 도도하고 고고한 코기토가 아니라, 해석 작업을 통해서 발견해내는 코기토, 즉 해석된–존재로서의 코기토이다. 욕망은 해석 과정을 거쳐야만 파악되기 때문이다. 이 해석된 코기토의 '자기'가 인간적이고 성숙한 자기로 거듭나는 건, 해석을 통해 욕망의 표현들에 담긴 의미를 자기화한 의미로 만들면서다.

욕망의 표현들이 대표적으로 나타나는 곳이 문학 텍스트이다. 그리고 이 텍스트는 '시지프의 바위'가 아니라 '렘브란트의 거울'이다. 렘브란트의 자화상에 관한 리쾨르의 성찰은 해석학적 반성 또는 반성적 해석학이 무엇인지를 실증적으로 보여주는 거울이자 상징이다. 리쾨르의 분석을 다시 인용한다. "거울에 비친 나와 그림 속에 해석된 자기 사이에, 예술이 그리고 그림을 그리는, 자기를 표현하는 행위가 개입한다."(L3, 15) 거울에 비친 나와 그림 속에 해석된 자기 사이에 개입되는 렘브란트의 창조 행위가 곧 자기화이다. 리쾨르는 자기화 개념을 다음과 같이 설명한다.

> 상징 언어를 자기 이해와 연결하자고 제안함으로써, 나는 해석학의 가장 심오한 소망을 충족시키리라고 생각한다. 모든 이해는 텍스트가 속한 지난 시대와 해석자 자신 사이의 문화적 간격과 거리를 허물고자 한다. 이 거리를 극복함으로써, 즉 텍스트를 동시대의 것으로 만듦으로써, 해석자는 그 의미를 자기 것으로 만든다. 다시 말해서, 남의 것을 자기 것으로 만드는 것이다. 따라서 해석자가 타자 이해를 통해서 추구하는 건, 바로 자기 자신에 대한 자신의 이해를 확장하는 일이다. 그러므로 모든 해석학은, 노골적이든 암묵적이든 간에, 타자 이해의 우회를 통해서 자기 자신을 이해하는 작업이다.(CI, 20)

해석학적 관점에서 보면, 타자의 텍스트나 상징 언어는 자기 이해의 매개자다. 거꾸로 말하면, 자기 이해는 타자 이해를 거치지 않고선 불가능하다. 타자 이해란 타자의 타자성을 인식하는 것인데, 이 타자의 타자성을 통해서 나의 자기성을 발견하는 과정이 곧 자기화이다. 자기화란 "원래 **남**의 것이던 걸 진정 **나**의 것으로 만드는 것이다."(TA, 153) 이런 점에서, 나의 자기성은 타자의 타자성을 통해서만 발견할 수 있는 주체성이다. 해석학은 코기토의 직접 의식의 환상에서 벗어나 타자 이해를 통한 간접 의식의 필연성을 주장한다. 그래서 리쾨르는 반성철학과 현상학을 넘어서서 코기토 문제를 해석학적 차원에서 다루어야 한다고 주장한다. 다시 말해서, 자가 정립하는 코기토의 허실을 드러내기 위해선, 해석학의 도움을 받아야 하고, 해석학의 도움으로 코기토 문제를 풀어내야 한다는 말이다. 바로 이것이 하이데거의 이해 존재론에 기초한 리쾨르의 자기 이해의 해석학이다.

그러므로 자기 이해의 해석학은 해석과 분리될 수 없고, 해석 행위와 해석된-존재가 함께 구성하는 해석학적 순환에 기초한 존재론이다. 이런 점에서 리쾨르의 존재론적 해석학이 말하는 실존은 늘 "해석된 실존"(CI, 27)이다. "그러기에 존재론은 언어와 반성에서 출발하는 철학에겐 약속의 땅이다. 그러나 말하고 반성하는 주체만이 모세처럼 죽기 전에 약속의 땅을 볼 수 있다."(CI, 28) 언어와 반성에 근거한 이해 존재론만이 약속의 땅에 발을 디딜 수 있다. 해석학적 반성 또는 반성적 해석학의 약속된 땅이 바로 해석된-존재로서의 해석학적 코기토이다. 결국, 리쾨르의 먼 길의 역정 끝에서 우리는 관념론적 코기토의 '나'가 아니라, 해석의 결과로 탄생한 해석학적 코기토로서의 '자기'와 만난다. 리쾨르의 우회 철학이 발견해낸 '약속의 땅'이다.

리쾨르의 자기 이해의 해석학에 대한 논의를 마치기 전에, 간략하게나마 가다머의 주체 철학을 언급하지 않을 수 없다. 왜냐하면 자기 이해의 문제는 리쾨르의 전유물이 아니라, 가다머도 리쾨르와 거의 같은 시각에서 다루고 있기 때문이다. 비록 가다머 철학의 중심부가 아니라 주변부에 자리하고 있긴 하지만 말이다. 「자기 이해의 문제」의 필자인 가다머에 의하면, "『존재와 시간』에서 제기된 진정한 물음은, 어떤 방식으로 존재가 이해될 수 있는가를 알아내는 게 아니라, 어떤 방식으로 이해가 존재를 구성하고 있는가를 알아내는 것이다."(LV, 136) 왜냐하면, 자기 이해 개념을 다룰 때, 하이데거는 초월적 관념론의 유물인 "저 제왕적인 자아의식의 자기–자신과–직접–접속된–존재*Mit-sich-selbst-Vermitteltsein*"가 아니라, "우리에게 일어나는 자기 경험 자체"(LV, 136)를 대상으로 삼고 있기 때문이다. 다시 말해서, 하이데거는 자기 확신에 찬 영적 주체의 그릇된 주장도, 소위 객관화된 이해의 결과로 여기는 후설의 주체도 인정하지 않기 때문이다. 바로 이 점에서 후설의 현상학과는 다른데, 하이데거의 존재 물음은 이해함으로써만 실존하는 현존재의 존재를 겨냥하고 있기 때문이다. 자기 자신을 이해하려는 현존재의 자기 심려를 겨냥하는 하이데거에게 자기 이해의 문제는 곧 실존의 문제이다. "왜냐하면 존재 이해는 인간 현존재의 실존론적 특징을 대변하기 때문이다."(LV, 136) 한마디로, 현존재의 자기 이해는 자아의식의 막연한 활동이 아니라, 해석학적 주체의 존재 양식 그 자체이다.

가다머의 결론은 이렇다. "자기를–이해한다se-comprendre는 건, 언제나 어떤 **그것**에 대한 이해를 통해서만 가능하고, 저절로 실현되는 성질의 것이 아니다."(LV, 142) 다시 말해서, "우리라는 자기는 스스로 자기의 주인이 되지 못한다. 오히려 그보다는, 자기는 생성되는 것이라고 말할 수 있을 것이다."(LV, 142) 결국, 가다머 역시 직접적인 자기 인식이란 불가능하고, 오로지 간접적인 자기 인식만이 현존재인 인간에게 주어진 과제임을 역설하고 있다. 나의 주체인 나는 나의 투명한 의식 안에 이미 만들어진 상태로 존재하는 게 아니다. 이해 존재인 현존재로서의 나는 언어 능력을 통해, 즉 존재 의미의 해석 능력을 통해 나를 형성하고 생성하는 해석학적 주체이다. 리쾨르의 표현을 빌리면, "타자 이해의 우회를 통한 자기 자신에 대한 이해"(CI, 20)가 곧 가다머가 주장하는 현존재의 존재 양식이다. 봉준호 감독의 영화 〈기생충〉은 우리가 몰랐던 진실을 보여주고, 우리의 불편한 의식을 일깨우고 각성케 한다. 그리고 자기 이해는 언제나 타자 이해를 통한, 텍스트 이해를 통한 간접적인 이해임을.

실천지와 앵그르의 바이올린

이제, 이 글의 모두에서 제기했으나, 그 대답을 유보했던 물음에, 즉 "현상학의 **해석학적** 변이형"이란 무엇인가에 대해 답할 때가 되었다. 리쾨르는 『해석의 갈등』에서 "해석학은 현상학에 접목되어야 한다"(CI, 20)라고 역설하면서 다음과 같이 덧붙였다. "접가지가 접그루를 바꾼다!"(CI, 20-1) 해석학이 현상학을 바꾼다는 말이다. 바로 여기에 위 물음에 대한 답이 들어 있다. 두 가지 의미가 있다.

첫째로, 리쾨르 자신이 "해석학에 의한 현상학의 혁신"(CI, 7)이라는 표현을 사용하고 있듯이, 현상학에 접목된 해석학이 현상학의 혁신을 추동한다는 뜻이다. 이것이 현상학의 해석학적 변이형이라는 표현의 첫 번째 의미이다. 다시 말해서, 리쾨르의 자기 해석학은 후설 현상학의 관념론적 코기토에 사망 선고를 내리고, 해석된-존재로 거듭난 해석학적 코기토를 내세움으로써 현상학을 혁신시킨 주체 철학이다. "주체의 고고학"을 대체한 "주체의 목적론"(CI, 25)이다. 참고로,『폴 리쾨르, 인간 조건의 해석학』의 저자인 도메니코 예르볼리노는 "해석학적 현상학을 기획하고 실천하는 것"(HCH, 30)이 리쾨르의 전 작품을 관통하는 철학적 구도라고 지적한 바 있는데, 여기에서 해석학적 현상학이라는 표현의 의미는 해석학이 혁신한 현상학이라는 뜻이다.

둘째로, 리쾨르의 자기 해석학의 핵심 문제인 자기 이해에서의 '자기'는 후설의 관념론적 코기토를 대체한 해석학적 코기토, 즉 해석된-존재임을 뜻한다. 이 해석된-존재로서의 '자기'는 기호와 상징 그리고 텍스트의 매개를 거치면서, "에고이스트인 나"가 사라진 자리를 차지한 "독서의 산물로서의 자기"(RF, 76)이다. 리쾨르 식으로 풀이하면, 머나먼 여행 끝에 '타자처럼' 집으로 되돌아온 자기이다. 텍스트의 타자성을 인정하는, 즉 텍스트가 나의 타자임을 인정하는 주체에게 나타나는 현상으로, "자신의 **타자로부터 온 자기에게로의 귀환***retour à soi à partir de son autre*"(CI, 257)이다. 결국, 현상학의 해석학적 변이형이란, 후설의 관념론적 코기토를 혁신해서 거듭난 해석학적 코기토, 즉 '헛 코기토'의 변신인 '각성한 코기토'이다.

리쾨르는 철학이 자기 반복적인 "철학의 철학"에 머물지 않기 위해선 "철학의 바깥에 한 발을 내디디고 있어야 한다"(VA, 23)라고 했다. 철학자 리쾨르의 지론이다. 그가 철학의 바깥에 내디딘 한 발이 문학이었다. 그는 이렇게 반문한다. "코기토의 전통과는 반대로, 그리고 직접적인 직관에 의해 자기 자신을 인식한다는 주체의 허풍에 맞서, 우리는 문화 작품들에 담긴 인간성의 기호들을 에두르는 머나먼 우회를 통해서만 우리 자신을 이해하는 것이라고 말해야만 한다. 사랑이나 증오와 같은 윤리적 감정들에 대해서, 그리고 일반적으로 우리가 **자기**라고 부르는 모든 것에 대해서, 만일 문학이 그것들을 언어로 옮기고 전하지 않았다면, 우리는 뭘 알고 있겠는가?"(TA, 116) 문학의 미덕을 통시했던 철학자의 진술한 고백이다. 사실, 문학이야말로 인간과 세계의 온갖 존재 현상들을 전시하는 거대한 박람회장이 아니겠는가? 프루스트는 『되찾은 시간』에서 "진정한 삶, 마침내 드러나고 밝혀진 삶, 따라서 완벽하게 체험된 유일한 삶은 바로 문학이다"(LTR, 202)라고 했다. 프루스트의 애독자 리쾨르 역시 문학을 "사고 경험의 거대한 실험실"(SA, 188)이라 했다. 우리는 이 실험실에서 '생각하는 청개구리'가 되어, 타자에게서 나를 발견하기도 하고, 나에게서 타자를 발견하기도 하면서, 우리 자신을 더 많이 그리고 더 깊이 알게 된다. 자기 이해의 확장이다. 하이데거의 표현을 빌리면, "이해와 그 이해에 내재한 기투성에 힘입은 자기 형성"으로, 이해 존재로서의 현존재의 "존재-능력"(ET, 191)이다. 그래서 리쾨르는 이렇게 말한다. "해석학적 반성에선 또는 반성적 해석학에선 **자기** 형성과 **의미** 형성이 동시에 벌어진다."(TA, 152) 철학의 바깥인 문학에 한 발을 내디뎠던 철학자가 우리에게 전하는 실천지이다.

리쾨르 자신이 밝혔듯이, 문학 작품 가운데서도 그가 특히 관심을 가졌던 건 소설이었다. 그 이유는 다음과 같이 두 가지로 요약할 수 있다. 첫째로, 해석학자 리쾨르에게 "소설은 인간이 시간과 맺을 수 있는 여러 관계를 실험하는 거대한 실험실"(VA, 29)이기 때문이다. 리쾨르가 이 실험실에서 얻은 결과물이 『시간과 이야기』 3부작이고, 특히 제3권의 끄트머리에서 창안한 세 개의 고유 개념, 즉 이야기 정체성, 동일-정체성, 자기-정체성은 『타자처럼 자기자신』의 자기 해석학을 세운 주도 개념들이다. 굳이 말하자면, 리쾨르는 소설이라는 사고의 실험실에서 그 누구도 생각지 못했던 철학 개념들을 '구상하고, 창안하고, 제조해낸' 철학자였다. 둘째로, 리쾨르 자신의 고백에 따르면, "내가 소설에 관심을 기울이게 된 또 한 가지 이유가 바로 **자기** 문제" 때문인데, "자기 인식은 무엇보다도 삼인칭의 인식"이고 "소설의 인물은 삼인칭"이기에, "바로 이 삼인칭의 자기 인식의 우선성으로 인해, 내가 소설에 관심을 기울이게 되었다."(VA, 29) 리쾨르의 소설론이다. 철학자 리쾨르는 소설 덕분에, 즉 삼인칭의 자기 인식 덕분에 직접 의식의 코기토인 '나'의 고치를 벗고, 간접 의식의 코기토인 '자기'의 품을 찾을 수 있었던 셈이다.[9] 문학과 철학의 만남의 결실이다.

---

9) 사실, '삼인칭의 자기 인식'의 대명사는 시인 랭보이다. "나는 타자이다Je est un autre." 랭보의 저 유명한 선언이다. 이 선언에서 주목해야 할 것은 속사인 '타자'가 아니라 동사 '이다'이고, 필자가 밑줄로 표시한 이 동사의 변화형이다. 왜냐하면 위 문장은 문법적으로 오류 어법으로, 정상적으로는 "Je suis un autre"라고 표기해야 하기 때문이다. 따라서 다음과 같은 설명이 나온다. 랭보가 프랑스어 동사 'être'의 일인칭 변화형을 사용해서 'Je suis'라 하지 않고, 삼인칭 변화를 사용해서 'Je est'라고 표현한 것은 '나je'를 '그il'로 간주해서다. 그러므로 랭보의 문장은 **'나는 타자처럼 존재한다'**로 풀이할 수 있다. 참고로, 프랑스어 동사 'être'는 '-이다'를 뜻하기도, '존재하다'를 뜻하기도 한다. 『폴 리쾨르』의 저자 장 그롱댕은 랭보의 "나는 타자이다"를 인용하면서, 리쾨르의 『타자처럼 자기자신』이라는 책 제목을 "랭보적인 제목"(PR, 112)이라 했다. 이 랭보의 후계자가 바로 카뮈의 소설 『이인』의 별종 화자 뫼르소이다. 뫼르소는 사형 선고를 받는 날, 법정의 광경을 묘사하면서, 다음과 같이 천연덕스럽게 말한다. "비록 **어느** 피고석에 앉아 있더라도, **자기**에 대해 말하는 걸 듣는 건 언제나 재미있는 법이다Même sur un banc d'accusé, il est toujours intéressant d'entendre parler de soi."(E, 151) 이 문장은 프랑스어 문법상 오류어법에 속한다. 왜냐하면 부정관사 'un'이 아니라 정관사 'le'를 써야 하고, 특히 삼인칭 '자기soi'가 아니라 일인칭 '나moi'를 써야 하기 때문이다. 다시 말해서, 일인칭 화자가 마치 삼인칭 화자처럼 행세하는 것이 바로 화자 뫼르소이다. 즉, 화자 뫼르소는 인물 뫼르소를 마치 '타자처럼' 대하는 주체, 리쾨르의 표현을 빌리면, '자기가 자기에게 거리두기 하는' 주체이다. 요컨대, 카뮈의 소설 『이인』은 리쾨르가 그토록 역설하는 '삼인칭의 자기 인식'의 모델일

결국, 철학자 리쾨르가 소설과의 '외도'를 통해서 얻은 결실은 삼인칭의 자기 인식에 기초한 자기 해석학의 정립이었다. 이런 점에서 보면, 리쾨르가 자기 해석학을 세울 수 있었던 건, 철학의 바깥에서 소설이라는 문학 텍스트에 한 발을 내디딘 덕분이었다. 「리쾨르 작품의 통일성」이라는 글에서 알렉상드르 데르크잔스키는 리쾨르의 소설론을 다음과 같이 요약했다. "소설은 상상력의 실험실이다. 이 실험실 덕분에, 우리는 인간이 시간과 세계와 맺을 수 있는 가능 관계들에 대한 상상적 변이형들을 만난다. 소설은 자기성의 문제를 다룬다. 자기 인식은 무엇보다도 삼인칭의 인식이다."(AD, 118) 타자처럼 자기자신을 바라보는 리쾨르에게 소설 읽기는 '앵그르의 바이올린'이었다. 철학을 하려거든, 소설을 읽으시라. 작가 알베르 카뮈는 스물다섯 나이에 사르트르의 『구역질』을 읽고서 장문의 비평을 발표했는데, 이 글의 첫마디는 다음과 같다. "소설이란 이미지로 표현된 철학일 뿐이다."(ESS, 1417) 그리고 그 이전, 약관의 나이에 쓴 작가수첩엔 이런 말도 있다. "철학자가 되려거든, 소설을 쓰라."(CA1, 23) 철학과의 무한 대담을 시도했던 블랑쇼는 아주 단순하게 "글을 쓴다는 건, 곧 철학하는 것이다"(EI, 3)라고 했다.

결론적으로, 리쾨르의 자기 해석학은 철학의 울타리 안에 갇혀 있는 "철학의 철학"(VA, 23)이 아니라, 프랑수아 도스의 표현을 빌리면, "열린 소통 지혜의 원천"(FD, 16)으로, 우리에게 새로운 사고 지평을 열어주고 다른 눈을 뜨게 해주는 실천 철학이다. 이해는 인간의 존재 양

뿐만 아니라, 나와-다른-자기라는 개념은 물론이고, 자기 해석학의 상징 표현인 『타자처럼 자기자신』이라는 책 제목을 오롯이 대변할 수 있는 완벽한 실증 사례이기도 하다.

식 그 자체이다. 타자에 대한 이해는 물론이고, 타자 이해를 통한 자기 이해도 인간의 존재 양식이라고 한다면, 모든 인간의 존재 심려는 궁극적으로 자기 이해에 대한 심려가 아닐까? 자기 이해는 모든 인간, 더욱이 모든 문학 독자의 꿈이자 소망이 아닐까? 그런 꿈과 소망을 이룰 수 있는 실천지를 리쾨르에게서 얻을 수 있다는 건, 우회 철학자가 우리에게 내리는 크나큰 은총이 아닐까? 폴 리쾨르는 이렇게 말했다.

"나를 이해한다는 건 가장 머나먼 우회를 하는 것이다."(TA, 86)

맺음말

철학은 철학이어야 하고, 철학이 아니어야 한다. 철학은 개념 놀이이면 서도, 개념 놀이에 그쳐선 안 된다는 말이다. 철학은 관념의 피질이 아니라, 실존의 본질이다. 철학은 사고의 가면이 아니라, 존재의 얼굴[1]이다. 이 책의 머리글로 인용한 『철학 예찬』의 저자인 메를로-퐁티가 말했듯이, "철학자는 깨어서 말하는 인간이다." 그렇다. 철학자는 소피스타*sophista*가 아니라 필로소포스*philosophos*이다. 말장난이나 늘어놓는 풋 말꾼이 아니라, 말의 놀이에서 앎의 말에 눈뜨는 참 말꾼이라는 말이다. 철학자 소크라테스는 '무지한 현자'였다. 적어도 그는 '나'의 모름을 아는 철학자였다. 나의 모름을 알기에, 남에게서 앎을 구했다. 그는 알았다. 나의 앎은 남의 말에서 나온다는 걸, 남의 말이 나를 깨우친다는 걸, 남을 알아야 나를 안다는 걸, 물음을 품은 자만이 앎을 품을 수 있다는 걸, 그리고 모든 물음과 모든 앎의 의지는 '모름의 앎savoir

---

1) 에마뉘엘 레비나스는 '맨 얼굴visage nu'을 '인간의 인간적인 면l'humain de l'homme'이라고 했다.

du non-savoir'을 전제한다는 걸. 이른바, 앎은 모름에서 온다는, 모르기에 알아야 한다는, 저 유명한 무지론*docta ignorantia*이다. 소크라테스의 소피아이다.

현자의 돌*lapis philosophorum*을 가진 철학자는 없다. 우리는 철학자가 불로초[2]가 아니라 잡초이길 바란다. 철학은 풀이다. 김수영의 시 「풀」은 삶을 말로 풀이한다. 말로 풀이되지 않는 철학은 없다. 개념 놀이도 말의 놀이이다. 하지만 그 말엔 힘이 있어야 한다. 김수영의 풀처럼. 힘이 없는 말은 헛말이다. 말의 힘은 삶에서 나온다. 삶은 사람의 줄임말이다. 철학은 삶의 말을 담는 그릇이다. 그 말이 철학의 몸이다. 말놀이를 다루는 수사학이 있고, 말의 놀이를 풀이하는 해석학이 있다. 해석학의 대상은 사람의 삶을 담은 말이다. 해석학은 삶의 철학이자 사람의 철학이다.

철학은 존재에 관한 사유이다. 존재에 관한 사유에서 가장 시급하고 근본적인 물음은 '존재란 무엇인가?'이다. 이 물음에 대해선 『존재와 시간』의 철학자가 답을 했다. 인간은 이해함으로써만 실존하는 존재자인 현존재이다. 하지만, 존재의 철학자 하이데거는 '현존재인 나는 누구인가?'라는 물음까지 철학적 사유를 넓히지 않았다. 하기야, 대개 우리는 이 물음을 묻지 않는다. 묻지 않아도 사는 데에 지장이 없다. 아니 정확하게 말하자면, 어떤 특정한 상황에서 묻긴 한다. '내가 왜 이러지?' 또는 '나는 뭐지?'라고. 코기토가 발동하는 순간이다. 하지만 대개의 경우, 코기토는 코기토에 머문다. '나는 나다'에 머물고 만다. 나에게서 나를 찾는다. 헛일이다. 시지프가 바위를 굴리는 꼴이다. 나는 나

---

2) '현자의 돌'이 만들어낸다는 풀이다.

에게서 찾을 수 없다.

　사람의 삶. 인생. 인간. 사람 사이. 사람 인人. 이 한 자에 인간 존재의 실존적 진상이 담겨 있다. 나와 남의 공존과 공생. 나(왼쪽의 긴 빗금)는 남(오른쪽의 짧은 빗금)이 떠받쳐주지 않으면 쓰러진다. 나는 남 없인 살 수 없다. 남 또한 그렇다. 사람의 삶이다. 해석학자 폴 리쾨르는 이러한 인간 존재의 진상을 간파하고, 논파하고, 설파한 최초의 철학자였다. 나는 남을 통해서 나를 안다. 남의 눈으로 나를 보면, 나의 '다른 나'가 보인다. 남은 나의 거울이다. 남이 나를 깨운다. 나는 나를 비우고, 남이 나를 채운다. 그렇게 나와 다른 자기를 만난다. 타자처럼 자기자신. 타자 이해를 에두르는 자기 이해. 우회 철학. 리쾨르 철학의 핵이다. 남과 더불어 살지 않는, 남의 말을 듣지 않는 나는 존재할 순 있지만, 실존하지 못하는 것이나 다름없다. 뜬구름 위에서 사는 거나 마찬가지다. '나는 누구인가?'라는 물음에 대한 대답은 나에게서 나오는 게 아니라 남에게서 나온다. 남이 나를 키운다. 실존의 원리이다. 이런 점에서 보면, 리쾨르의 철학은 '나는 존재한다'의 해석학이라기보다는 '나는 실존한다'의 해석학이다.

　해석학은 철학의 한 분야이다. 물론, 헤겔이나 하이데거의 철학과 같은 근본 철학은 아니다. 해석학은 근본 철학을 지향하지 않는다. 해석학은 실천 철학이다. 실천 철학이기에, 근본 철학이 제시할 수 없는 실천지를 제시한다. 슐라이어마허가 번역의 문제를 해결하기 위해 해석의 이론을 정립했다면, 가다머와 리쾨르의 존재론적 해석학은 언어 이해를 통해 존재 이해로 나아가는 이해의 예술이다. 언어로 표현되지 않는 존재 현상이란 없다. 언어를 이해해야 존재를 이해한다. 보편성이 언어의 본성이긴 하지만, 인간의 개별성이 드러나는 것 또한 언어에서다. 가다머는 "**이해할 수 있는 존재는 언어이다**"라고 했다. 언어 이해 가 존재 이해의 길이다. 해석학의 보편성은 바로 여기에서 나온다. 그 런데, 언어로 표현된 것엔 늘 말해진 것 그 이상의 의미가 담겨 있기에, 이해한다는 건 늘 다르게 이해하는 것이다. "**이해한다는 사실만으로도 우리는 다르게 이해한다**."(VM, 137) 가다머가 역설하는 다르게 이해하 기가 해석학적 이해의 본성이다. 하지만 언어의 무한이 이해의 무한을 부른다. 언어 존재인 인간도 언어의 놀이인 작품도 무한 이해의 대상 이다. 언어가 스스로 말을 하기에, 작품의 의미 지평은 늘 열려 있다. 언 어의 힘이다. 해석학은 언어의 힘을 온새미로 존중하는 철학이다.

에마뉘엘 레비나스는 에고 코기토의 '파시스트' 에고를 추방하고 탈-주체화된 주체 철학을 주창했다. 타자 철학. 리쾨르는 관념론의 산 물인 데카르트의 코기토에 시효 만기를 선언했다. "**나는 생각한다. 고 로 나는 존재한다**"가 아니라, "**나는 존재하고, 나는 생각한다**"이다. 아 니, 존재론적 해석학의 시각에선 "**나는 존재하고, 나는 말한다**"이다. 리 쾨르의 주체 철학은 "코기토를 대체한 '나는 존재한다'의 실증 해석 학"(CI, 223)으로, 타인의 타자성을 인정하고서 타자처럼 자기자신을 발견하는 자기 해석학이다. 자기 이해의 해석학. 해석학적 주체는 나와 세계 이해의 매개자인 텍스트를 통해서, 특히 삼인칭의 자기 인식의 거대한 실험실인 소설에서 나와-다른-자기를 발견한다. **나보다 더 원 대한 자기**. 해석된-존재. 해석을 거치지 않은 데카르트의 코기토는 에 고의 동일성을 확인하지만, 에고의 자기성은 인식하지 못한다. 해석학 적 코기토는 타자 이해를 거치는 머나먼 에움길을 통해 자기-정체성 을 발견하는 주체이다. 직접 의식의 환상과 관념의 유희에 빠진 가짜 코기토(나르시스)가 아니라, 반성의 거울에서 자기를 해석하고 재창조하는 각성한 코기토(렘브란트)이다. 자화상의 진리 그리고 반성한 주체로서의 해석된-존재. 해석학의 실천지에서 탄생한 주체이다. 해석학의 실천지*phronésis*는 단순하다. 다른 눈으로*Allo eidos gnoseos*.

다르게 이해하기가 해석학의 실천지이긴 하지만, 그렇다고 해서 이 실천지가 데우스 엑스 마키나는 아니다. 이해는 늘 무한이다. 존재 이해의 무한과 이해 존재의 유한. 그렇게 우리 존재는 영원히 미완성일 수밖에 없다. 철학자 리쾨르의 '백조의 노래'인 『기억, 역사, 망각』의 마지막 쪽 중앙엔, 마치 자신의 묘비명을 새겨 놓은 듯, 네 줄의 오묘한 문구가 백지 위에 덩그러니 배열되어 있는데,[3] 네 번째 마지막 줄엔 단 한 낱말만이 쓸쓸히 자리하고 있다. "미완성"(MHO, 657)

---

3) 인용하면 아래와 같다.

"역사엔, 기억과 망각.
기억과 망각엔, 삶.
하지만 삶을 글로 쓴다는 건, 또 다른 이야기다.
미완성.
폴 리쾨르"

이탤릭체로 서명까지 덧붙인 이 네 줄의 글을 풀이하면 다음과 같다. '역사엔 기억해야 할 것과 망각해야 할 것이 있고, 기억과 망각 속에 사는 게 인간의 삶이긴 하지만, 삶의 이야기를 글로 쓴다는 건 또 다른 일이다. 삶이나 글이나 미완성일 수밖에 없다.'『폴 리쾨르』의 저자인 장 그롱댕에 의하면, 생전의 마지막 인터뷰들 가운데 하나에서 "애초부터, 한 덩어리로 떠오른 문구"였고, 자신의 "묘비명"(PR, 9)으로 볼 수 있다고 리쾨르 자신이 인정했다고 한다.

참고문헌

1. 해석학 관련 문헌

Walter Benjamin, «La tâche du traducteur», in *Œuvres*, traduit par Maurice de Gandillac, Rainer Rochlitz et Pierre Rusc, Paris, Gallimard, t. I, 2000.

Antoine Berman, *L'Epreuve de l'étranger*, Paris, Gallimard, 1984.

Axel Bühler, «La fonction de l'intention de l'auteur dans l'interprétation», in *Herméneutique contemporaine : comprendre, interpréter, connaître*, textes réunis par Denis Thouard, Paris, Vrin, 2011.

Pierre Colin, «Herméneutique et philosophie réflexive», in *Paul Ricœur les métamorphoses de la raison herméneutique*, sous la direction de Jean Greisch et Richard Kearney, Paris, Cerf, 1991.

Alexandre Derczansky, «L'unité de l'œuvre de Paul Ricœur», in *Ethique et responsabilité Paul Ricœur*, textes réunis par Jean-Christophe Aeschlimann, Boudry-Neuchâtel, Editions de la Baconnière, 1994.

Wilhelm Dilthey, «Origine et développement de l'herméneutique», in *Le Monde de l'esprit*, t. I, Paris, Aubier, 1947.

François Dosse, *Paul Ricœur, Les sens d'une vie(1913-2005)*, Paris, La Découverte, 2008.

Jocelyn Dunphy, «L'héritage de Dilthey», in *Paul Ricœur les méta-*

morphoses de la raison herméneutique, sous la direction de Jean
Greisch et Richard Kearney, Paris, Cerf, 1991.

Umberto Eco, *Dire presque la même chose, Expériences de traduction*,
Paris, Grasset, 2006.

François Ewald, «Paul Ricœur», *Magazine littéraire*, numéro spécial
consacré à Paul Ricœur, n° 390, septembre 2000.

Michaël Fœssel et Camille Riquier, «Présentation Paul Ricœur, le conflit et
l'affirmation», *Philosophie*, numéro spécial consacré à Paul Ricœur, n°
132, janvier 2017.

Hans-Georg Gadamer, *Vérité et méthode*, Paris, Seuil, 1976.

_____, *L'Art de comprendre, Herméneutique et tradition philosophique*,
Paris, Aubier, 1982.

_____, *L'Art de comprendre, Ecrits II, Herméneutique et champ de
l'expérience humaine*, Paris, Aubier, 1991.

_____, *Langage et vérité*, Paris, Gallimard, 1995.

_____, *La Philosophie herméneutique*, Paris, PUF, 1996.

Jean Greisch, *L'Age herméneutique de la raison*, Paris, Cerf, 1985.

_____, *Le Cogito herméneutique, L'herméneutique philosophique et
l'héritage cartésien*, Paris, Vrin, 2000.

_____, «Vers une herméneutique du soi, la voie courte et la voie
longue», in *Ethique et responsabilité Paul Ricœur*, textes réunis par
Jean-Christophe Aeschlimann, Boudry-Neuchâtel, Editions de la
Baconnière, 1994.

Jean Grondin, *L'Horizon herméneutique de la pensée contemporaine*,
Paris, Vrin, 1993.

_____, *L'Universalité de l'herméneutique*, Paris, PUF, 1993.

_____, *Le Tournant herméneutique de la phénoménologie*, Paris, PUF,
2003.

_____, *L'Herméneutique*, Paris, PUF, 2006.

_____, *Hans-Georg Gadamer, Une biographie*, Paris, Grasset, 2011.

_____, *Paul Ricœur*, Paris, PUF, 2013.

Martin Heidegger, *Etre et Temps*, traduit par François Vezin, Paris,

Gallimard, 1990.

Gilbert Hottois, *L'Inflation du langage dans la philosophie contemporaine*, Bruxelles, Editions de l'Université de Bruxelles, 1979.

_____, «L'inflation du langage et la dissociation du sens dans la philosophie contemporaie», *Laval théologique et philosophique*, n° 42, février 1986.

Werner G. Jeanrond, *Introduction à l'herméneutique théologique*, Paris, Cerf, 1995.

Domenico Jervolino, *Paul Ricœur, Une herméneutique de la condition humaine*, Paris, Ellipses, 2002.

_____, *Ricœur, herméneutique et traduction*, Paris, Ellipses, 2007.

_____, «Herméneutique de la praxis et éthique de la libération», in *Paul Ricœur les métamorphoses de la raison herméneutique*, sous la direction de Jean Greisch et Richard Kearney, Paris, Cerf, 1991.

Kie-Un Lee, «L'herméneutique du soi chez Paul Ricœur», *Etudes de langue et littérature françaises*, n° 99, automne 2014.

Emmanuel Macron, «Autour de la phénoménologie», *Magazine littéraire*, numéro spécial consacré à Paul Ricœur, n° 390, septembre 2000.

Paul Ricœur, *De l'interprétation, Essai sur Feud*, Paris, Seuil, 1965.

_____, *La Métaphore vive*, Paris, Seuil, 1975.

_____, *Le Conflit des interprétations, Essais d'herméneutique*, Paris, Seuil, 1969.

_____, *Temps et récit I*, Paris, Seuil, 1983.

_____, *Temps et récit II*, Paris, Seuil, 1984.

_____, *Temps et récit III*, Paris, Seuil, 1985.

_____, *Du texte à l'action, Essais d'herméneutique II*, Paris, Seuil, 1986.

_____, *Soi-même comme un autre*, Paris, Seuil, 1990.

_____, *Lectures 3*, Paris, Seuil, 1994.

_____, *Réflexion faite, autobiographie intellectuelle*, Paris, Esprit, 1995.

_____, *La Mémoire, l'histoire, l'oubli*, Paris, Seuil, 2000.

_____, *Sur la traduction*, Paris, Bayard, 2004.

_____, *La Critique et la conviction*, Paris, Fayard, 2011.

_____, «L'identité narrative», *Esprit*, juillet-août 1988.

_____, «De la volonté à l'acte», Un entretien de Paul Ricœur avec Carlos Oliveira, in Temps et récit *de Paul Ricœur en débat*, Paris, Cerf, 1990.

_____, «Un entretien avec Paul Ricœur : *Soi-même comme un autre*», propos recueillis par Gwendoline Jarczyk, *Rue Descartes* n° 1, Albain Michel, avril 1991.

_____, «Paul Ricœur, un autre regrad sur ce siècle», *Le Figaro*, le 13 juillet 1994.

_____, «Paul Ricœur : un parcours philosophique», propos recueillis par François Ewald, *Magazine litéraire*, numéro spécial consacré à Paul Ricœur, n° 390, septembre 2000.

Friedrich Schleiermacher, *Herméneutique*, Paris, Cerf, 1987.

Charles Taylor, «Une philosophie sans frontières», *Magazine littéraire*, numéro spécial consacré à Paul Ricœur, n° 390, septembre 2000.

Alain Thomasset, *Paul Ricœur une poétique de la morale*, Leuven, Presses universitaires de Louvain, 1996.

Gianni Vattimo, *Ethique de l'interprétation*, Paris, La Découverte, 1991.

윤성우, 『폴 리쾨르의 철학』, 철학과 현실사, 2004년.

2. 이 책의 기초가 된 필자의 논문

이기언, 「언어 존재에 대한 해석학적 성찰」, 프랑스어문교육, 27집, 2008년 2월.

_____, 「해석학적 순환에 대하여」, 불어불문학연구, 74집, 2008년 6월.

_____, 「자화상에 대한 해석학적 고찰」, 프랑스어문교육, 28집, 2008년 6월.

_____, 「번역과 해석학」, 불어불문학연구, 78집, 2009년 6월.

_____, 「폴 리쾨르 : 해석학과 자기이해」, 불어불문학연구, 79집, 2009년 9월.

_____, 「폴 리쾨르의 에두르기 철학 : 자기이해의 문제를 중심으로」, 불어불문학연구, 81집, 2010년 12월.

_____, 「『이인』의 이야기 정체성」, 불어불문학연구, 98집, 2014년 6월.

_____, 「저자, 텍스트, 독자 : 문학에 관한 해석학적 고찰」, 불어불문학연구, 100

집, 2014년 12월.

3. 기타 문헌

Roland Barthes, *Le Degré zéro de l'écriture,* Paris, Seuil, 1953.

_____, *Essais critiques*, Paris, Seuil, 1964.

_____, *Le Plaisir du texte*, Paris, Seuil, 1973.

_____, *Leçon*, Paris, Seuil, 1978.

_____, «L'Etranger, roman solaire», in *Les Critiques de notre temps et Camus*, Paris, Garnier, 1970.

_____, «La mort de l'auteur», in *Le Bruissement de la langue*, Paris, Seuil, 1984.

_____, «Réflexion sur le style de *L'Etranger*», in *Œuvres complètes, 1942-1965*, Paris, Seuil, t. I, 1993.

Samuel Beckett, *L'Innommable*, Paris, Minuit, 1992.

Christophe Bident, *Maurice Blanchot partenaire invisible*, Seysel, Champ Vallon, 1998.

Maurice Blanchot, *Faux Pas*, Paris, Gallimard, 1943(1971).

_____, *La Part du feu*, Paris, Gallimard, 1949.

_____, *Celui qui ne m'accompagnait pas*, Paris, Gallimard, 1953.

_____, *L'Espace littéraire*, Paris, Gallimard, «Folio/Essais», 1955(1993).

_____, *Lautréamont et Sade*, Paris, Minuit, 1963.

_____, *L'Entretien infini*, Paris, Gallimard, 1969.

_____, *De Kafka à Kafka*, Paris, Gallimard, «Idées», 1981.

_____, *Michel Foucault tel que je l'imagine*, Montpellier, Fata Morgana, 1986.

Claude Bonnefoy, *Panorama critique de la littérature moderne*, Paris, Belfond, 1980.

Albert Camus, *L'Etranger*, Paris, Gallimard, «Folio», 1942(1978).

_____, *Le Mythe de Sisyphe*, Paris, Gallimard, «Idées», 1942(1982).

_____, *L'Homme révolté*, Paris, Gallimard, «Idées», 1951(1983).

_____, *La Chute*, Paris, Gallimard, «Folio», 1956(1983).

_____, *Essais*, Paris, Gallimard, «Bibliothèque de la Pléiade», 1984.

_____, *Théâtre, récits, nouvelles*, Paris, Gallimard, «Bibliothèque de la Pléiade», 1985.

_____, *Carnets I*, Paris, Gallimard, 1962.

_____, *Carnets II*, Paris, Gallimard, 1964.

Albert Camus et Jean Grenier, *Correspondance 1932-1960*, Paris, Gallimard, 1981.

Antoine Compagnon, *Le Démon de la théorie, Littérature et sens commun*, Paris, Seuil, 1998.

Gilles Deleuze et Félixe Guattari, *Qu'est-ce que la philosophie?*, Paris, Minuit, 1991.

Jacques Derrida, *De la grammatologie*, Paris, Minuit, 1967.

_____, *Marges de la philosophie*, Paris, Minuit, 1972.

_____, *Parages*, Paris, Galilée, 1986.

_____, *Demeure Maurice Blanchot*, Paris, Galilée, 1998.

René Descartes, *Discours de la méthode*, Paris, Garnier-Flammarion, 1966.

_____, *Les Méditations métaphysiques de René Descartes*, édition numérique réalisée par Daniel Boulagnon, «Les Classiques des sciences soiales», 2016.

Louis-René des Forêts, *Voies et détours de la fiction*, Montpellier, Fata Morgana, 1985

_____, *Face à l'immémorable*, Montpellier, Fata Morgana, 1993.

T.S. Eliot, *The Sacred Wood*, New York, Methuen, 1986.

Michel Foucault, «La pensée du dehors», *Critique*, numéro spécial conscré à Maurice Blanchot, n° 229, juin 1966.

_____, «Sur les façon d'écrire l'Histoire», in *Dits et écrits I 1954-1975*, Paris, Gallimard, 2012.

_____, «Qu'est-qu'un auteur?», in *Dits et écrits II 1954-1975*, Paris, Gallimard, 2012.

_____, «Folie, littérature, société», in *Dits et écrits II 1954-1975*, Paris,

Gallimard, 2012.

André Gide, *Journal 1939-1949*, Paris, Gallimard, «Bibliothèque de la Pléiade», 1972.

G.W.F. Hegel, *La Phénoménologie de l'Esprit*, traduit par Jean Hyppolite, Paris, Aubier, «Philosophie de l'esprit», 1942.

_____, *La Phénoménologie de l'Esprit*, traduit par Jean-Pierre Lefèbvre, Paris, Aubier, «Bibliothèque philosophique», 1991.

_____, *La Phénoménologie de l'Esprit*, traduit par Gwendoline Zarczyk et Pierre-Jean Labarrière, Paris, Gallimard, 1993.

Eric D. Hirsch Jr, *Validity in Interpretation*, New Haven, Yale Uinversity Press, 1967.

William Irwin, *Intentionalist Interpretation. A philosophical Explanation and Defence*, London, Greenwood Press, 1999.

Peter D. Juhl, *Interpretation. An Essay in the Philosophy of Literary Criticism*, New Jersesy, Princeton Uinversity Press, 1980.

Michel Ledoux, *Corps et création*, Paris, Les Belles Lettres, 1992.

Kie-Un Lee, «Une interprétation de l'incipit de *L'Etranger*», *Etudes de langue et littérature françaises*, n° 38, printemps 1999.

Emmanuel Levinas, *Sur Maurice Blanchot*, Montpellier, Fata Morgana, 1975.

_____, «La philosophie et l'idée de l'infini», *Revue de métaphysique et de morale*, n° 3, 1957.

_____, «L'autre dans Proust», in *Noms propres*, Montpellier, Fata Morgana, 1976.

Stéphane Mallarmé, *Œuvres complètes*, Paris, Gallimard, «Bibliothèque de la Pléiade», 1945.

Maurice Merleau-Ponty, *Eloge de la philosophie*, Paris, Gallimard, «Folio/ essais», 1993.

Michel de Montaigne, *Œuvres complètes*, Paris, Gallimard, «Bibliothèque de la Pléiade», 1980.

Robert Musil, *L'Homme sans qualités*, traduit par Philippe Jaccottet, Paris, Seuil, «Points», 2 vol., 1982.

Brice Parain, *Recherches sur la nature et les fonctions du langage*, Paris, Gallimard, 1942.

Raymond Picard, *Nouvelle Critique ou nouvelle imposture*, Paris, Jean-Jacques Pauvert, 1965.

Marcel Proust, *Contre Sainte-Beuve*, Paris, Gallimard, 1954.

———, *Le Temps retrouvé*, Paris, Gallimard, «Folio», 1992.

François Rabelais, *Œuvres complètes*, Paris, Gallimard, «Bibliothèque de la Pléiade», 1955.

Jean-Paul Sartre, *L'Existentialisme est un humanisme*, Paris, Nagel, 1965.

Olivier Todd, *Albert Camus une vie*, Paris, Gallimard, 1996.

William K. Wimsatt et Monroe C. Beardsley, «The Intentional Fallacy», *The Sewanee Review*, Baltimore, Johns Hopkins University Press, n° 54, Jul.-Sep., 1946.

Paul Valéry, *Œuvres*, Paris, Gallimard, «Bibliothèque de la Pléiade», t. I, 1957.

———, *Œuvres*, Paris, Gallimard, «Bibliothèque de la Pléiade», t. II, 1960.

———, *Cahiers*, Paris, Gallimard, «Bibliothèque de la Pléiade», t. II, 1974.

«Table ronde sur *L'Etranger*», in L'Etranger *cinquante ans après*, sous la direction de Jacqueline Lévi-Valensi, Paris, Lettres modernes, «Albert Camus 16», 1995.

호르헤 루이스 보르헤스, 『픽션들』, 황병하 옮김, 민음사, 2012년.

미셸 로스캄 애빙, 『렘브란트의 유산』, 김지원 옮김, 청아출판사, 2006년.

약호

AB : Axel Bühler, «La fonction de l'intention de l'auteur dans l'interpré-
tation».

AC1 : Hans-Georg Gadamer, *L'Art de comprendre*.

AC2 : Hans-Georg Gadamer, *L'Art de comprendre - Ecrits II*.

AD : Alexandre Derczansky, "L'unité de l'œuvre de Paul Ricœur".

AG : André Gide, *Journal 1939-1949*.

AP : Emmanuel Levinas, «L'autre dans Proust».

AT : Alain Thomasset, *Paul Ricœur une poétique de la morale*.

BP : Brice Parain, *Recherches sur la nature et les fonctions du langage*.

C : Albert Camus, *La Chute*.

CA1 : Albert Camus, *Carnets I*.

CA2 : Albert Camus, *Carnets II*.

CB : Christhe Bident, *Maurice Blanchot partenaire invisible*.

CC : Paul Ricœur, *La Critique et la conviction*.

CG : Albert Camus et Jean Grenier, *Correspondance 1932-1960*.

CH : Jean Greisch, *Le Cogito herméneutique*.

CI : Paul Ricœur, *Le Conflit des interprétations*.

CLB : Claude Bonnefoy, *Panorama critique de la littérature moderne*.

CQ : Maurice Blanchot, *Celui qui ne m'accompagnait pas*.

CSB : Marcel Proust, *Contre Sainte-Beuve*.

CT : Charles Taylor, «Une philosophie sans frontières».

DG : Gilles Deleuze et Félixe Guattari, *Qu'est-ce que la philosophie?*.

DI : Paul Ricœur, *De l'interprétation*.

DIL : Wilhelm Dilthey, «Origine et développement de l'herméneutique».

DLG : Jacques Derrida, *De la grammatologie*.

DMB : Jacques Derrida, *Demeure Maurice Blanchot*.

DT : Antoine Compagnon, *Le Démon de la théorie*.

DZ : Roland Barthes, *Le Degré zéro de l'écriture*.

E : Albert Camus, *L'Etranger*.

EC : Roland Barthes, *Essais critiques*.

EE : Antoine Berman, *L'Epreuve de l'étranger*.

EH : Eric D. Hirsch Jr, *Validity in Interpretation*.

EI : Maurice Blanchot, *L'Entretien infini*.

EL : Maurice Blanchot, *L'Espace littéraire*.

EM : Emmanuel Macron, «Autour de la phénoménologie».

EPR : «Un entretien avec Paul Ricœur : *Soi-même comme un autre*».

ERS : Roland Barthes, «*L'Etranger*, roman solaire».

ESS : Albert Camus, *Essais*.

ET : Martin Heidegger, *Etre et temps*.

FD : François Dosse, *Paul Ricœur, Les sens d'une vie(1913-2005)*.

FE : François Ewald, «Paul Ricœur».

FEH : Michel Foucault, «Sur les façon d'écrire l'Histoire».

FI : Louis-René des Forêts, *Face à l'immémorable*.

FLS : Michel Foucault, «Folie, littérature, société».

FP : Maurice Blanchot, *Faux Pas*.

FR : François Rabelais, *Œuvres complètes*.

GH : Gilbert Hottois, «L'inflation du langage et la dissociation du sens dans la philosophie contemporaine».

GV : Gianni Vattimo, *Ethique de l'interprétation*.

HCH : Domenico Jervolino, *Paul Ricœur - Une herméneutique de la condition humaine*.

HEG : G.W.F. Hegel, *La Phénoménologie de l'Esprit*, traduit par Jean-Pierre Lefèbvre.

HER : Jean Grondin, *L'Herméneutique*.

HGG : Jean Grondin, *Hans-Georg Gadamer, Une biographie*.

HH : Jean Grondin, *L'Horizon herméneutique de la pensée contemporaine*.

HR : Albert Camus, *L'Homme révolté*.

HS : Kie-Un Lee, «L'herméneutique du soi chez Paul Ricœur».

IIE : Kie-Un Lee, «Une interprétation de l'incipit de *L'Etranger*».

IN : Paul Ricœur, «L'identité narrative».

INN : Samuel Beckett, *L'Innommable*,

JD : Jocelyn Dunphy, «L'héritage de Dilthey».

JPS : Jean-Paul Sartre, *L'Existentialisme est un humanisme*.

KK : Maurice Blanchot, *De Kafka à Kafka*.

LEC : Roland Barthes, *Leçon*.

LS : Maurice Blanchot, *Lautréamont et Sade*.

LTR : Marcel Proust, *Le Temps retrouvé*.

LV : Hans-Georg Gadamer, *Langage et vérité*.

L3 : Paul Ricœur, *Lectures 3*.

MA : Roland Barthes, «La mort de l'auteur».

MAR : Jacques Derrida, *Marges de la philosophie*.

MF : Maurice Blanchot, *Michel Foucault tel que je l'imagine*.

MHO : Paul Ricœur, *La Mémoire, l'histoire, l'oubli*.

ML : Michel Ledoux, *Corps et création*.

MM : Michel de Montaigne, *Œuvres complètes*.

MP : Maurice Merleau-Ponty, *Eloge de la philosophie*.

MS : Albert Camus, *Le Mythe de Sisyphe*.

MV : Paul Ricœur, *La Métaphore vive*.

OT : Olivier Todd, *Albert Camus une vie*.

PA : Jacques Derrida, *Parages*.

PC : Pierre Colin, «Herméneutique et philosophie réflexive».

PD : Michel Foucault, «La pensée du dehors».

PF : Maurice Blanchot, *La Part du feu*.

PH : Hans-Georg Gadamer, *La Philosophie herméneutique*.

PII : Emmanuel Levinas, «La philosophie et l'idée de l'infini».

PJ : Peter D. Juhl, Interpretation. *An Essay in the Philosophy of Literary Criticism*.

PP : Paul Ricœur, «Paul Ricœur : un parcours philosophique».

PPR : Michaël Fœssel et Camille Riquier, «Présentation Paul Ricœur, le conflit et l'affirmation».

PR : Jean Grondin, *Paul Ricœur*.

PRA : Paul Ricœur, «Paul Ricœur, un autre regrad sur ce siècle».

PT : Roland Barthes, *Le Plaisir du texte*.

QQA : Michel Foucault, «Qu'est-qu'un auteur?».

RD1 : René Descartes, *Discours de la méthode*.

RD2 : René Descartes, *Les Méditations métaphysiques de René Descartes*.

RF : Paul Ricœur, *Réflexion faite, autobiographie intellectuelle*.

RHT : Domenico Jervolino, *Ricœur, herméneutique et traduction*.

RP : Raymond Picard, *Nouvelle Critique ou nouvelle imposture*.

RSE : Roland Barthes, «Réflexion sur le style de *L'Etranger*».

SA : Paul Ricœur, *Soi-même comme un autre*.

SCH : Schleiermacher, *Herméneutique*.

SM : Stéphane Mallarmé, *Œuvres complètes*.

SMB : Emmanuel Levinas, *Sur Maurice Blanchot*.

ST : Paul Ricœur, *Sur la traduction*.

TA : Paul Ricœur, *Du texte àl'action*.

TH : Jean Grondin, *Le Tournant herméneutique de la phénoménologie*.

TRE : «Table ronde sur *L'Etranger*».

TRN : Albert Camus, *Théâtre, récits, nouvelles*.

TR1 : Paul Ricœur, *Temps et récit I*.

TR2 : Paul Ricœur, *Temps et récit II*.

TR3 : Paul Ricœur, *Temps et récit III*.

TSE : T. S. Eliot, *The Sacred Wood*.

TT : Walter Benjamin, «La tâche du traducteur».

UE : Umberto Eco, *Dire presque la même chose*.

UH : Jean Grondin, *L'Universalité de l'herméneutique*.

VC : Paul Valéry, *Cahiers*.

VD : Louis-René des Forêts, *Voies et détours de la fiction*.

VH : Jean Greisch, «Vers une herméneutique du soi, la voie courte et la voie longue».

VM : Hans-Georg Gadamer, *Vérité et méthode*.

VO1 : Paul Valéry, *Œuvres*, t. I.

VO2 : Paul Valéry, *Œuvres*, t. II.

WB : William K. Wimsatt et Monroe Beardsley, «The Intentional Fallacy».

WI : William Irwin, *Intentionalist Interpretation. A philosophical Explanation and Defence*.

WJ : Werner G. Jeanrond, *Introduction à l'herméneutique théologique*.

해석학 – 해석의 이론과 이해의 예술

초판1쇄 펴냄 2021년 7월 26일
초판2쇄 펴냄 2024년 8월 1일

지은이 이기언
펴낸이 유재건
펴낸곳 그린비
주소 서울시 마포구 와우산로 180, 4층
대표전화 02-702-2717 | **팩스** 02-703-0272
홈페이지 www.greenbee.co.kr
원고투고 및 문의 editor@greenbee.co.kr

편집 이진희, 구세주, 민승환 | **디자인** 이은솔, 박예은
물류유통 류경희 | **경영관리** 이선희

ISBN 978-89-7682-660-2 93160

學問思辨行: 배우고 묻고 생각하고 판단하고 행동하고

독자의 학문사변행을 돕는 든든한 가이드 _그린비 출판그룹

그린비 철학, 예술, 고전, 인문교양 브랜드
엑스북스 책읽기, 글쓰기에 대한 거의 모든 것
곰세마리 책으로 통하는 세대공감. 가족이 함께 읽는 책